통일된 대한민국을 꿈꾸며

KB189906

이 소중한 책을

특별히 _____님께

드립니다.

통일된
대한민국을 꿈꾸며

태평양시대위원회
이화숙 간사 지음

해피맵북스

기도하면서 방법을 찾았습니다

저는 26세 때에 휴전선과 가까운 마을인 파주 법원리에 교회를 개척했습니다. 당시만 해도 그곳은 하루도 빠지지 않고 굿을 하는 농촌이었습니다.

어느 추운 겨울날, 교회 근방에서 훈련을 하던 군인들이 너무 춥다며 "추위를 피해 교회에서 잠시 쉬어 갈 수 있냐?"고 물었습니다. 저는 흔쾌히 승낙했습니다. 마음 같아서는 따뜻한 밥과 맛있는 반찬을 만들어서 추위와 배고픔으로 고생하는 군인들에게 먹이고 싶었지만 교회 형편이 어려웠기에 따끈한 숭늉으로 대신할 수밖에 없었습니다. 그때의 제 마음은 가슴 아팠습니다.

법원리 마을 사람들은 이미 복음을 접한 적이 있었습니다. 그러나 그곳에 교회를 개척한 사역자들은 교회를 개척한 지 얼마 안 되어 교회를 떠났습니다. 저는 하나님 말씀을 실천하기로 결심하고 농사철에는 밥 짓는 일과 아이들을 돌보아 주는 것으로 주민들을 도왔습니다. 얼마쯤 지나자 동네 아이들이 교회에 왔고 빨래터에서 만난 아낙네들도 예배에 참석하기 위해 교회에 나왔습니다. 그렇게 모여든 영혼들에게 하나님의 말씀을 전하기 위해 좁은 기도실에서 사사기를 읽고 있었습니다. 그런데 그때 세미한 성령님의 음성이 들려왔습니다.

"너희 나라는 우상과 이단이 문제다. 너희 나라의 살길은…"

하나님께서는 우리나라의 비전을 저에게 구체적으로 말씀해 주셨습니다. 하지만 저는 왜 하나님이 저에게 그렇게 막중한 사명을 주셨는지 이해할 수 없었습니다. 똑똑하고 잘난 사람들이 많은데 왜 나에게 말씀하신 것인지 동의할 수가 없었습니다. 그러나 40년 가까운 세월이 흐른 지금은 두려움이 변하여 나의 기도가 되었고 나의 한숨이 변하여 나의 노래가 되었습니다. 주님의 십자가 앞에 나의 모든 짐을 풀어놓고 기쁜 마음으로 할렐루야! 주님을 찬양하면서 죽으면 죽으리라!! 믿음의 길을 걷고 있습니다.

저는 하나님으로부터 비전의 말씀을 듣고 나서 '동방의 빛 코리아' '통일된 조국 대한민국'을 후손들에게 물려주기 위해 '통일을 어떻게 이루어야 하는가?' 기도하면서 방법을 찾았습니다. 왜냐하면, 세계지도를 펴서 대한민국을 보면 아주 작은 나라이지만 그 조그만 나라 대한민국이 하나님을 믿는 믿음의 대국으로 주변국을 이끌고 있습니다. 저는 21세기에 하나님께서 대한민국을 통해 세계를 이끌 특별한 뜻이 있다고 믿기 때문입니다.

저는 먼저 독일을 생각했습니다.

독일의 마틴 루터가 종교개혁을 일으키기 전에도 잘못된 교회를 개혁하고자 기치를 든 사람들이 많았지만 로마 가톨릭의 사제였던 마틴 루터는 가톨릭교회의 부패와 폐쇄성에 의문을 제기하면서 비텐베르크 대학교 교회 정문에 95개 조의 반박문을 내걸고 종교개혁을 외쳤습니다. 그리고 성직자만 읽을 수 있었던 라틴어와 그리스어로 된 성경을 독일어로 번역하여 국민이 독일어로 된 성경을 읽게 했습니다.

독일은 우리나라와 깊은 인연이 있는 나라입니다.

우리나라가 가난했던 시절인 1960년대에 광부들과 간호사들이 독일로 파견되었는데 이들이 벌어들인 외화는 경제성장의 종잣돈이 되었습니다. 당시 서독은 전후의 급속한 경제발전으로 근무여건이 열악한 광산 일을 하겠다는 사람이 없었습니다.

또한 독일은 분단의 아픔을 공유한 나라로써 성공적인 통일을 이루어 우리의 나아갈 길을 보여 주었습니다. 독일 통일의 발화점은 성 니콜라이(St. Nikolai) 교회에서 동독의 젊은이들 7명이 평화통일을 위해 매주 월요일 저녁에 모여 기도한 것인데 성 니콜라이 교회의 담임목사인 크리스티안 퓌러 목사님이 이끈 '월요평화기도회'는 동서독의 장벽을 무너뜨리는 결정적인 힘이 되었습니다.

오늘날 대한민국이 경제 강국을 이룬 것은 하나님의 은혜입니다. 5000여 년 역사 속에서 선조들이 애국애족 정신으로 무장하여 나라를 지키게 하셨습니다. 5000여 년 역사 속에서 가장 가슴 아픈 역사는 일본제국에 나라를 빼앗긴 시기일 것입니다. 그때 우리 선조들은 독립자금을 모으고 농민운동을 하는 등 독립의식을 고취 시켰습니다. 그리고 마침내 3.1운동을 이끌었는데 기미독립선언서에 서명한 민족대표 33인은 후손들에게 나라를 되찾아 주기 위해 모진 고문을 당하고 옥고를 치렀으며 목숨까지 바쳤습니다.

3.1운동 직후인 4월 13일에는 김구, 이승만 등이 주축이 되어 상하이 임시정부를 수립했고 1926년에는 임시정부의 국무령이던 김구 선생을 중심으로 비밀 조직단체인 '한인 애국단'을 조직하여 국내외에 임시정부의 존재를 알렸습니다. 이러한 선조들의 피눈물 나는 노고가 있었습니다.

그러나 조국의 현실은 아직 갈 길이 멉니다. 통일을 이루어야만 3.1 독립운동이 완성되는 것입니다. 통일은 대한민국의 마지막 '블루오션'입니다. 지금 우리는 21세기 태평양 시대에 살고 있습니다.

저는 김동길 박사님이 설립한 '태평양시대위원회'와 함께 '통일된 조국 대한민국'이 이뤄지길 기도하며 일하고 있습니다.

김동길 박사님은 공산주의가 싫어서 자유민주주의를 찾아

월남하셨고 연세대학교 교수로 재직하면서 민주주의를 가르치다가 옥고를 치르셨습니다. 김동길 박사님은 누구보다 통일에 대한 염원이 깊으신 분이시기에 1993년에 '통일된 조국 대한민국'을 후손들에게 물려주기 위한 목적으로 사단법인 '태평양시대위원회'를 설립하셨습니다.

이름도 없이 빛도 없이 조국을 위해 기도하는 분들과 '태평양 구국기도회'를 결성하였습니다. 태평양 구국기도회 회원 12명은 독일의 통일을 갈망했던 성 니콜라이 교회의 7명의 젊은이와 같이 '믿음은 바라는 것들의 실상'이요, 볼 수 없는 것을 볼 수 있게 하는 단서이므로 우리는 민족통일을 위해 간절히 기도하고 있습니다. 그러므로 역사의 주관자이신 하나님께서 반드시 통일을 이루실 것이라는 확신을 갖고 부족하지만 이 글을 후손들에게 남깁니다.

"이러한 백성은 복이 있나니 여호와를 자기 하나님으로 삼는 백성은 복이 있도다"(시편 146장 15절)

이화숙

차례

제1부
지혜롭고 명철한 삶을 추구하자

1

말씀에 순종하는 것이 지혜롭고 평안한 삶

우리의 삶은 '엄마 뱃속'이라는 우주에서 시작된다.

생물학적 아버지와 어머니라는 씨앗이 떨어져 생기는 생명체이다. 그래서 저마다의 사연을 안고 고통뿐인 이 세상에 울음을 터뜨리면서 태어난다. 자식만큼 부모에게 기쁨을 주는 존재는 이 세상에 없을 것이다. 사실은 자식이 전부라고 해도 과언이 아니다.

사람들은 세상이 불공평하다고 한다. 그렇다. 우리가 엄마의 뱃속이 시작이라면 불공평한 것이 맞다. 왜냐면 부모가 다 다르기 때문이다. 어떤 부모는 몇백 억대의 자산가로 살고 어떤 부모는 월세를 전전하며 살아야 할 정도로 가난하기 때문이다. 그래서 요즘은 금수저, 은수저, 흙수저라는 말이 유행어처럼 번져가고 있다. 그리고 어떤 부모는 자식을 버리기도 한다.

그런데 울음을 터뜨리면서 배내옷에서 인간의 역사(history)가 시작됐다면 염세주의의 삶이 맞을 것이다. 그러나 우리 영혼의 아버지 창조주 하나님이 계시기 때문에 우리의 삶은 공평하다. 그분을 '아버지'라고 부르며 찾고 그 말씀에 순종할 때에 우리의 인생은 요람에서 무덤까지 한결같이 평안할 것이다.

창조주 하나님께서는 한 생명의 씨앗을 생물학적인 육체라는 땅에 심어서 그 씨앗이 발아되어 당신의 형상으로 우리를 만들어 주셨다. 그리고 분명한 것은 하나님의 말씀을 기록한 '성경'이라는 책을 주셨다. 이 책은 바이블, 또는 '하늘 책'이라고도 한다. 이 책은 창세기부터 요한계시록까지 66권으로 되어있다. 어떤 이들은 이 책을 이스라엘 민족의 역사책이라고도 한다.

나는 성경책을 하나님의 말씀으로 여기면서 영혼의 양식으로 생각하고 이 말씀을 먹고 산다. 나도 하나님 말씀을 모를 때에는 염세주의에 속했다. 죽으려고 시도를 한 사람이기 때문이다. 배내옷에서 수의 옷으로 가는 것이 결론인데, 그리고 어느 누구도 이 세상을 책임질 자가 없는데… 라고 생각했기 때문이다. 그러나 창세기 1장에 "태초에 하나님이 천지를 창조하시니라"라는 말씀에서 나는 삶의 정답을 찾았다.

나는 공부를 많이 한 사람이 아니기에 단순무식한 구석이 많다. 무엇을 잘 분석하고 따지지를 못한다. 그래서 빅뱅이니 진화론이니 하는 것을 잘 모른다. 수학은 사칙연산밖에는 모른다.

　세계사 역사 속의 위인들의 궁극적인 목적이 무엇인가?

　삶이란 무엇이며 만물의 영장인 인간이 어떻게 살아야 잘사는 길인가 하는 고민이다. 각 분야에서 연구하고 일생을 바쳐서 자신들 희생을 아끼지 않는 분들의 덕분에 우리가 살고 있다. 지구를 통틀어 쓴 이야기가 세계사이며 각 개인의 삶이 인간극장인 것처럼 하나님이 인간에서 들려주는 메시지를 역사(history)라고 한다.

　하나님께서는 우리와 상의 하시는 분이 아니고 일방통행으로 가시는 분이다. 그 증거가 창세기 1장에서 '태초에 하나님이 천지를 창조하셨다'이다. 그 외에는 설명이 전혀 없다. 부모도 우리와 상의하고 우리를 태어나게 한 것은 아니다. 나는 나이 육십이 되어서 확실히 깨달았다. 하나님과 우리는 부모와 자식의 관계이기 때문이다. 사랑에 무슨 설명이 필요하겠는가? '우리는 왜 태어나서 죽어라 고생만 하면서 살다가 주검으로 생을 마감하는가?'라는 문제를 풀어 보고자 하는 것이다. 문제가 있으면 반드시 해답이 있다.

인간들 삶의 숙제와 해답은 성경에 모두 있다. 창조주 하나님께서 천지창조를 하셨다고 기록되어 있다. 천지창조가 끝난 다음에 인간을 하나님의 형상대로 사람을 만들고 남자와 여자를 창조하셨다. 하나님께서는 지구에 있는 모든 것을 아담에게 다스리라 하시면서 에덴동산을 만들어 주셨고 그곳에 인류의 대표 아담과 하와를 두셨다. 하나님과 인간이 죄로 인하여 관계가 끊어지게 된 발단은 선과 악을 알게 하는 나무를 따 먹으므로 시작된다. 하나님께서 말씀하셨다. "선과 악을 알게 하는 나무의 열매를 먹지 말라. 네가 먹는 날에는 반드시 죽는다"(창세기 2장 17절)라고. 선악의 나무는 하나님의 첫 명령이며 법령이었다.

뱀은 하와에게 접근하여 선악을 알게 하는 나무의 열매를 따 먹으면 하나님과 같이 된다고 거짓을 말했다. 하와는 뱀의 꼬임에 넘어가 선악의 열매를 따 먹고 하와는 아담에게도 그 열매를 먹게 했다. 인간은 피조물이다. 피조물은 절대로 창조주가 될 수 없다. 이 사건을 아신 하나님께서 "너희는 나의 명령을 어겼으니 당장 죽이겠다"라고 하시지 않고 아담과 하와에게 물으셨다. "내가 먹지 말라고 한 선악과 열매를 왜 먹었느냐?" 아담은 대답하기를 "바로 저 여자 때문입니다. 저는 안 먹으려고 했는데 하나님께서 만들어 주신 저 여자가 먹으라 해서 먹었습니다"라고 핑계를 댔다.

하나님께서 하와에게도 물으셨다. "뱀이 먹으라고 해서 먹었습니다"라고 변명을 했다. 하나님께서 물었을 때 "잘못했습니다. 용서해주세요" 하면 끝났다. 그런데 아담은 하와에게 하와는 뱀에게 책임을 전가했다.

인간사 모든 문제는 자신이 책임을 지지 않고 타인에게 전가함으로 복잡해지고 삶이 어지러워지고 어려워진다. 하나님의 명령에 불순종한 결과로 뱀은 저주를 받았고 남자는 이마에 땀을 흘려야 먹을 수 있고 여자는 해산의 고통으로 대가를 치르는 판결이 났다. 남자들이 가족을 먹여 살리느라 고생이 많은 것을 추적해 보면 이런 사실이 있었던 것이다.

아담과 하와는 에덴동산에서 쫓겨났다. 그러면 뱀의 형상으로 나타나 하와를 꾀어 선악과나무의 열매를 먹게 한 존재는 무엇인가? 이미 지구를 창조하시기 전에 천상에서는 무슨 일이 있었을까? 이사야 14장 12절 이하 말씀이다.

"너 아침의 아들 계명성(새벽 별)이여 어찌 그리 하늘에서 떨어졌으며 너 열국을 엎은 자여 어찌 그리 땅에 찍혔는고- 네가 네 마음에 이르기를 내가 하늘에 올라 하나님의 뭇별 위에 내 자리를 높이리라. 내가 북극 집회의 산 위에 앉으리라. 가장 높은 구름에 올라가 지극히 높은 이와 같아지리라 하는 도다"

루치펠 또는 '루시퍼'는 하나님의 오른쪽에 앉도록 허락받은 가장 신뢰받은 천사장이다. 하나님의 은혜를 한 몸에 받으며 모든 천사를 통솔하던 루시퍼의 마음에 악이 침투했다. 루시퍼는 하나님의 보좌에 앉을 생각을 품고 있었다. 창조주이신 하나님의 분노를 사서 하늘에서 추방당하였다. 죄명은 '교만' 이었다. 루시퍼는 타락 천사 군대의 3분의 1을 끌고(요한계시록 12장 4절) 하나님께 도전, 자유자재로 변신이 가능하기 때문에 뱀으로 변신하여 인류에게는 '원죄'라는 것이 생겨난 것이다. '루시퍼'는 거짓의 아비요, 살인자요, 진리에 서지 못하는 거짓말쟁이이다.

지구에는 선과 악이 존재한다. 선과 악의 선택은 자신의 몫이다. 하나님은 우리를 로보트로 만들지 않으시고 자유의지를 선물로 주셨다. 그래서 자유롭게 끊임없이 선택하면서 인생을 파도타기와 같이 스릴 있게 살아가고 있다.

아브라함에게 이삭을 바치라고 하신 사건을 보면 그것이 증명된다(창세기 22장). 하나님도 아브라함의 선택을 모르셨다. 아브라함이 순종했을 때 진정 이삭을 번제로 드리려 했을 때 아브라함의 마음을 아셨다. 나는 어느 분야에서 전문적으로 학문을 연구하지는 않았지만 서적을 통해서 알 수 있었다. 세계사나 인류의 역사는 제국주의와 왕권의 싸움 아니던가?

하나님은 선의 본체이시다. 악의 모양도 회전하는 그림자도 없다고 하셨다. 세상은 '인류를 파괴하는 자'와 '인류를 위해 공헌하는 자'로 나눌 수 있다. 이 세상이 복잡한 것 같으나 사실은 크게 두 가지밖에는 없다. 선과 악, 넓은 길과 좁은 길, 악의 축으로 사는 사람과 선의 축으로 사는 사람, 빛의 역사와 어둠의 역사이다. 회색지대는 없다.

"네가 차지도 아니하고 뜨겁지도 아니하도다 네가 차든지 뜨겁든지 하기를 원하노라 네가 이같이 미지근하여 뜨겁지도 아니하고 차지도 아니하니 내 입에서 너를 토하여 버리리라"(요한계시록 3장 15절)

창세기 3장 17절에 "아담에게 이르시되 네가 네 아내의 말을 듣고 내가 네게 먹지 말라 한 나무의 열매를 먹었은 즉 땅은 너로 말미암아 저주를 받고 너는 네 평생에 수고하여야 그 소산을 먹으리라" 하셨다.

에덴동산에서 쫓겨난 아담과 하와는 가인을 낳고 또 가인의 아우 아벨을 낳는다. 형 가인은 농사짓는 자였고 아우 아벨은 양을 치는 사람이었다. 창세기 4장 3절에서 4절에 보면 가인과 아벨의 제사에 대한 장면이 나온다.

> "가인은 땅의 소산으로 제물을 삼아 여호와께 드렸고 아벨은 양의 첫
> 새끼와 그 기름으로 드렸더니 여호와께서 아벨과 그의 제물은 받으
> 셨으나 가인과 그의 제물은 받지 아니하신지라 가인이 몹시 분하여
> 안색이 변하니…"

그래서 분노한 가인이 아벨을 쳐 죽이는 인류의 첫 살인사건
이 일어난다. 여기서 하나님은 인격적인 분이라는 사실을 깨닫
는다. 하나님은 가인에게 "네 아우 아벨이 어디에 있느냐?"고 물으
신다. 가인은 아담과 하와처럼 자신의 죄를 인정하지 않고 "내
가 알지 못하나이다. 내가 내 아우를 지키는 자니이까"라고 하나님께
반박한다.

에덴동산에서 하나님께 답변하던 아담과 하와를 본 듯이 가
인도 똑같은 행동을 한다. 자식을 보면 나를 알 수 있다. 본 것
도 아닌데 스캔 되어있다. 부모가 행했던 행동, 생각이 자식에
게 하드웨어처럼 유전되어 있다. 또한 부모의 죄는 자식에게
대물림된다는 사실이다. 옛말에 부모의 삶이 자식에게 밑거름
이라고 했다. 아담과 하와가 선악과의 열매를 따 먹으며 불순
종했을 때 하나님의 심정이 어떠했겠는가? 이 세상에서 가장
슬픈 일은 자식을 앞세워 가슴에 묻는 일일 것이다. 그런데 한
형제끼리 이런 일이 일어났으니 아담과 하와의 고통은 이루 말

할 수가 없었을 것이다.

    하나님의 속성은 사랑이시다. 창조주와 피조의 관계이지만 부모와 자식의 관계이기도 하다. 사랑하는 남녀의 열매가 자식이다. 하나님께서는 인간을 흙으로 만드실 때 당신의 형상으로 만드셨다고 했다. 하나님의 사랑의 산물이 인간이다. 하나님께서는 지·정·의를 가지신 인격체이시다.

    인류의 대표인 아담과 하와가 하나님이 주신 에덴동산에서 쫓겨났을 때 가슴이 찢어지는 아픔을 겪으셨다. 너희가 선악의 열매를 따 먹으면 죽는다고 하셨다.

    죄의 결과는 사망이다.

    하나님의 역사는 사람을 통하여 이루어져 가고 있다. 우주 너머에는 하늘의 보좌가 있고 성부, 성자, 성령의 하나님이 계신 곳이다. 하나님의 보좌에 앉아 거룩 거룩하며 명령만 하시는 분이 아니다. 인류의 삶 속에 일일이 간섭하시며 체크 하시는 분이시다. 인간은 종교 행위로 구원받을 수 있는 존재가 아니다. 우리의 의지와 상관없이 원죄를 가진 존재이기 때문에 죄의 문제를 스스로 해결할 수가 없다.

하나님은 아벨 대신 셋이라는 아들을 아담과 하와에게 주셨다. 여기서 가인의 자손과 셋의 자손으로 나뉜다. 사람들은 우리에게 창조주가 다 알아서 해주시지 왜 고통과 불행과 이해할 수 없는 지구상에 사건, 사고가 일어나는지 알 수가 없다고 말한다. 패트릭 헨리는 "자유가 아니면 죽음을 달라"라고 했듯이 인간은 자유가 없으면 살 수 없는 존재이다. 율법에 매이지 말고 진리이신 예수님 안에서 자유를 누려야 한다.

"진리를 알지니 진리가 너희를 자유롭게 하리라"(요한복음 8장 32절)

아벨 대신 태어난 셋의 자손에서 노아가 나온다. 노아는 셈, 함, 야벳이라는 세 명의 아들이 있었다. 노아는 '노아의 방주'로 유명하다.

창세기 6장 5절에서 6절을 보자.

"여호와께서 사람의 죄악이 세상에 가득함과 그의 마음으로 생각하는 모든 계획이 항상 악할 뿐임을 보시고 땅 위에 사람 지으셨음을 한탄하사 마음에 근심하시고…."

인간을 만드심을 후회하시며 한탄하셨다고 성경에 기록되어 있다. 하나님께서는 손수 창조한 사람을 지면에서 쓸어 버리려고 계획하시고 의인을 택하여 하나님의 계획을 알려주신다. 노아를 선택하신 하나님의 말씀을 묵상하면서 하나님께서 일하시는 방법을 알 수 있다. 항상 경고하시고 우리들에게 생각하고 선택할 수 있는 시간과 기회를 주신다.

노아는 하나님의 음성을 귀담아들었다. 하나님의 음성을 새겨듣지 않고 한 귀로 듣고 한 귀로 흘려 버리고 하나님의 말씀을 무시한 자들은 대홍수에 쓸려 죽을 수밖에 없었다. 하나님께서 일하시는 방법이 어떻게 보면 일방통행인 것 같고 강제적인 것 같지만 미리 우리에게 경고하며 앞으로 일어날 일을 알려주신다. 하나님께서는 노아에게 대홍수에 대비해 방주를 만들라고 하셨다. 노아는 하나님이 자기에게 명하신 대로 준행하며 말씀에 순종하며 실천으로 옮겼다. 하나님은 노아에게 방주에 대한 설계도와 재료들을 상세히 설명해 주셨다.

노아가 방주를 지은 기간은 120년이라고 한다. 1세기가 넘는 기간이었다. 그 당시에 살고 있는 사람들은 이해할 수도 없었고 믿지도 않았다. 그러나 노아는 하나님의 명령을 묵묵히 해냈다. 노아는 갈등 없이 방주를 지었을까?

21세기에 살고 있는 우리는 불안한 시대에서 살고 있다. 사람들의 평가 속에서 스펙이니 실력이니 하며 실력이 없으면 살아갈 수 없는 사회 시스템에서 살고 있다. 우리는 목적과 결과도 중요하지만 과정은 더욱 중요하다.

노아의 사건을 보면서 지금 이 시대에 적용해 생각해보면 지금 이 시대에 누군가가 하나님의 명령에 따라 방주를 만들고 있다면 아마 악플 때문에 방주를 다 만들지도 못하고 중단했을 것이다.

"죽고 사는 것이 혀의 힘에 달렸나니…"(잠언 18장 21절)

생각 없이 던진 돌에 맞아 죽은 개구리 이야기처럼 악플 때문에 견디지 못해 자살하는 사람도 있다. 결국은 본인들의 말들이 싹이 나고 자라서 그 열매를 먹는 것이다.

말이란 영혼의 씨앗이다. 무심코 내뱉는 말은 내 영혼의 밭에 씨앗을 뿌리고 있다. 선한 말로 선한 씨를 뿌리며 악한 말로 악한 씨를 뿌리는 것이다. 뿌려진 씨앗은 자라서 열매가 되어 반드시 나에게 돌아온다.

영화배우 오드리 헵번은 '아름다운 입술을 가지고 싶으면 친절한 말을 하라'는 명언을 남겼다. 콩 심은 데 콩 나고 팥 심은 데 팥이 나는 것이 세상의 이치인 것처럼 어떤 말을 뱉든지 그 말은 나에게 돌아오기 마련이다.

노아는 어떤 말도 어떤 시선도 어떤 조롱에서도 상관없이 하나님의 명령과 말씀을 붙들고 명령을 준행했다. 하나님은 예고대로 타락한 인간들을 대홍수로 모두 쓸어버렸다. 노아가 120년 동안 방주의 건축을 마치자마자 하늘에서 비가 사십일 동안 쏟아부었으며 동시에 땅속에 있는 모든 샘들이 터져 나오게 하여 거대한 홍수가 되었다. 방주에 들어간 노아의 가족과 육축과 짐승과 기는 것 들은 모두 살아남고 방주에 들어가지 못한 사람과 육축과 기는 짐승과 공중의 새까지 모두 멸하셨다.

이 세상에는 영원한 것이 없다. 창조주 하나님의 말씀만이 세세 무궁토록 영원하다. 노아 시대나 21세기에 살고 있는 우리들의 모습이나 달라진 것은 없다. 노아가 방주를 왜 짓는지 성경에는 한 사람도 물어본 사람은 없고 노아가 제정신이 아니라고 조롱하였다고 했다. 21세기에 살고 있는 우리는 soul보다 body에 관심이 많다.

마태복음 24장 38절에 "홍수 전에 노아가 방주에 들어가던 날까지 사람들이 먹고 마시고 장가들고 시집가고 있으면서 홍수가 나서 그들을 다 멸하기까지 깨닫지 못하였으니 인자의 임함도 이와 같으리라"고 했다.

성경은 사실만을 기록한 책이다. 막연한 신화가 아니다. 하나님께서 사람들을 통하여 역사(history)를 이끌어오시는 것이다. 지금도 사람들에게 성령의 하나님께서 주의 백성들에게 음성을 들려주시지만 그 음성을 듣지 못하고 무시하며 사는 경우가 많다. 나도 그중의 한 사람이다. 나도 신앙생활을 시작하면서부터 성경 말씀도 알기 전에 주님의 음성을 듣고 여기까지 왔다. 처음에는 '이게 뭐지?' 하면서 강권적으로 이끌려 왔다.

오랜 세월이 흐른 뒤 깨달았다. 하나님이 독수리 날개 아래에서 나를 지켜 주시고 기르셨다는 사실을 말이다.

철없는 시절에는 고의적으로 불순종의 길로 가기도 했다. 순종의 길을 간 결과는 아름다운 열매로 맺어지지만 불순종의 결과는 영혼의 황폐와 절망이라는 낭떠러지만이 기다리고 있었다. 지금 생각해도 너무 두렵고 무섭다. 부족하지만 내가 글로 복음을 전하는 것은 나의 경험과 나의 삶을 통해 예수만이 인간이 걸어가야 하는 way(길)이기 때문에 안내판 역할을 하고 싶은 것뿐이다. 안내의 깃발을 홀로 들고 가지만 사명을 느끼기에 글을 쓰고 있다.

우리가 길을 모르고 헤맬 때 누군가가 목적지까지 갈 수 있는 길을 알려 준다면 얼마나 고마운 일인가. 나는 하나님께 받은 은혜를 나누고 싶다.

2

하나님과 우리는 사랑으로 맺어진 관계

나는 1982년도에 경기도 파주에서 교회를 개척했다. 36년이 지난 지금에도 주님의 세미한 음성이 어제 일인 것만 같다. 일요일이면 설교 준비를 해야 하니까 그날 새벽 기도실에서 성경 말씀을 읽고 묵상도 했다. 말씀을 묵상하는 나에게 하나님께서 "너희 나라의 살길은 이것이다"라고 구체적으로 말씀하셨다.

나는 그때 나이도 어리고 아무것도 모르는 상태라서 주님의 음성을 이해하지 못했다. 36년의 세월이 흐른 뒤 돌아보면 하나님께서 말씀하신 것이 다 이루어졌다. 지금은 마지막 주신 미션만 남았다. 그것은 통일된 조국을 만드는데 역할을 해야하는 것이다. 내가 지금 일하고 있는 태평양시대위원회의 취지이기도 하다.

대한민국의 통일문제는 먼 나라 이야기가 아니다. 지금 우리들이 풀어놓고 가야 하는 숙제이다. 우리들은 의지와 상관없이 세상에 태어난다. 삶 자체가 고통의 연속인 것은 사실이다. 어떤 이들은 평생 원망 속에서 사는가 하면 어떤 이들은 세계 속의 위인으로 남기도 한다. 위인들의 생애를 보면 그들은 창조주에 대한 신뢰와 믿음에 있었다는 사실을 발견할 수 있다.

우리가 물건을 사면 반드시 그 속에는 사용 설명서가 있다. 그 사용 설명서는 제품을 만든 사람 외에는 내용을 쓸 수가 없다. 인간은 만물의 영장은 될지언정 풀 한 포기도 만들어내지 못한다. 우리는 피조물이기 때문이다. 부모님의 은혜를 모르는 사람을 '금수만도 못한 짐승'이라고 한다. 피조인 우리가 창조주의 은혜를 모르고 산다면 마찬가지이다.

인간사에 있어서 불가항력, 숙명, 운명 등 감당할 수 없는 일들이 일어난다. 또 이해할 수도 없다. 고통과 절망 때문에 자살을 하기도 하고 괴로움에 술과 마약으로 세월을 보내기도 한다. 고통을 잊기 위해 수단과 방법을 가리지 않는다. 나 역시도 괴로움을 술로 세월을 보내기는 마찬가지였다. 그러나 술을 먹는다고 고통이 해결되지 않는다. 나는 깨달은 것이 있다. 고통이 올 때는 그 고통을 문제 삼지 않고 오늘 하루만 생각하면서 열심히 살아가야 한다는 것이다.
"내일 일을 위하여 염려하지 말라 내일 일은 내일 염려할 것이요 하루

괴로움은 그날에 족하다"_(마태복음 6장 34절)라고 말씀하신 주님의 음성을 묵상하면서 말이다. 그리고 순간순간 인내를 한다. 그러다 보니 어느 순간 나의 고통이었던 문제는 해결이 되어있었고 나는 고통이라는 긴 터널을 빠져나올 수가 있었다.

　물을 떠난 물고기는 살 수 있을지 몰라도 피조인 인간은 창조주를 떠나서는 살 수 없는 존재로 만들어졌다. 왜냐면 하나님의 형상대로 지음을 받았기 때문이다. 하나님께서는 하나님의 사람을 통하여 인간을 향한 사랑의 드라마를 쓰시며 사랑으로 시작하여 사랑으로 막을 내리신다. 노아는 그중에 한 사람으로 하나님에 대한 믿음의 지조를 지킨 자로서 인류를 다시 시작하는 믿음의 사람이 되었다.

　창세기 9장 18절부터 노아가 포도주에 취한 사건이 나온다. 성경에는 인간의 취약점과 실수의 사건을 그대로 기록하고 있다. 노아가 포도주를 마시고 취하여 벌거벗은 모습을 보이자 그의 아들 중 함은 그 일을 보고 두 형제에게 알렸고 셈과 야벳은 옷을 가져다가 뒷걸음쳐 들어가서 아버지의 하체를 덮어드렸다. 노아가 술이 깨어 둘째 아들이 자기에게 행한 일을 알고 가나안은 저주를 받아 그의 형제의 종이 되고 셈은 여호와 하나님을 찬양하며 야벳은 창대하게 되는 자가 되었다. 정작 술을 먹은 사람은 노아인데 왜 저주를 하고 축복을 할까?

이 이야기를 통해서 성령님은 우리에게 가르쳐 주신다. 세상에서 일어나는 사건에 대해서 내가 어떻게 반응하느냐에 따라서 축복과 저주로 나뉜다는 것을…. 축복된 삶과 그 반대되는 삶의 결과는 부모 탓도 아니요, 가난 탓도 아니요, 학벌은 더욱 아닌 내 안에 있다는 것이다.

'노아는 홍수 후에 350년을 살고 그의 나이 950세가 되어 죽었더라'고 성경에 기록되어 있다.

지구에는 백인, 흑인, 황인종이 있다. 우리는 사람의 피부 색깔만 가지고 그들의 인격을 판단할 수는 없다.

창세기 11장에 바벨탑 사건이 나온다. 바벨탑 사건은 신의 영역을 넘으려 했던 어리석은 인간들을 보여 준다. 이때에는 같은 말을 사용하며 살았기에 소통에 불편함이 없었다.

하나님은 노아시대 때 홍수 후에 다시는 홍수로 멸하지 아니할 것을 약속하시며 언약으로 무지개를 보여 주셨다. 그러나 하나님의 약속을 믿지 못하고 하나님이 없어도 되는 세상을 스스로 구해 보겠다고 하늘까지 닿을 탑 형태의 도시를 건설했다. 그것이 바벨탑이다. 그 꼴을 보시고 하나님이 직접 내려오셔서 사람들이 쓰던 말을 뒤섞어 놓아 서로 알아듣지 못하게 하여 하던 공사가 중단되었으며 사람들을 흐트러 놓으셨다. 하나님에 대적한 인간의 '불신과 교만'이 빚어낸 바벨탑 사건은 혼란과 비극이었다.

결혼한 여자가 남편이 있는데 다른 사람을 믿고 바라본다면 음녀이다. 마찬가지로 우리는 하나님만 믿어야 하는데 다른 신을 섬긴다면 음녀인 것이다. 하나님의 언약을 믿지 못하고 높은 탑을 쌓은 바벨탑은 불 신앙의 증표이다. 하나님의 약속을 믿지 못하는 불신이 곧 죄이다. 바벨탑은 죄의 상징이다.

믿음이 있으면서 행치 않는 것도 죄이다. 내가 무언가 노력해서 하늘에 닿을 수 있다는 생각은 잘못된 생각이다. 하나님의 은혜를 마음으로 받아들이기만 하면 되는데 내가 선행을 해야 하고 덕을 쌓아야 천국에 갈 수 있다고 우리들은 착각하며 산다.

하나님은 대적했던 도시에 친히 강림하시어 무너뜨리셨다. 지금 이 시대도 하나님을 대적하며 순종하지 않는다면 하나님은 직접 무너뜨릴 것이다.

바벨의 본질은 교만이다. 교만은 패망의 선봉임을 인류는 기억해야 한다. 우리는 교만의 높은 탑을 쌓을 것이 아니라 겸손의 제단을 쌓아야 한다. 창조주와 피조물인 인간과의 관계는 아버지와 자식의 관계이지 인간이 도전하고 하나님과 같이 될 수 있는 것이 아니다.

인류의 불행의 씨앗은 이런 말도 안 되는 마음에서부터 시작되었다. 사람을 만들기 전에 하나님은 부족한 것 없이 에덴동산을 만들어 놓고 우리를 만드셨다. 부모는 출산을 앞두고 아기를 위해 모든 것을 준비한다. 간혹 나같이 태중에서부터 주홍글씨를 새겨주는 부모도 있고 아이를 버려 고아라는 타이틀을 안겨 주는 부모도 있다.

그러나 하나님께서 약속의 말씀을 하셨다.

"너희 부모는 너를 버릴지라도 나는 세상 끝날 때까지 너희를 버리지 아니하고 너희를 떠나지 않는다."

우리는 하나님을 아버지라고 부르기만 하면 세상살이에 걱정이 없어진다.

지구에는 굶주리는 사람, 전쟁, 난리의 소문들이 끝이 없다. 우리로서는 상상할 수 없는 사건 사고들이 일어난다. 사실은 세상을 복잡하게 만드는 것은 인간이다. 끊임없이 인간에게 값없이 은혜를 베풀어 주시는 창조주 하나님을 향하여 바벨을 쌓으면서 도전하는 것도 인간이다. 사랑을 받을 줄만 알았던 어린아이에서 벗어나 이제는 하나님을 적극적으로 사랑하며 하나님을 찾아가며 하나님께 시선을 고정해야 한다. 우리는 피조물이기 때문이다.

　"여호와를 대적하는 자는 산산이 깨어질 것이라 하늘 우레로 그들을 치시리로다"(사무엘상 2장 10절)

　피조인 인간은 하나님이 존재하지 않는 신세계를 만들고자 하나 결국은 패망일 뿐이다. 인간 바벨의 열매는 우상과 이단이다. 지구에 존재하는 모든 것은 사라지나 하나님 말씀은 영원하다. 하늘의 뜻이 이 땅에 이루어지는 것이지 땅으로부터 하늘의 뜻이 이루어지지는 않는다.

　사람의 본질은 흙이니 진토임을 기억해야 한다. 인류의 대표 아담과 하와는 하나님의 명령을 거역하고 선악과나무를 선택하여 인류를 파멸 속으로 몰아넣었지만 생명 나무이신 온전한 아담 예수께서 보혈의 피로 말미암아 에덴동산을 회복시켜주셨다.

우리는 생물학적 부모로부터 생명을 부여받아 지구라는 별에서 여행을 하다가 본향으로 가야 하는 존재들이며 창조주 하나님 말씀 라인 앞에서 순종하며 살아가야 한다. 자연계 동물계에는 질서가 없는 것처럼 보이지만 사실은 질서 가운데 생존하고 있다. 왜냐면 사랑과 선의 본체이신 창조주께서 천하 만물을 질서 가운데 창조하셨기 때문이다.

하나님께서는 아브람을 선택하시어 믿음의 조상 계보를 만들어 주시고 아브라함과 다윗의 자손 예수그리스도의 세계를 만들어 가신다.

아브라함은 유대 역사의 인물로서 이스라엘인과 아랍인들은 그의 선조라고 주장하고 있다. 아브라함은 노아의 10대손으로 갈대 아우르에서 태어난 데라의 아들 중 막내이다. 나홀과 하란이 형인데 하란이 일찍 죽는 바람에 아브라함은 조카 롯을 데리고 다녔다. 아브라함은 아내 사라가 있었는데 사라는 임신을 하지 못했다. 어느 날 하나님께서 아브라함에게 말씀하신다.

"네 고향과 네 가족과 네 아버지 집을 떠나 내가 네게 보여 줄 땅으로 가거라"(창세기 12장 1절)

아브라함은 75세 때 하나님 말씀대로 사라와 조카 롯을 데리고 가나안 땅을 향해 길을 떠난다.

성경을 통해서 알 수 있는 것은 하나님의 사람들은 먼저 하나님께 제단을 쌓는 것을 볼 수 있다. 하나님께서 가장 기뻐하시는 것이 예배이다. 이 땅의 부모들은 자식이 잘되기를 바란다. 마음을 편하게 해주는 자식이 가장 효도하는 자식인 것처럼 말이다.

하나님은 사랑하는 자녀의 예배를 받으실 때 가장 기뻐하신다. 하나님께서는 무엇이 부족하여 우리에게 요구를 하시며 종교 행위를 원하시겠는가? 하나님과 우리는 사랑으로 맺어진 관계이다. 부모가 한없이 자식을 품는 것처럼 말이다. 나의 생명까지 주어도 아깝지 않은 것이 자식이다.

하나님의 사랑이 아니면 지구는 벌써 멸망하여 사라졌을 것이다. 인간은 끝없이 하나님께 반역을 함에도 불구하고 하나님은 사람을 길러 역사(history)를 만들어 가신다. 하나님께서 아브라함을 믿음의 조상으로 만들기 위한 여정이 시작된다. 아브라함은 자식이 없으므로 그 고민을 하나님께 털어놓았다. 그런데 하나님께서는 아브라함에게 자식을 주시겠다고 약속하신다. 아브라함이 하나님 말씀을 믿음으로 하나님께서 아브라함을 의롭다 인정하셨다.

아브라함은 100세가 다 되었고 아내인 사라도 90세의 할머니였다. 아브라함은 하나님의 약속의 말씀을 믿었다. 그러나 사라는 현실적인 불신앙의 사람이었다. 하나님이 아들을 주시겠다고 하신 약속의 말씀을 믿지 않고 급한 마음에 남편 아브라함에게 애굽 사람 여종 하갈을 첩으로 들이기를 권했다. 아브라함은 못 이기는 척 하갈을 받아들인다.

성경의 기록을 보면 "아브람의 아내 사래가 그 여종 애굽 사람 하갈을 데려다가 그 남편 아브람에게 첩으로 준 때는 아브람이 가나안 땅에 거주한 지 십 년 후였더라"(창세기 16장 3절)라고 쓰여 있다. 그리고 "아브람이 하갈과 동침하였더니 하갈이 임신하매 그가 자기의 임신함을 알고 그의 여주인을 멸시한지라"(창세기 16장 4절)라고 기록되어 있다.

사라의 현실적인 불신앙의 결과는 여종에게 멸시당함이 되었다. 돌이켜 보면 아브라함도 아내 사라가 첩을 두자고 하였을 때 "NO"라고 했어야 했다. 아내가 아무리 바가지를 긁으면서 불신앙의 말을 했어도 "NO"라고 했다면 하갈과 그의 아들 이스마엘을 내쫓아야 하는 고통과 가슴 찢어지는 일은 겪지 않았을 것이다.

나는 22세 때 주님을 처음 만날 때부터 음성을 들었고 40년 세월을 하나님께서 이끌어오셨다. 아무것도 모르는 나에게 40년 후에 될 일을 미리 아시고 훈련을 시키시니 당연히 그때는 이해가 되질 않았다. 순종할 때도 있었고 불순종의 길을 가기도 했었다. 나 같은 무명자에게 하나님께서 주신 비전이 맞는지 믿지 못했다. 아마 아브라함도 분명히 하나님의 약속을 들었지만 세월이 흘러도 소식이 없으니 사라의 의견을 받아들였을 것이다.

하나님께서는 우리의 실수를 용서는 해주시지만 내가 선택한 것은 내가 책임을 져야 하는 책임의 의무까지는 해결해 주시지 않는다. 아브라함은 하갈과 그의 아들 이스마엘을 내쫓아야 하는 고통을 겪었다. 하나님께서 아담과 하와의 불순종의 대가로 에덴동산에서 쫓아낸 그 심정을 아브라함도 겪었다.

원래 아브라함의 이름은 「아브람」이고 아브라함의 부인 사라는 「사래」였다. 하나님께서 아브라함에게 말씀하셨다.

"너는 수많은 민족들의 아버지가 될 것이다." (창세기 17장 4절)

아브람에게 하나님이 찾아오셔서 「아브람」을 「아브라함」으로 바꾸어 주셨다. 그 당시 아브라함은 99세였고 사라는 90세였다. 하나님께서는 아브라함에게 "아들을 낳을 것이다"라고 언약을 하셨다. 과학적으로 생물학적으로는 아이를 생산할 수 없는 상황이었다. 그러나 하나님의 약속의 말씀이 사라에게 이루어져 사라가 임신을 하게 된다. 그의 아들의 이름은 '이삭'이었다.

그런데 이삭이 태어난 지 9년쯤 세월이 흐른 뒤 눈에 넣어도 아프지 않을 아들을 하나님께서는 아브라함에게 그를 번제로 바치라는 명령이 내리신다. 하나님이 아브라함을 시험하시려고 그를 불러 "아브라함아" 하시니 아브라함이 "내가 여기 있나이다" 대답하니 하나님께서 "네 아들 독자 이삭을 데리고 모리아 땅으로 가서 내가 네게 일러 준 산 거기서 그를 번제로 드리라"라고 명령하신다(창세기 22장 1-2절).

유일한 기쁨이며 생명 같은 아들이었지만 아브라함은 아침 일찍 일어나 나귀에 안장을 지우고 두 종과 그의 아들 이삭을 데리고 번제에 쓸 나무를 쪼개 가지고 하나님이 일러 주신 곳으로 떠나간다. 아브라함은 하나님의 명령에 죽으면 죽으리라는 마음으로 떠났을 것이다.

나는 신앙생활을 하는 성도로써 하나님에 대한 신뢰가 사라질 때 불안하고 '이게 뭐지?' 하고 갈등이 생길 때가 있다. 하나님께서는 한 사람을 훈련시켜 그로 말미암아 역사를 이어가신다.

3

우리의 사명은 무엇인가?

믿음이 없이는 하나님을 기쁘시게 할 수가 없다. 성경은 육의 생각으로 해석을 푸는 것이 아니라 영의 생각으로 풀어야 한다.

이단과 사이비의 특징이 무엇인가?

복음을 빙자하여 육으로 결론을 내는 것이다. 이삭은 아버지 아브라함에게 "번제 할 어린양이 어디에 있느냐?"라고 묻는다. 아브라함은 친히 하나님이 준비해 놓을 것을 말한다. 아브라함은 하나님이 일러주신 곳에 이르러 그곳에 제단을 쌓고 나무를 벌여 놓고 그의 아들 이삭을 결박하여 제단 나무 위에 놓고 손을 내밀어 칼을 잡고 그 아들을 잡으려 하니 하나님이 하늘에서부터 "아브라함아, 아브라함아" 부르시며 "그 아이에게 손을 대지 말라! 네가 네 아들 독자까지도 내게 아끼지 아니하였으니 네가 하나님을 경외하는 줄을 아노라"(창세기 22장 12절) 하시며 숫양을 이삭 대신 준비해 놓으셨다. 아브라함은 하나님의 마지막 시험을 잘 통과하여 믿음을 완성한 믿음의 조상이 되었다.

여기서 우리는 야고보서 2장 19절 "네가 하나님을 한 분이신 줄을 믿느냐 귀신들도 믿고 떠느니라" 말씀을 묵상하면서 믿음에는 반드시 행함이 없으면 죽은 믿음인 것을 깨닫는다.

아브라함은 아들 이삭까지 하나님께 바침으로 하나님보다 더 소중한 분이 없으시다는 것을 증명하였다.

히브리서 11장은 믿음의 전당이라고 할 수 있다.

인간은 원죄를 안고 태어난다. 그래서 하나님 앞에서는 한 사람도 의로운 인생이 없으며 의인이 없다. 하나님께서 인생을 향하여 하시는 일이 당신을 의지하고 신뢰하는 모든 사람은 다 구원에 이르게 하시며 믿음의 행위 안에서만이 불의한 인생을 의인으로 만들어 주신다. 궁극적으로 인생들이 가야 할 본향인 천국으로 우리를 인도해 주신다.

영광의 하나님이 아브람에게 나타나 말씀하셨다. 네 고향과 가족 아비의 집을 떠나 내가 너에게 보여 줄 땅으로 가라. 아브람은 지체하지 않고 "네"라고 대답하고 미지의 땅 하나님께서 설계하신 천상의 도시 예루살렘이 있는 곳에 눈을 고정했다. 아브라함이 떠날 때 약속의 씨 이삭도 그 당시에는 없었다. 아브람이 아브라함으로 믿음의 조상이 되기까지 아브라함은 시행착오도 많았다.

"내가 너를 큰 민족이 되게 하며 너를 복의 근원으로 만들며 네 후손이 이삭에게서 나올 것이다"

모든 산 자들에게 복을 주시기 위하여 아브라함을 세우신 것이다. 믿음은 나의 노력으로 되는 것이 아니다. 오직 하나님의 은혜로 되는 것이다. 하나님이 주시는 믿음은 순교까지 할 수 있는 용기를 준다. 믿음은 하나님에게서 시작되는 것이다. 하나님께서 아브라함을 찾으셨기에 아브라함은 믿음의 조상이 될 수 있었다.

우상이 무엇인가?

하나님보다 더 사랑하고 다른 것을 의지할 때 인간은 배교의 길로 갈 수밖에 없다. 아브라함과 이삭의 사건에서 우리에게 주시는 메시지는 아브라함이 하나님의 입장이고 이삭이 어린양 예수의 표상인 것이다. 물고기는 물을 떠나 살 수 있을지 몰라도 피조의 세계 인간은 창조주 하나님을 떠나서는 살 수가 없는 존재이다.

피조의 세계를 들여다보면 우주 만물에 존재하는 것과 풀 한 포기로도 스스로 자태를 뽐내거나 자랑하거나 교만하지 않는다. 오직 창조주께 찬양으로 화답할 뿐이다. 여행의 목적은 역사 유적을 보기도 하지만 주 하나님 지으신 아름다운 경관을 보면서 저절로 감탄사가 나오는 것을 경험했을 것이다. 그리고 하나님께서 참견하신 곳마다 축복받았음을 알 수 있다. 인류는 역사라는 시간의 공간 속에서 각자의 삶을 여행하는 것이며 지구라는 별에서 살다가 산 자와 죽은 자들을 심판하시는 주를 배워야 삶이 완성된 종착역에 도착할 수 있다.

21세기 태평양 시대를 맞이하여 '과연 대한민국이라는 나라는 어느 시점에 있으며 어떤 설계도 위에 세워야 후손들이 대한민국에 태어난 것이 자랑스러울까?'를 고민하지 않을 수가 없다.

지도를 보면 대한민국은 시계추처럼 중심에 있다. 모든 세계는 하나님께서 세우신 기둥이며 각 민족에게 독특한 사명을 주셨다.

이스라엘은 여호와 하나님의 백성으로서 예수를 탄생시킨 민족이다. 대한민국은 5000여 년 역사를 지닌 민족으로서 훌륭한 선조들과 황무지에 무궁화 꽃을 피운 민족이다. 우리 선조들은 후손들에게 '홍익인간'이라는 정신적 유산을 주셨다.

대한민국만큼 교회가 많은 나라가 드물다. 교회는 세상의 빛과 소금이다. 교회의 사명도 대한민국 백성들도 무엇을 향하여 가고 있는가? 대한민국에는 이 땅에 존재하는 모든 종교가 있다. 종교에는 인간이 선택할 자유가 있으나 영혼의 구원자는 '예수' 이름 외에는 우리에게 주시지 않았다.

믿음은 영혼(soul)의 혜안이다. 통일은 먼 나라 이야기가 아니다. 21세기에 살고 있는 모두가 고민하며 풀어 나아가야 만이 후손들이 대한민국에 태어난 자체가 축복이 되는 것이다. 한반도에 있는 동포와 도서지방을 포함한 독도에 이르기까지 모두가 한 민족 한 핏줄인데 어찌하여 철조망이 가로막혀 서로 원수처럼 지내고 있는가? 조국의 현실을 이대로 두고 눈을 감을 수 있겠는가?

　대한민국을 책임지고 가야 할 젊은이들을 생각하면 눈물의 기도가 저절로 나온다. 스웨덴 대표급 팝 듀오 CCM아티스트 ADANHL의 노래를 들으면 감동이 절로 밀려온다.

　한국을 위해 기도합니다.

　한 나라를 보네.
　둘로 나뉘어진
　이제 회복이 필요하네
　오랜 시간 동안 분단된 이 나라
　난 영으로 느꼈네
　무릎 꿇고 기도할 때면
　오! 코리아

하나님이 길을 보이시리
나는 용서를 위해 기도했네
형제 사랑을 위해 기도했네
이 땅을 영원히 변화시킬
해결을 위해 기도했네
분단선이 없는 나라
서로가 더 이상 전쟁이 없길
오! 코리아

그대의 미래는 하나님 손에 있네
밤새워 기도하겠네
민족이 하나가 되어 통일이 되길

하나님께서 대한민국을 사랑하시어 만드신 설계도를 이 노래 가사에서 볼 수 있다. 믿음이란 1%의 가능성이 없음에도 불구하고 하나님의 시각으로 사물을 보는 것이다. 믿음과 행함은 마치 육체와 영혼이 함께 하는 것처럼 분리해서 생각할 수가 없다. 육체와 영혼이 분리될 때 우리는 그 사람이 '죽었다'라고 한다. 그러므로 행함이 없는 믿음은 죽은 믿음이다.

신앙생활에 있어 믿음만 있어도 안 되고 행함만 있어도 안 된다. 믿음만 있으면 뿌리 없는 나무와 같고 행함만 있으면 나의 의를 나타내는 것밖에 안 된다. 아브라함을 통하여 하나님을 믿고 신뢰하는 것이 무엇인지 보여 주시는 것이다.

히브리서 11장은 믿음의 장이라 해서 우리는 이 말씀에 익숙해져 있다. 하지만 과연 이 말씀을 삶 속에서 실천하고 살고 있는가? 믿음이 없이는 하나님을 기쁘시게 못 한다. 믿음은 바라는 것들의 실상이며 보이지 않는 것들의 증거이다. 믿음이란 무조건 믿는 그 마음이다. 우리가 이 땅에서 부모만큼 신뢰할 만한 존재가 어디에 있겠는가? 생물학적 부모님이나 양육해 주신 부모님의 사랑 덕분에 우리는 생존할 수 있다고 해도 과언은 아니다.

인간은 순종의 씨가 있고 불순종의 씨가 있다. 마태복음 13장 37절 이하에 이렇게 기록되어 있다.

'좋은 씨를 뿌리는 자는 인자요 밭은 세상이요, 가라지를 뿌린 원수는 마귀요, 추수 때는 세상 끝이다'

성경은 모두가 비유로 말씀하신다. 하나님 아버지는 농부라고 하셨다. 우리가 잘 알고 있는 속담 중에 '콩 심은데 콩 나고 팥 심은데 팥 난다'는 말이 있다. 원인이 있으면 그에 따른 결과가 반드시 있기 마련이다. 우리가 사는 세상사도 마찬가지이다.

나는 농촌에 살기 때문에 눈만 뜨면 밭이나 논에 자라는 곡식과 열매를 본다. 자연을 보는 것만으로도 성경 말씀이 살아서 움직임을 피부로 느끼고 영혼의 양식이 된다. 농부들은 자신들이 수고한 만큼 열매를 맛보기 때문에 힘이 들어도 농사일을 손에서 놓지 못한다.

우리 이웃에 사는 부부는 농사일을 얼마나 정성스럽게 짓는지 모른다. 감자, 오이, 고추를 심어놓고 늘 음악을 식물들에게 들려준다. 정말이지 자식을 돌보듯 그렇게 농사일을 한다. 신기한 것은 열매가 다른 집에 비교하면 다르다는 것이 확연히 보인다. 인간사 세상살이도 농사짓는 것과 같다.

지구상에 있는 인간들은 자신의 행동에 대해서 책임을 지고 살아갈 때 에덴동산을 회복할 수가 있다. 언제까지 창조주 하나님께만 책임을 돌리겠는가? 하나님은 인간을 만드신 것이고 부모는 우리를 세상에 태어나게 하신 것이다. 세상에 태어남에 감사하는 마음을 가지고 살아가야 한다. 마치 창조주가 인간에게 고통을 주려고 세상을 창조한 것처럼 속삭이는 그런 속임수에 넘어가서는 안 된다.

이 땅에서는 부모를 거역하는 죄가 가장 크다. 피조 세계가 창조 세계를 거역하는 것은 있을 수가 없고 그 결과는 산산이 부서질 뿐이다.

오직 인간 구원만이 하나님의 프로젝트이다.

이 세상은 여행이다. 어디서 와서 어디로 가는 것인지를 알고 살아야 하지 않겠는가? 육안으로 보이는 세계가 전부가 아니라 보이지 않는 세계가 있다. 그것이 천상의 도시이다. 하나님의 보좌가 있고 하늘 아래 땅 아래 모든 주권을 가지신 독생자 아들 예수가 있고 성령의 하나님이 계신다.

우리는 삼위일체의 신을 믿는다. 삼위일체란 성부, 성자, 성령은 세 분으로 존재하지만 본질은 한 하나님인 것이다. 이 세상은 넓은 문, 좁은 문, 선과 악, 빛과 어두움, 선인과 악인, 구원의 길, 멸망의 길, 천국과 지옥 두 갈래의 길이 있다. 어떤 길을 선택해서 갈 것인가는 스스로 하는 것이다.

창조주이신 하나님 아버지 '성부', 성령으로 잉태하신 '성자' 예수, 하나님께서 내 마음에 직접 개입하셔서 역사하시는 보혜사 '성령'의 하나님은 토기장이이시며 인간은 진흙이기 때문이다. 결국 인간은 창조주의 손길이 없이는 살아갈 수가 없는 존재이다. 창조주를 알지 못하면 이 세상에 태어난 자체가 고통일 뿐이다. 니체가 "신은 죽었다"라고 외쳤다고 해서 하나님은 죽는 육체를 가진 분이 아니다. 영이시며 스스로 계시는 자로서 인간은 절대자 앞에 순복해야 한다.

아브라함은 이삭을 제물로 바치라는 하나님 명령에 순종함으로 오늘날까지 「믿음의 조상」이라는 영광의 타이틀을 얻었다.

아브라함이 100세 그 아내 사라가 91세일 때 하나님께서 약속하신 아들인 이삭이 태어났다. 이삭의 탄생 과정을 통해서 하나님의 언약과 성취는 인간의 힘이나 능력으로 이루어지는 것이 아니라 오직 하나님의 능력으로 이루어지는 일임을 알 수 있다. 그러나 하나님께서 아브라함에게 이삭을 제물로 바치라고 명령하였고 아브라함은 그 명령을 받아들여 실행했다. 아브라함은 칼을 높이 치켜들고 이삭을 죽이려 했을 때 이삭은 아버지인 아브라함에게 반항했다는 기록은 성경에 없다. 이삭도 이미 믿음의 DNA를 받고 태어난 것 같다.

이삭이 40세 되었을 때 아브라함은 그의 모든 소유를 맡았던 늙은 종에게 메소포타미아로 가서 이삭의 신붓감을 찾아 데리고 오라고 한다. 하나님은 늙은 종의 기도를 들으시고 리브가를 만나게 하신다. 아브라함의 종이 기도드렸던 대로 리브가는 우물의 물을 길어다가 아브라함 종의 낙타에게 물을 먹인다. 이 모든 일을 통해 리브가가 이삭의 신붓감인 것을 확인한다. 아브라함의 종이 설득하였을 때 리브가는 이 모든 일들이 하나님의 섭리인 것을 알아차리고 즉각 순종하기로 하고 아브라함의 종을 따라 가나안 땅으로 간다. 이삭은 그렇게 리브가를 만나서 결혼을 한다.

이삭의 아내 리브가는 결혼한 지 20년이 되어도 아이를 낳지 못했다. 그래서 괴로워하는 아내를 위해 이삭은 기도했다.

"하나님! 아내 리브가에게 아들을 주십시오"

여호와께서 이삭의 간구를 들으시고 그의 아내 리브가가 쌍둥이를 임신하게 된다. 리브가는 쌍둥이를 가지게 되는데 태속에서 싸우는 느낌을 받아 리브가는 하나님께 엎드려 물었다.

"하나님! 이 아이들이 왜 자꾸 싸우는 겁니까?"

그런 가운데 하나님의 음성이 들렸다.

"너의 태안에서 두 민족이 태어날 것이다. 두 민족이 네 복중에서부터 나누어지리라. 그중 한쪽은 더 강한 민족이 될 것이며 큰 자가 작은 자를 섬기게 될 것이다."

이미 그들의 운명은 태안에서 결정되었다는 것을 알 수 있다. 먼저 나온 자는 붉은 전신이 털옷 같아서 이름을 「에서」라 하였고 뒤따라 나온 아우는 손으로 에서의 발꿈치를 잡았으므로 「야곱」이라고 이름을 지었다.

에서는 익숙한 사냥꾼으로 들 사람이 되었고 야곱은 조용한 사람으로 장막에 거했다. 들 사람이라는 의미는 하나님에 의해 길들여지지 않은 사람이며 하나님께 길들여지려고 하지도 않으며 결코 길들여질 수 없는 사람임을 예견할 수 있다. 들 사람의 반대되는 사람은 하나님의 말씀에 순종하는 사람일 것이다. 우리는 하나님께 '순종'이란 단어에 길들여져야 한다는 것을 다시 한번 생각하게 된다.

이삭은 에서가 사냥한 고기로 만든 요리를 좋아했고 리브가는 야곱을 사랑했다. 기도로 얻은 두 형제는 쌍둥이임에도 불구하고 너무나도 달랐다. 그러했기에 부모의 편애가 일어난 것이다. 아버지 이삭은 사냥한 고기를 좋아하므로 에서를 사랑하고 어머니 리브가는 야곱을 사랑했다.

구약시대 이스라엘에서는 장자에게 특권이 있었다.

집안의 주권은 물론 다른 형제 보다 유산의 두몫을 분배받을 수 있는 자격도 주어졌다. 야곱은 장자권의 영적 축복에 대해서 알고 있었다. 그러므로 어느 날 야곱은 에서가 사냥하고 돌아올 때쯤에 맞춰 팥죽을 끓이고 있었다. 팥죽을 좋아한 「에서」이기도 했겠지만 그 날따라 사냥을 마치고 돌아와 배고파하는

에서에게 야곱은 팥죽과 장자권을 팔 것을 권유해 장자권과 팥죽을 바꾸는데 성공한다.

에서는 장자의 명분을 귀하게 여기지 않고 야곱에게 장자의 명분을 팔아 버렸다. 야곱의 계략을 알게 된 에서는 뒤늦게 분노한다. 에서가 분개하자 불안해진 리브가는 야곱을 삼촌 라반의 집으로 피신시킨다. 아담과 하와의 인류 조상도 먹는 것 때문에 하나님의 명령을 어겼다. 에서도 팥죽 한 그릇에 야곱에게 장자의 축복권을 팔았다.

인간이 살아가기 위해서 의식주는 기본적인 필수조건이다.

인간의 행복과 불행, 생명을 유지하는 데에는 먹는 것에 있다고 해도 과언은 아니다. "금강산도 식후경"이라는 말도 있듯이 먹어야 살고 굶주림의 서러움이 가장 클 것이다. 그러나 지나치게 먹는 것으로 인해 병도 생긴다. 식욕과 정욕의 절제가 필요하다. 모든 것의 지나친 것은 악으로부터 온다고 했다. 에서는 야곱한테 장자의 축복권을 빼앗기고 야곱을 미워하고 분노하여 야곱을 죽이려 했다.

"여호와께서 그에게 이르시되 네 태 속에 두 민족이 있다 두 민족이
네 몸속에 있는 동안 서로 다툴 것이다 한 민족이 다른 민족을 압도할
것이며 형이 동생을 섬길 것이다"(창세기 25장 23절)

하나님의 말씀대로 한 뱃속에서 피를 나눈 형제임에도 불구하고 누구를 탓하기 전에 이미 그들의 운명은 엄마의 뱃속에서 결정되었다. 나는 사람의 운명이 예정론임에 무게를 둔다.

공의의 하나님께서는 사람이 하나님을 배반하고 버리는 한이 있어도 절대로 하나님께서는 먼저 인간을 버리지 않는다. 우주 만물의 혜택은 선인이나 악인이나 동일하다. 지구상에 같은 사람은 단 한 사람도 없다. 그만큼 인간은 한 사람 한 사람 창조주의 작품인 것이다. 자식도 내가 운명을 결정할 수 있는 것이 아니다. 하나님의 자녀들인 것이다. 다만 어머니의 몸을 빌려 이 세상에 태어나는 것이다.

여기서 자식에 대한 우리들의 생각을 바꿔야 한다. 자녀를 나에게 맡긴 창조주의 목적을 알아야 한다. 부모의 의무는 그 소리를 들을 귀가 있어야 한다.

선진국이 왜 선진국인가? 물질적으로 풍성하고 잘 산다는 것보다 교육에 있다.

이스라엘 키부츠(Kibbutz)는 공동생활의 모형이다. 그들은 교육과 삶을 살아가는 공동체의 기본을 알려 준다. 교육의 기본은 아이들 각자의 재능을 개발하고 마음껏 뛰어놀면서 서로 돕고 사는 지체임을 깨닫게 해주는 것이다.

의식주의 문제도 하루 8시간 노동의 대가로 욕심부리지 않고 질서 가운데 살아간다.

사회문제는 욕심과 독점으로 나만 잘살면 된다는 이기적인 생각에서 비롯된다. 물질은 풍요해지고 삶의 질은 높아 가지만 자식은 내 마음대로 되는 것이 아니다. 불효자는 자식이 아니라 원수라고 한다. 부모들은 자녀에게 있는 나쁜 유전자의 불은 끄고 좋은 유전자에 불을 켜 줄줄 알아야 한다. 인간의 영혼은 여호와하나님의 등불이기 때문이다. 성령님의 인도를 받으며 살아야 한다는 것을 가르쳐야 한다.

이스라엘 백성들이 낮에는 구름 기둥으로 인도를 받았고 밤에는 불기둥의 인도를 받으며 살았던 것처럼 말이다.

나 같은 경우도 불륜의 씨로 태어나 얼마나 나쁜 유전자가 많이 있겠는가. 하지만 나를 길러주신 아버지의 교육 덕분에 나쁜 길로 갈 수도 있었으나 올바른 길을 선택하며 걸어왔다.

나의 본능대로 산다면 육체는 편할 수도 있다. 육체는 마음이 길들이는 대로 움직인다. 미래에 대해 막연한 두려움이 있으면 지금 이 순간 주 안에서 생각을 바꾸어야 한다. 생각을 바꾸면 행동이 바뀌고 행동이 바뀌면 습관이 바뀌고 습관이 바뀌면 운명이 달라진다. 승리는 작은 변화에서 시작되는 것이다. 나는 나쁜 유전이 한 번씩 발동할 때마다 어느 쪽을 선택할 것인가 갈등과 고민에 빠질 때가 있다. 그럴 때마다 나를 길러주신 아버지를 떠올린다. 친구의 딸을 길러주신 아버지의 교육을 선택했다. 그때마다 내가 나를 죽이고 나를 쳐서 복종시키는 고통이 따른다. 그러나 길러주신 아버지 말씀대로 인내는 쓰나 그 열매는 달았다. 나는 그 열매의 맛을 알기 때문에 절대로 나쁜 길을 선택하지 않는다.

하나님은 예레미야 선지자를 통하여 말씀하셨다.

"너를 모태에서 빚기 전부터 나는 이미 너를 알고 있었다. 네가 태어나 햇빛을 보기 전부터 이미 너에 대한 거룩한 계획을 세워 두었다. 나는 너를 뭇 민족에게 보낼 예언자로 세우려는 뜻을 품었다"(예레미야 1장 5절)

우리는 어떠한 상황에서 태어났더라도 하나님께서는 우리를 통해 생명을 잉태하기로 선택하셨다. 우리가 이 지구에 도착한 것은 온전한 하나님 아버지의 뜻이다. 그러므로 절망이 올 때는 하나님의 말씀의 빛을 보아야 한다.

야곱은 삼촌 라반 집에서 종살이를 하면서 14년이라는 세월을 삼촌 라반에게 속았다. 심는 대로 거둔다는 법칙이 그대로 야곱에게 이루어졌다. 야곱은 형의 장자권을 빼앗았고 아버지를 속이고 축복을 받았다. 요즈음으로 보면 성공과 야망을 위해 야곱은 잘못된 것을 알면서도 선택한 것이다. 그 결과는 삼촌 라반에게 속아 종살이를 했다. 그러나 하나님은 야곱에게 섬김을 받는 자가 되게 하시겠다는 약속을 야곱의 결혼을 통하여 인생에 반전을 일으키신다.

야곱은 레아와 라헬 사이에서 태어난 12명의 아들을 데리고 라반과 헤어져 자신의 고향을 향해 다시 길을 떠난다. 야곱은 형 에서가 400명이나 되는 사람들을 데리고 자신을 죽이려 한다고 생각했다. 야곱은 얍복강 강가에서 하나님께 기도한다. 밤새도록 기도하는데 천사가 환도 뼈를 쳤다. 야곱은 환도 뼈를 다쳐 절뚝거리며 형 에서를 만나 일곱 번이나 절을 하면서 용서를 구한다. 에서의 마음은 순한 양이 되어 과거의 분노는 눈 녹듯 없어지고 목을 안고 입 맞추며 서로 울었다. 하나님이 야곱의 기도를 들으시고 은혜를 베풀어 주신 것이다. 야곱을 죽이려 했던 에서의 마음을 순한 양으로 변화시키시면서 야곱에게 은혜를 주셨다.

하나님은 우리에게 아브라함의 하나님, 이삭의 하나님, 야곱의 하나님으로 믿음의 조상을 주셨다. 이 세상은 엄마의 뱃속이 시작이 아니라 '태초에 말씀이 계시니라'부터 시작이 된다.

믿음의 조상을 왜 만드셨는가? 우리들은 엄마의 뱃속에서 잉태되어 엄마의 몸을 빌려 태어나지만 우리 모두는 하나님 아버지가 '아버지'이기 때문이다. 그래서 모든 인간은 공평하다.

인생이란 하얀 도화지 위에 각자가 원하는 그림을 그리면서 살아가는 것이다. 하나님께서는 구원의 문을 만들어 주시고 인간들을 구원하시는 것만이 하나님의 프로젝트이다.

예수라는 구원의 문으로 들어가라

마태복음 1장은 아브라함의 자손이며 다윗의 자손인 예수그리스도의 족보이다. 아브라함부터 다윗까지 14대, 다윗부터 바빌론으로 잡혀갈 때까지 14대, 바빌론으로 잡혀간 뒤로 그리스도까지 14대다. 이 말씀은 무슨 말씀인가? 아무리 하나님에 대하여 왜곡을 하고 인간들이 무슨 말을 해도 '독생자 예수만이 구원'이라는 메시지이다.

하나님은 이미 창세 전부터 역사(history)를 인류에게 보여 주신 것이다. 그것이 세계사가 되고 성경의 역사는 이스라엘이라는 백성을 선택하셔서 최고의 상품인 나라와 민족을 우리에게 선물로 주고 싶었던 것이다.

성경은 창세기부터 요한계시록까지 예수그리스도가 주인공이고 모든 사람은 엑스트라이다. 우리는 인생이라는 무대에서 각자의 그림을 그리면서 살다가 모두 죽는다.

인간은 100년이라는 시간 공간 속에서 산다. 이 세상에 태어나 사는 것이 고통인 것은 사실이다. 그러나 그 고통은 고통으로 끝나는 것이 아니다. 예수라는 반석 위에 집을 짓고 살라는 것이다. 우리에게는 '구원의 길'이라는 통로가 있다. 이 통로만 있으면 이 땅에서 고생한들 어떻고 무명으로 살다가 이슬처럼 사라진들 어떠랴. 예수라는 구원의 문으로 들어가기만 하면 하나님의 생명책에 내 이름이 기록되어 우리를 책임져 주신다는 것이다. 나는 구원의 길 구원의 문을 선택하며 지금까지 걸어왔다.

삶이란 연습이 없으니 얼마나 많은 실수와 시행착오가 많겠는가? 하나님께서 "너 지구에 가서 한 번 더 살고 오련?"하고 물으시면 당연히 나의 대답은 "아니요"이다. 그만큼 나의 삶은 고통의 나날이었다. 때로는 이해할 수도 없는 삶의 무게도, 사명도, 나에게 짐이었으나 그것도 내 노력으로만 하려고 하니 짐이었다. 지금은 주님의 얼굴을 뵈었기에 천상의 도시 예수께서 예비하신 처소가 보인다. 그래서 이 사실을 알려주고 싶고 나 혼자 가기에는 너무 안타깝다. 나는 천국 안내원으로서 최선을 다하고 있다.

이 세상의 삶이 전부라면 창조주는 고통만 준다고 해도 과언은 아닐 것이다. 그러나 고통이 고통으로 끝나는 것이 아니고 우리에게 하나님같이 영원한 생명을 주시며 영원한 하나님아버지로 존재하신다는 것이다. 인류의 조상이 에덴동산을 상실한 것을 복구하여 다시 인류에게 주시기 위하여 당신의 역사를 만드시는 것이다.

요셉은 야곱의 열한 번째 아들이고 정말로 사랑했던 부인 라헬의 첫 번째 아들이기도 하다. 요셉은 히브리의 청년으로 성장하면서 야곱의 편애로 형들에게 미움을 받았다. 꿈쟁이라 불릴 만큼 요셉은 꿈을 꾼다. 어느 날 요셉이 꿈 이야기를 한다.

"우리가 밭에서 곡식을 묶더니 내 단은 일어서고 형들의 단은 내 단을 둘러서서 절하더이다."(창세기 37장 7절)

그 말을 듣고 형들은 "네가 우리의 왕이 된다는 거냐? 우리를 다스리게 된다는 거냐?" 하면서 형들은 요셉을 더욱 미워했다. 질투와 시기가 일어난 형제들은 요셉을 죽이기로 한다.

"그를 죽여 구덩이에 던지고 아버지에게는 짐승이 그를 잡아먹었다고 하자"(창세기 37장 20절) 하면서 살인 음모를 꾸민다. 그 말을 르우벤이 듣고 죽이지 말자고 제안하여 요셉을 죽이지는 않고 옷을 벗기고 깊은 구덩이에 던져 버린다.

마침 그때 지나가던 노예 상인에게 은 20개를 받고 요셉을 팔아 버린다. 그리고 그들은 요셉의 옷에 염소의 피를 적셔 아버지에게 가져가 악한 짐승이 요셉을 먹었다고 거짓말을 한다. 창세기 37장 35절에 보면 야곱의 슬픈 심정이 잘 그려져 있다. 그의 모든 자녀가 위로하되 그가 그 위로를 받지 아니하여 이르되 "내가 슬퍼하여 지옥으로 내려가 아들에게로 가리라" 하고 "그의 아버지가 그를 위하여 울었더라"라고 기록되어 있다.

자식을 잃은 아버지의 슬픈 심정이 오죽했겠는가. 속임수와 증오로 가득 찬 가족의 비극이다. 요셉은 형들에게 버림받았으며 상인들의 손에 이끌려 이집트로 갔다. 요셉은 끌려가면서 하나님께 기도하며 부르짖었을 것이다. 요셉의 기도를 들으신 전능하신 하나님께서 요셉의 삶에 관여하시며 이끄셨다. 미디안 상인은 애굽 바로의 신하 시위 대장 보디발에게 요셉을 팔았다.

하나님께서는 요셉에게 보디발의 총애를 얻도록 도우셨다. 그리하여 보디발은 자기 집과 그 모든 소유물을 요셉이 다스릴 수 있게 권한을 주었다. 그런데 어느 날 보디발의 아내는 요셉에게 동침하자고 유혹한다. 요셉은 보디발의 아내의 말을 수락하는 것은 큰 악을 행하여 하나님 앞에 죄를 지을 수 없다고 하며 거절한다. 요셉에게 거절당한 보디발 아내는 "요셉이 나를 강간하려 했다"라고 가증스럽고 사악하게 거짓말을 한다. 그래서 요셉은 억울하게 감옥에 가게 된다.

추운 돌바닥인 감옥에서도 요셉은 하나님만 바라보았을 것이다. 겨우 들어오는 햇살을 바라보며 주님께 기도로 부르짖었다. 구덩이에 던져 졌던 요셉은 또다시 토굴 감옥에 갇혔다.

창세기 39장 21절에 "여호와께서 요셉과 함께하시고…"라고 말씀하신다. 요셉은 어둡고 외로운 감옥에서 그렇게 보내고 있을 때 술 맡은 관원장과 왕의 떡 굽는 관원장이 감옥에 들어오게 된다. 외로운 요셉에게 동료가 생긴 것이다.
그러던 어느 날 술 맡은 관원장이 꿈을 꾼다. 무슨 내용 인지를 몰라 그 술 맡은 관원장이 괴로워할 때 요셉은 성령의 감동으로 그 꿈을 해석해 준다.

창세기 40장 9절에서 11절 말씀을 보자.
"술 맡은 관원장이 그의 꿈을 요셉에게 말하여 이르되 내가 꿈에 보니 내 앞에 포도나무가 있는데 그 나무에 세 가지가 있고 싹이 나서 꽃이 피고 포도송이가 익었고 내 손에 바로의 잔이 있기로 내가 포도를 따서 그 즙을 바로의 잔에 짜서 그 잔을 바로의 손에 드렸노라" 말하며 "도대체 이게 무슨 뜻인가?" 하며 요셉에게 묻는다.

창세기 40장 12절에서 15절을 보면 요셉이 그에게 이르되 "그 해석이 이러하니 세 가지는 사흘이라 지금부터 사흘 안에 바로가 당신의 머리를 들고 당신의 전직을 회복시키리니 당신이 그전에 술 맡은 자가 되었을 때 하던 것 같이 바로의 잔을 그의 손에 드리게 되리이다. 당신이 잘되시거든 나를 생각하고 내게 은혜를 베풀어서 내 사정을 바로에게 아뢰어 이 집에서 나를 건져 주소서" 하며 요셉은 꿈을 해석 해주고 요셉은 "일이 잘되면 나를 기억해 주세요"라고 부탁했다.

요셉은 진실되게 꿈을 해석해 주었지만 술 맡은 관원장은 석방 후 요셉을 잊어버리고 기억하지 않았다. 요셉은 잊혀진 사람이 되었다. 진실되고 진지하게 꿈을 해석해 주었건만 술 맡은 관원장은 야속하게 요셉을 까마득히 잊었다.

인간이 거룩 거룩하면서 선한 것 같아도 하나님이 인정하지 않으면 소용이 없고 사람들 눈에는 허물투성이라도 하나님이 인정하시면 되는 것이다. 술 맡은 관원장이 잊으면 어떻고 떡 맡은 관원장이 잊으면 어떠랴. 하나님만 요셉을 잊지 않으면 된다.

요셉은 술 맡은 관원장이 떠난 후 2년 동안 단순하고 외로운 나날을 보냈다. 요셉은 무슨 생각을 하며 지냈을까? 술 맡은 관원장이 나를 잊은 것도 석방의 때가 되지 않았기 때문일 거라고, 하나님의 섭리라고 위로하며 보냈을 것이다.

만 2년이 지난 어느 날 바로는 꿈을 꾼다. 바로는 꿈을 꾼 아침 마음이 무척 심란하였다. 도대체 무슨 꿈인지 갈피를 못 잡았기 때문이다. 그래서 바로는 사람들을 보내어 애굽에서 유명하다는 마술사들과 현인들을 모두 불러들였다. 그들에게 그 꿈 이야기를 했지만 그 꿈을 해몽하는 사람이 없었다. 그때 왕의 술을 맡아 보던 관리가 감옥에 있을 때 같이 있었던 요셉이 번뜩 생각났다.

창세기 41장 10절에서 13절에 보면 "바로께서 종들에게 노하사 나와 떡 굽는 관원장을 친위대장의 집에 가뒀을 때 나와 그가 하룻밤에 꿈을 꾼즉 각기 뜻이 있는 꿈이라 그곳에 친위대장의 종 된 히브리 청년이 우리와 함께 있기로 우리가 그에게 말하매 그가 우리의 꿈을 풀되 그 꿈대로 각 사람에게 해석하더니 그 해석한 대로 되어 나는 복직 되고 그는 매달렸나이다"라고 말을 하니 바로가 요셉을 불러 요셉에게 꿈 이야기를 한다.

꿈의 내용은 나일강가에 서 있는데 아름답고 살진 일곱 암소가 강가에서 올라와 갈밭에서 풀을 뜯어 먹고 그 뒤에 흉하고 피골이 상접한 소가 살진 일곱 소를 먹었다는 꿈이다. 깨었다가 다시 잠이 들어 꿈을 꾸니 한 줄기에 무성하고 충실한 일곱 이삭이 나오고 그 후에 또 쇠약하고 동풍에 마른 일곱 이삭이 나오더니 그 쇠약한 일곱 이삭이 무성하고 충실한 일곱 이삭을 삼키는 꿈을 꾸었던 것이다.

　바로의 부름을 받은 요셉은 감옥에서 나와 수염을 깎고 옷을 갈아입고 바로 앞에서 꿈 이야기를 듣는다. 꿈 이야기를 다 들은 요셉은 바로에게 꿈을 해석해 준다.

"하나님이 그가 하실 일을 보이심입니다. 일곱 좋은 암소는 일곱 해요, 일곱 좋은 이삭도 일곱 해니 그 꿈은 같은 꿈이며 그 후에 올라온 파리하고 흉악한 일곱 소는 칠 년이요 동풍에 말라 속이 빈 일곱 이삭도 일곱 해 흉년을 예시하는 것입니다. 즉 애굽 땅에 일곱 해 큰 풍년이 있겠고 후에 일곱 해 흉년이 들므로 하나님이 이 일을 정하시고 속히 행하신다는 것입니다. 그래서 7년간의 풍년 때 곡식을 관리할 수 있는 사람이 필요합니다. 곡물 창고를 짓고 곡식을 비축하여 흉년이 들었을 때 관리할 사람이 필요합니다."(창세기 41장 25~31절 참조)

이 일을 계기로 요셉은 이집트의 총리가 된다.

　인간은 꿈을 먹고 사는 유일한 존재이다.

　개인이나 국가는 반드시 비전(Dream)이 있어야 한다. 하나님께서는 야곱을 이스라엘로 만드시고 이스라엘은 최고의 상품,

독특한 민족, 하나님의 나라로 만드시기 위해 꿈쟁이 요셉을 이집트로 보내셨다. 그 당시 이집트는 세계에서 위대한 문화를 갖춘 나라였다. 하나님께서는 당신의 민족 이스라엘을 이집트에 몰아넣으시고 교육과 훈련을 시키셨다. 이집트는 우상 국가이며 이스라엘은 오직 여호와 하나님만을 섬기는 민족이다.

생태계에는 천적들이 있다. 수족관 속에 해산물들의 천적을 함께 넣어 유통하면 문어나 낙지, 오징어가 천적에게 잡아 먹히지 않으려고 이리저리 도망 다니면서 해산물의 신선함을 유지하듯이 이집트라는 우상 국가에서 이스라엘 백성을 만들기 위해 그 속에서 믿음의 DNA를 형성하시는 것이다.

우리의 삶에 있어 스스로 개발하지 않는 것은 나의 것이 될 수가 없다. 내가 부족하면 남보다 몇 배 노력하면 된다. 우리가 하나님으로부터 받은 것을 깨닫지 못하는 것뿐이지 우리는 하나님으로부터 받은 것이 너무나도 많다. 그러나 불평불만만 하면서 아까운 시간과 세월을 낭비한다.

어느 날 기도 중 "너희 나라의 살길은…"

　나의 이야기를 하자면 나는 엄마 뱃속에서부터 주홍글씨를 가슴에 달고 태어났다. 나의 생부는 나를 길러준 아버지의 고향 친구였다. 앞 뒷집에 살았다고 한다. 나는 흔히 말하는 불륜으로 태어났다. 나의 출생을 '동방의 빛 코리아'라는 책을 통하여 말하였다. 죄에 죄 된 나를 이끌어오신 창조주 하나님의 은혜를 나누고 싶었다.

　나의 어린 시절은 우리나라도 가난했고 나의 집도 가난했다. 초등학교 다닐 무렵에 부산에서 서부제일교회에 다녔다. 교회에 인도한 사람도 없었는데 주일날이면 교회에 앉아 찬송가를 부르며 설교 말씀을 듣고 있었다. '참~ 아름다워라 주님의 세계는' 그 찬송을 부를 때에는 나에게 부자인 아버지가 계신다는 생각에 사로잡혀 있었고 무언지 모를 든든한 백그라운드가 있다는 생각이 들었다.

　고단한 삶 속에서도 하나님께서는 나에게 꿈을 주셨다. 어린 시절 하꼬방(판잣집)에 살 때 아이들과 소꿉놀이를 하면 이층집을 만들고 놀았다. 판잣집에 살면서도 이층집을 꿈꾸었고 현실은 가난했지만 마음은 부자였다.

　믿음은 바라는 것들의 실상이요 보이지 않는 것들의 증거이다. 나는 지금 예쁜 이층집에서 살고 있다. 나는 어린 시절 스스로 교회에 갔다. 교회에 가는 것이 유일한 피난처이며 기쁨이었다. 전도하면 주는 인도상(전도상)에는 연필과 노트를 주었는데 학용품 걱정은 안 해도 될 만큼 전도를 많이 했었다.

　교회에 앉아 있으면 부유한 아버지 집에 거하는 것 같은 느낌이 들어 가난을 잊을 수 있어서 좋았다. 그리고 남들이 예쁘게 생겼다고 하니 영화배우가 되어 부자가 되고 싶었다.

　좁은 방에서 잠을 자니 소꿉놀이할 때만이라도 이층집을 꿈꾸며 이층집을 그려놓고 아이들에게 "얘들아, 여기가 우리 집인데 이층집이야. 여기는 계단으로 올라가는 곳이야"라며 놀았던 기억이 난다.

　중·고등학교 시절에는 유학을 꿈꾸었다. 그래서 영어공부를 열심히 했다. 영어시험은 거의 100점을 받을 정도로 열심히 영어단어를 외웠다. 하지만 친구의 딸인 나를 길러주신 아버지가 병으로 돌아가시고 나의 꿈은 산산이 부서졌다. 아버지가 돌아가시고 공부는 뒷전이 되었고 낮에는 급사로 일하고 밤에는 학교에 가서 공부하는 힘든 나날이 계속되었다.

1982년도 개척교회를 할 당시 일요일 설교 준비를 위해 기도하던 중에 하나님께서 "너희 나라의 살길은…" 이렇게 서두를 꺼내시면서 나에게 말씀 해주셨다. 하나님은 자세히 설명을 해주셨고 대한민국에 빛이 들어옴을 보았다. 그때부터 지금까지 나는 그 빛을 따라 길을 걸었다. 그 빛을 향해 달리고 있다. 꿈이 없는 백성은 망한다.

개인이 꿈이 없이 산다면 밥 세 끼만 먹고 본능대로 살다가 죽는다. 하나님은 요셉을 통해 이스라엘을 최상의 민족으로 만드셨다. 대기업과 모든 사업체는 기획과 관리를 하며 조직적으로 운영을 한다. 창조주께서도 마찬가지이다. 삼라만상을 주관하시는 분께서 이 세상에 대표를 세우시고 질서 가운데 경영을 하신다. 그 대표가 아담과 하와이고 믿음의 조상이 아브라함이며 이스라엘이라는 나라를 대표 민족으로 만들어 가시는 것이다.

하나님께서는 시대에 따라 사람을 택하시며 하나님의 사람으로 만들어 사용하신다. 요셉도 그중의 한 사람으로 믿음의 조상과 이스라엘이라는 중간 고리 역할을 했던 것이다. 세상사 돌아가는 이런 원리를 아는 사람들이 "인생은 연극이다"라고 말한다. 감독이 역할에 가장 잘 맞는 배우를 선택해서 영화를 만들어 가는 것과 같다. 내가 하는 것 같지만 감독이신 하나님께서 선택하셔서 역사를 만들어 가시는 것이다.

우리는 하나님의 도구에 지나지 않는다. 우리는 예수의 그림자이다. 우리는 하나님 역사에 지나가는 나그네에 불과하다. 인간도 본능 에만 충실하다면 짐승과 다를 바가 없다. 그러나 요셉은 보디발 아내의 유혹을 물리치고 하나님 앞에 범죄 하지 않았다.

세상을 살다 보면 많은 유혹에 빠진다. 신앙의 지조를 지키기 어렵다. 지금 시대는 물질 만능 시대이다. 요셉이 살던 시대도 마찬가지였을 것이다. 그러나 요셉은 하나님 앞에 범죄 할 수 없다고 했다. 보디발 아내가 매일 요셉에게 청하였으나 하나님 앞에 큰 악을 행할 수 없다고 요셉은 단호히 거절했다.

우리가 죄를 지으면 하나님께서 봐 주시겠지 하는 안일한 생각으로 하나님의 명령과 말씀을 무시할 때가 있다. 하나님 말씀에 순종하지 않고 불순종할 때에 하나님은 어림도 없이 무서운 분이시다. 하늘의 그물이 넓어서 보이지 않으나 새지 않는다고 하였다.

익지서(益智書)에도 말하였다.

"악의 두레박이 가득 차면 하늘이 반드시 그를 죽인다."

그래서 죄의 값은 사망이다. 인간의 범죄는 반드시 대가를 치르게 마련이다.

문제의식이 없는 사람이 가장 무섭다. 양심의 소리를 무시하고 상상할 수 없는 범죄를 저지른다. 하고 싶은 대로 하는 것이 죄가 된다. 그런 사람을 사이코패스라고 한다. 이 세상은 허상이며 하나님의 말씀만이 실상이다. 그러면 하나님께서 이 지구를 허상으로 만드셨나? 그것은 아니다. 이 지구 자체가 영원히 존재한다는 것이 아니다. 다만 하나님 말씀만이 영원한 생명이라는 것이다. 창조주이신 하나님을 모르면 왜 태어나서 어떻게 살다가 어디로 가는지를 모르고 헛되이 살다가는 인생이 되는 것이다.

　'인생무상'이라고 말들을 한다. 그것은 하나는 알고 둘은 모르는 사람들의 말이다. 천상의 도시 천국을 모르기 때문이다. 천국을 모르고 산다는 것은 참 바보 같은 삶이다. "천국이 어디에 있냐?"고 물으며 "죽으면 그만"이라고 말들을 한다. 죽으면 끝이라고 그렇게 큰소리치다가 죽어서 지옥 불에서 아우성치고 있을 모습을 생각하면 안타깝다. 예수님을 믿기만 하면 되는데 믿지를 않고 본인들의 노력과 주먹만 믿고 사는 삶은 허상이며 공(空)이다.

　마태복음 7장 21절에 분명히 말씀하셨다.

"나더러 주여 주여 하는 자마다 다 천국에 들어갈 것이 아니요 다만
하늘에 계신 내 아버지의 뜻대로 행하는 자라야 들어가리라"

아버지의 뜻이 무엇인지 자신이 존재하는 이유를 생각해 보아야 할 것이다. 태초의 우주는 빅뱅이 아니라 하나님의 말씀으로 만들어진 창조이며 우연이 아니다. 창조주에 대하여 설명을 하라고 하면 나는 못 한다. 피조인 인간은 창조주를 설명할 수 있는 존재가 아니다. 묻지도 말고 따지지도 말고 믿어야 하는 존재이다. 자식이 부모의 역사에 대하여 따지고 꼬치꼬치 캐묻는 불효막심한 인간이 있는가. 하나님은 영이시니 육체를 가진 존재가 따질 수가 없다.

다윈은 진화론을 주장했고 니체는 '신은 죽었다'고 했다. 나는 학문적으로는 모른다. 과학도 잘 모른다. 성경에 기록된 말씀을 믿으며 창세기 1장 1절에 "태초에 하나님이 천지를 창조 하시니라"라고 쓰인 감동의 말씀을 믿는다.

성경은 진실이며 앞으로 일어날 예언까지 기록되어 있다. 내가 성경을 근거로 말하고 싶은 것은 진화론이 아니라 창조론이다. 왜냐면 사람들은 풀 한 포기를 만들 수 없고 돌 한 개도 만들 수 없다. 겨울이면 내리는 눈의 결정체 하나하나가 같은 모양이 없다는 놀라운 사실에 나는 위대하신 하나님의 솜씨인 창조론을 믿는다.

'신은 죽었다'는 말에 동의할 수가 없다. 신이 죽었다는 말은 얼마나 어리석은 말인가. 신이 죽는다면 '신'이라는 단어가 필요 없다. 동등한 인간이 되기 때문이다. 무심코 내뱉는 말이 하나님께 얼마나 많은 죄를 지으며 가슴을 아프게 하는지 모른다. 내가 내뱉는 말이 메아리처럼 다시 한번 돌아와 내 귀에 들린다면 말로 짓는 죄의 분량이 엄청날 것이다.

부모의 은혜를 모른다면 부모의 마음을 모르는 것과 같은 것이다. 부모의 은혜를 언제 깨닫는가? 부모의 마음을 우리가 언제 알 수 있는가? 결혼해서 나의 아들딸이 장성하여 결혼할 때쯤이면 어렴풋이 알 수도 있다. 그때는 나도 나이가 많아 부모와 같은 노인이 되어있을 거니까. 그러나 그때도 부모의 은혜를 잘 모른다. 어렴풋이 알 뿐이다. 손자 손녀가 태어나서 나의 자식이 그들에게 부모 노릇하는 것을 보고 있을 때쯤 부모님의 은혜를 조금 알 것이다.

그러니 그때까지 살아 계시는 부모님이 몇 분이나 되겠는가. 그때는 효도하고자 하나 부모님이 내 곁에 계시지 않는다. 우리는 지혜롭지 못하고 미련하다. 돌아가시고 후회하고 발을 동동 구르며 안타까워 해봐야 소용이 없다. 그래서 우리는 지혜가 필요하다.

하나님께서 모세를 통해 알려주신 십계명에 '네 부모를 공경하라'라고 분명하게 돌판에 새겨 명령하시며 가르쳐 주어도 귀 담아듣지를 않기 때문이다. 하나님께서 천지를 창조하시고 에 덴동산을 부족함 없이 완벽하게 만드신 후 인간을 만물의 영장 으로 허락하시며 다스리고 살라고 하셨다.

6 청지기 정신으로 살아야 행복한 삶이다

　인간만이 영혼이 있다. 동물이나 짐승에게는 없다. 인간만이 양심이라는 마음의 소리를 듣고 산다. 양심의 소리를 듣지 못하고 살 때 인류가 불행한 것이다. 공평하지 못한 분배, 청지기 정신으로 살지 못하기 때문에 서로가 불행하다.

　빈손으로 왔다가 빈손으로 가는 것이 인생이다. 창조주 하나님을 알지 못하고 사는 사람처럼 불행한 존재는 없다. 우리는 스스로 구하고, 두드리고 찾아야 한다. 요셉을 통하여 하나님께서는 이집트라는 나라 안에서 인큐베이터(Incubator)로 이스라엘을 키우셨다.

　세월은 흘러 요셉과 그 시대 사람들은 다 죽고 그들이 이집트로 이민 온 지도 400년이라는 세월이 흘렀다.

　출애굽기에는 요셉을 알지 못하는 새로운 왕이 이집트를 다스렸다고 했다. 이집트인 들은 이스라엘 백성을 혹독하게 부렸다. 그들은 흙을 이겨 벽돌을 만드는 일과 밭일 등 온갖 고된 일을 시키면서 이스라엘 백성을 괴롭혔다.

이집트의 냉혹한 통치자 바로는 이스라엘을 탄압하기 위해 남자가 나거든 그를 하수에 던지고 여자거든 살리라고 명령했다. 그 명령이 내려지던 어두운 시대인 암흑기에 모세는 태어났다. 그러나 히브리 산파들은 하나님을 경외하여 왕의 명령을 따르지 않고 히브리인 민족을 살리는 역할을 했다. 그들은 하나님을 두려워하여 사람의 명령을 듣지 않았다. 그래서 모세는 그렇게 생명을 보존할 수 있었다. 태어나자마자 죽어야 하는 시대에 태어났음에도 하나님의 섭리로 죽음을 모면한 모세는 숨어서 길러졌다.

3개월 정도 지나자 더 이상 모세를 숨기며 키우기가 어려워졌다. 모세를 살리는 방법의 묘책으로 갈대 상자에 담아서 강물에 띄우기로 했다. 물이 침투하지 못하게 역청과 나무의 진을 잘 바른 갈대 상자에 아기 모세는 바구니에 담겨져 강가의 갈대 사이에 두어 졌다. 모세의 어머니 요게벳은 결과를 하나님의 선하신 손길에 온전히 맡기면서 자신의 계획을 실행에 옮겼다. 그때 요게벳의 믿음을 보시고 하나님은 절묘한 타이밍을 맞추어 주신다. 바로의 공주가 시녀들을 거느리고 강가에 목욕을 하러 나오는 시간이었다. 아기 모세의 울음소리를 듣고 바로의 공주는 시녀에게 상자를 가져오게 한다. 상자를 열어보니 잘생기고 아름다운 아기가 누워 있었다. 공주는 아기를 보고 히브리 아기라고 짐작한다. 아기가 울고 있으니 공주는 아기 모세를 불쌍히 여겨 그대로 강물에 띄워 보낼 수가 없었다. 공주는 그 아기를 양아들로 키울까 생각하며 '모세'라는 이름을 지어준다. 모세는 '물에서 건져 내었다'라는 뜻이다.

공주는 물에 버려진 아이를 건져내어 양아들을 삼았다. 숨어서 안타깝게 그 광경을 지켜보고 있던 모세의 누나 미리암은 그때를 맞추어 공주에게 나타나 "내가 가서 히브리 여인 중에서 유모를 불러다가 당신을 위하여 이 아이를 젖 먹이게 하리이까"(출애굽기 2장 7절)하며 공주에게 말을 건넨다. 공주는 흔쾌히 허락하므로 모세는 하나님의 은혜로 바로의 왕궁에서 생모의 젖을 먹고 자란다.

하나님의 은혜와 계획 아래 모세는 애굽의 궁전에서 생모 손에서 생모의 젖을 먹으며 자랄 수 있게 되었다. 모세는 히브리인이라고 자신의 뿌리를 견고히 형성하게 되고 아브라함, 이삭, 야곱의 하나님에 대해 배우며, 하나님을 경외하며, 하나님께서 그 백성에게 하신 약속을 충분한 시간에 생모에게 직접 들으며 자란다. 모세는 어머니 요게벳을 통해 하나님과 함께하는 영적인 유산을 전수받는다. 믿음을 가진 부모로 인해 모세는 위대한 믿음의 사람으로 성장한다.

40세가 된 모세는 어느 날 애굽 사람이 이스라엘 자기 백성을 심하게 학대하는 것을 보고 분노하여 감독을 쳐 죽인다. 이로 인해 모세는 이집트와 가나안의 중간지대인 미디안으로 피신하게 된다. 망명자가 된 모세는 미디안 종교의 사제인 이드라의 딸과 결혼한다. 히브리서 11장 24절 말씀을 보면 '믿음으로 모세는 장성하여 바로의 공주의 아들이라 칭함 받기를 거절하고 하나님의 백성과 함께 고난받기를 잠시 죄악의 낙을 누리는 것보다 더 좋다 하고…'라고 기록되어 있다.

모세는 이집트에서 편안히 사는 것을 포기하고 어머니가 원하셨던 하나님의 사람이 되는 길을 선택하는 발단이 된다. 그리하여 모세는 40년 세월을 광야에서 하나님의 교육을 받는다. 모세는 40년을 이집트에서 생모에 의해 양육을 받았고, 이집트의 학교에서 교육을 받았다. 그 후 40년은 광야에서 보냈는데 거기서 그는 지독한 고독을 통해 성장했고 하나님에 의해 가르침을 받았다. 마지막 40년은 히브리 백성들과 함께 광야에서 보냈는데 이 기간 동안 모세는 시련과 낙심과 시험을 통해 성숙했고 하나님께서 직접 주신 율법에 의해 가르침을 받았다.
하나님이 훈련 시키는 광야 생활은 자신과의 싸움이었다. 생물학적 본성인 악습을 거스르고 성령의 열매는 오직 사랑과 희락, 화평, 오래 참음, 자비, 양선, 충성, 온유 그리고 절제이다.

성도들은 하나님께 받는 복을 물질, 건강, 부귀영화라고 생각한다. 이것이 복이라면 하나님께서는 모세를 구태여 광야로 몰아 칠 리가 없었다.

마태복음 5장에 보면 복이 있는 사람이라고 해서 예수께서 제자들과 무리들에게 산상수훈이라는 유명한 설교를 하신다. "심령이 가난한 자는 복이 있나니 천국이 그들의 것임이요, 애통하는 자는 복이 있나니 그들이 위로를 받을 것임이요, 온유한 자는 복이 있나니 그들이 땅을 기업으로 받을 것임이요, 의에 주리고 목마른 자는 복이 있나니 그들이 배부를 것임이요, 긍휼히 여기는 자는 복이 있나니 그들이 긍휼히 여김을 받을 것임이요, 마음이 청결한 자는 복이 있나니 그들이 하나님을 볼 것임이요, 화평하게 하는 자는 복이 있나니 그들이 하나님의 아들이라 일컬음을 받을 것임이요, 의를 위하여 박해를 받는 자는 복이 있나니 천국이 그들의 것임이라."(마태복음 5장 3~10절)

그러므로 하나님께서 우리에게 주시는 복은 신의 성품에 참여하도록 생물학적이 아닌 하나님의 형상으로 새로운 피조물을 만들어 주시는 것이다. 모세는 광야에서 고독과 싸우면서 양 떼들을 벗 삼아 목자의 심정만이 되었다.

사람에게 가장 무서운 것은 '고독'이라는 단어일 것이다. 주

위에 아무도 없고 홀로 남을 때에 죽음까지 부를 수 있다. 자살은 왜 하는가? 이 세상에서 자기만 고통을 당한다고 생각하기 때문이다. 400년이나 노예의 습성에 젖은 이스라엘 백성을 이끌어 가야 하는 미션을 완수해야 하는 자로서 하나님은 모세를 광야에서 훈련 시키셨다.

어느 날 모세가 80세가 되어 양을 몰고 호렙산에 이르렀을 때 떨기나무에 불이 활활 타오르는 불꽃을 보게 된다. 여호와가 나타나신 것이다.

"나는 네 조상의 하나님이니 아브라함의 하나님, 이삭의 하나님, 야곱의 하나님이니라.""네가 바로 이스라엘 백성을 이집트에서 구출해 낼 사람이다"(출애굽기 3장 6~10절 참조)라고 말씀하신다.

나는 모세 이야기가 피부에 와닿는다. 왜냐면 개척교회 당시에 사사기 말씀을 읽고 있을 때 하나님께서 분명히 대한민국의 비전을 말씀하셨다. 나는 민족에 대하여 생각한 적도 없고 나랏일에 관심도 없었다. 나는 오로지 하나님의 복음 전하는 것 외에는 관심이 없는 사람이었다.

모세도 40년 세월을 광야에서 보내며 이집트 왕자 때의 혈기와 용기는 사라지고 초라한 처가살이에 양떼를 치는 노인 목자에 불과했다. 그런 모세에게 이집트에 있는 이스라엘 백성을 이끌며 바로 앞에 서라고 하시니 두려움이 앞섰을 것이다.

바로와 모세는 적과 흑의 관계 아닌가? 하나님은 이스라엘 민족이 애굽에서 고통당하는 것을 보시고 모세를 지도자로 세우신다. "그들을 애굽 인의 손에서 건져내고 인도하여, 젖과 꿀이 흐르는 가나안 땅에 이르게 하려 한다"(출애굽기 3장 8절)라고 모세에게 말씀하시며 바로 앞에 서게 하신다.

　하나님의 일하시는 방법은 참으로 세밀하시다.

　모세에게 전략을 짜주신다. 하나님께서는 모든 문제 해결의 답을 주시지만 우리가 하나님의 생각에 미치지 못하는 것이 문제이다. 한정된 뇌와 한정된 육감으로는 도저히 이해할 수도 없고 인지가 되지 않기 때문이다.

　하나님께서는 바로가 어떤 자인지 어떤 전략으로 쳐야 할지 모든 것을 아시며 모세의 약점도 너무나 잘 아시는 분이시다. 하나님은 모세에게 지팡이를 던지면 뱀으로 변하게 하시고 몇 가지 하나님의 기적도 베풀었지만 모세는 하나님의 미션을 이해하지 못한다.

　모세는 사람을 죽인 도망자의 삶을 살고 있었다. 마음속에 두려움과 죄에 대한 무게가 있었다. 하나님께서는 우리 머리카락까지도 세신다고 하셨다. 우리 심장의 폐부 우리의 생각까지도 감찰하시는 분이시다. 모세는 하나님께 "보낼 자를 보내소서"(출애굽기 3장 8절) 하면서 계속 하나님의 미션을 거부한다.

제2부

오직 믿음으로 풀어야 할
숙제가 있다

7

"서울로 가라"는 하나님의 명령

1982년도 성전에서 사사기 말씀을 읽던 그 날의 일이 어제 일처럼 생생하다.

"너희 나라의 살길은… 이것이다…"라고 말씀하셨다.

우리나라 살길에 대하여 구체적으로 나에게 말씀하시며 설계도를 주셨다. 쭉~ 설명을 하시면서 "이 일을 네가 한번 해보련?"이라고 하셨다. 나는 강대상 밑에서 기도를 했다.

'하나님 제가 이런 음성을 들었습니다. 이 음성이 마귀 음성인지 성령님의 음성인지 나는 모르겠습니다. 하나님께서 저에게 교회를 개척하라고 하신 지 몇 개월이 되었습니까? 왜 나에게 이런 음성을 들려주시는지 모르겠고 나는 한평생을 농촌에서 살려고 마음먹고 어린 자식과 불도가 심한 남편과 왔습니다. 나는 아이들 장래도 나의 미래도 생각하지 않고 오직 농촌에 복음을 전하러 왔습니다. 나는 애국자도 아니고 나라를 위해 기도할 뿐이지 참여하기도 싫고 내가 나이도 어리고 영어도 할 줄 모릅니다. 학벌이 있습니까? 배움이 있습니까? 솔직히 목회하는 것도 나에게는 벅찹니다. 나는 하나님의 말씀에 동의할 수 없습니다. 다른 사람을 찾아보시지요.'

하나님께서는 침묵하시고 아무런 말씀도 하지 않으셨다. 음식을 먹고 체한 것처럼 나의 가슴속에 무언지 모를 무거운 것이 자리 잡고 있었다. 그런 차에 교회는 허물어지고 다른 환경으로 몰아치셨다. 하나님께서 한 번 명령하시면 당할 자가 없다. 아니, 한번 마음을 먹으면 당할 자가 없다. 나는 그분을 조금 알기에 이렇게 혼자 방에서 중얼거렸다.

'그 일을 나 혼자 하나? 사람을 붙여 주시던가 하겠지. 도대체 교회 개척하라고 할 때는 언제고 나보고 어떻게 살아가라고 어려운 숙제만 주시고 예수를 믿는다는 것이 이런 고난이라면… 남들은 평범하게 예수를 잘도 믿고 사는데 나에게 왜 이러실까?'라고 생각했다.

그때 나에게 음성이 들렸다.

"교수를 만나라!"

너무 엉뚱한 메시지였다.

'교수를 만나라고요? 하나님께서 아시다시피 내가 대학 출신도 아니고 어디서 교수를 만나며 한양에서 김 서방 찾기지 어디서 교수를 만납니까?' 하면서 '이제는 별소리가 다 들리네' 생각했다.

교회는 이미 허물어졌고 여기서 떠나 서울로 가라고 하나님의 명령이 떨어졌으니 별수 없이 서울로 갈 수밖에 없었다.

서울로 이사를 하고 얼마 후 동생 윤숙이가 결혼 날짜가 잡혀서 우리 집에 잠시 머물고 있었다. 왜냐면 집안의 반대가 심했기 때문이다. 윤숙이가 직장 퇴근 후 집에 돌아오면 윤숙이에게 넋두리를 했다.

"윤숙아! 하나님께서 나에게 교수를 만나란다! 어떤 교수를 만나야 하지? 탁○○ 교수님을 만날까?"

탁○○ 교수님이 누구인지도 모르면서 그 당시 탁○○ 교수님의 이름이 알려져 있으니 그냥 익숙한 이름이었다.

어느 날 윤숙이가 퇴근하고 책을 한 권 들고 와서 "언니! 이 책 한 번 읽어봐! 이대 김옥길 총장님 알지?"

사실 나는 그분을 몰랐다.

"그분 동생 김동길 교수님이 쓴 책인데 믿음이 굉장히 좋으시네! 책 제목이 마음에 들어서 샀는데 믿음이 이렇게 좋으신 분은 처음이야!" 하면서 그 책을 나에게 주었다. 나는 단숨에 그 책을 읽었고 하나님께서 만나라는 교수가 이분이구나 생각했다.

"윤숙아! 이분이네. 하나님께서 만나라고 한 사람이 김동길 교수님이야! 교수님 만나고 와서 말해줄게!" 하면서 흥분을 감추지 못했다.

나는 확신을 갖고 연세대에 전화를 걸어 김동길 교수에 대해 물었다. 전화를 받은 사람은 친절하게 설명을 해주었다. "지금은 학교에 안 나오시고 집에 계시니 그쪽으로 연락을 해보세요" 하면서 집 전화번호를 알려 주었다. 나는 용기를 내 전화를 했고 비서를 통해 교수님과 약속이 잡혔다.

그때 내 마음에 갈등이 일어났다. '교수님은 나를 모르는데 첫 대면에서 뭐라고 말을 해야 하며 그분은 나를 어떻게 생각하실까?' 하는 고민이 들었다. 고민을 거듭한 결과 '그래! 내가 미친 사람 취급밖에 더 받겠는가. 일단 시도해 보자!' 하고 김동길 교수를 만났다. 김동길 교수는 나를 문전박대하지 않고 받아 주셨고 "또 연락하고 오라!" 하시며 따뜻하게 말씀 해주셨다. 나는 윤숙이와 동행하며 교수님과의 만남을 계속 이어갔다.

지금 21세기에도 모세에게 역사하셨던 하나님의 역사는 이어져 오고 있다. '태초에 말씀이 계시니라'는 태초가 '알파'의 하나님이시며 세상 끝이라는 요한계시록의 계시가 '오메가' 하나님이시다.

하나님께서 모세를 바로에게 보내시어 "이집트에서 억압받고 있는 이스라엘 백성을 이끌어내라"고 명령을 하셨다. 바로는 고대 이집트의 최고의 통치자이며 신과 같은 존재였다. 모세는 바로 왕을 찾아가서 하나님은 이스라엘 백성을 내보내라 하셨다고 하나님의 명령을 전한다.

완악하고 교만한 바로는 그 말을 듣지 않는다. 하나님을 모르기 때문이다. 그런 바로에게 하나님은 열 가지 재앙을 주신다. 하나님 믿기를 거부하는 바로는 본인이 신(神)이라 생각하는데 모세는 참 신이신 하나님의 위대함을 알려주니 바로의 기분이 좋을 리 없었을 것이다.

첫 번째 재앙은 나일강이 피로 변하는 재앙이었다. 나일강은 식수를 제공하고 농업용수를 제공했기에 사막에 사는 애굽 인들은 나일강을 소중히 여겼다. 나일강물이 피로 변하였기 때문에 생명을 주는 강물이 아니라 죽음을 주는 강이 되었다. 물은 마실 수 없게 되었고 물고기들이 죽어 떠올랐다. 그러나 바로 왕은 마음이 달라지지 않았다.

두 번째 재앙은 개구리 재앙이었다. 개구리가 올라와 애굽 전역을 덮었다. 온 세상이 개구리 천지였다. 물을 마시기 위해 컵을 들면 컵 속에서도 개구리가 튀어나오고 신발에서도 개구리가 튀어나와 개구리가 뒤덮는 재앙이었다. 개구리는 다산의 상징으로 애굽 사람들의 풍요의 신이었다. 하나님은 애굽의 모든 우상을 치셨다. 다산의 상징으로 섬기던 개구리가 풍요의 신이 아닌 재앙일 뿐이라는 것을 보여 주셨다. 개구리 재앙을 연상하면서 그 사람들은 하나님만이 참 신이라는 것을 과연 깨달았을까? 생각하면서 혼자 쓴웃음이 지어진다.

세 번째는 티끌(먼지)을 통해서 이를 만드셨다. 많은 먼지들이 이로 변해서 몸에 달라붙는다고 생각하면 끔찍하지 않은가?

네 번째는 파리재앙이었다. 하나님을 떠나서 사는 사람들은 파리를 신으로 섬기는 애굽 인들 만큼 어리석은 사람들이다. 신이라고 믿었던 파리에게 공격을 당하게 된 것이다. 파리의 재앙은 애굽 사람들이 사는 곳에만 일어났다. 애굽의 신이 하나님을 섬기는 백성을 건드릴 수 없다는 것을 증거로 직접 보여 주셨다.

다섯 번째는 돌림병의 재앙이었다. 가축은 애굽 사람들이 가졌던 재산이었다. 재산인 동시에 가축을 신으로 섬겼다. 사람들은 가장 소중하다고 생각하는 것을 우상으로 섬긴다. 그 당시는 가장 재산이 되는 소를 우상으로 섬겼다. 신처럼 섬겼던 소가 돌림병으로 인해 마구 쓰러졌다. 자기들이 섬겼던 신이 무력함을 하나님은 보여 주신 것이다. 우리가 소중하게 생각하는 것도 하나님이 지켜주시지 않으면 소용이 없다는 것을 깨달을 수 있다.

여섯 번째는 악성 종기의 재앙이었다. 사람과 짐승 모두에게 악성 종기가 생기는 재앙이 임했다. 호흡이나 피부에 생기는 병이다. 애굽 사람들이 믿었던 마술사에게도 종기가 생겼다.

일곱 번째는 우박의 재앙이었다. 1년 동안 수고했던 모든 농사를 실패시키는 것이 우박의 재앙이다. 불까지 내려 모든 농작물은 초토화되었다.

여덟 번째 재앙은 메뚜기 재앙이었다. 우박으로 인해 농작물이 피해를 입었는데 메뚜기 재앙으로 인해 그나마 남아있던 농작물도 모두 망친 것이다. 애굽인들은 많은 신을 섬겼지만 무력한 우상이었을 뿐이었다.

아홉 번째 재앙은 흑암의 재앙이었다. 3일 동안 흑암이었다. 태양이 떠오르지 않았다는 것이다. 애굽 사람들의 가장 위대한 신은 태양신이었다. 애굽인들은 태양신이 가장 위대한 신이라고 생각했으며 영원히 떠오르고 멸망하지 않는다고 믿었다. 매일 매일 떠오르던 태양이 떠오르지 않고 아침에도 깜깜했다. 태양이 떠오르지 않고 아침에도 깜깜했으니 공포스럽고 무서웠을 것이다. 신하들은 바로에게 노예들을 풀어주어야 이집트에 재앙이 사라질 것이라고 말했으나 바로는 계속 고집을 부렸다. 바로의 고래 심줄 같은 고집이 결국 열 번째 재앙으로까지 이어졌다. 아홉 번째 재앙까지는 자연을 통한 재앙이었지만 아홉 번의 기회를 주며 바로가 돌아오기를 기다렸지만 하나님께로 돌아오지 않자 하나님이 직접 심판을 하셨다.

하나님이 직접 심판하신 열 번째 재앙은 장자가 죽는 재앙이
었다. 가축의 새끼까지도 다 죽이셨다. 이 재앙을 보고 바로 왕
이 모세를 불러 "애굽에서 네 백성을 데리고 나가라"고 했다. 그들이
섬기는 우상이 아무것도 아니라는 것을 하나님은 보여 주셨다.

하나님께서 내린 열 가지 재앙은 불순종으로 인한 결과였다.
하나님보다 더 사랑하는 것이 있다면 우상이 되는 것이다. 자
식을 하나님보다 더 사랑하면 자식이 우상이 되는 것이며 돈을
하나님보다 더 사랑하면 돈이 우상이 되는 것이며 좋은 저택을
하나님보다 더 사랑하면 집이 우상이 되는 것이다.

십계명에 제 일의 계명과 제 이의 계명은 우상을 두지 말라!
이다. 십계명을 지키지 않으면 고난을 피할 길이 없다.

'네 부모를 공경하라. 살인하지 말라. 간음하지 말라. 도둑질
하지 말라. 네 이웃에 대하여 거짓 증거 하지 말라. 네 이웃의
집을 탐내지 말라'는 여섯 가지 명령은 우리 인간과 인간들 관
계 속에서 지켜야 하는 기본명령이다.

순종하지 않으면 불순종에 대한 고난이 있다. 그래서 하나님
의 명령을 불순종하는 자는 피할 수 없는 고통과 불행이 뒤따
른다. 십계명의 죄를 지으면 피할 길도 없으며 솟아날 구멍도

없다. 악을 행하여 하늘에 죄를 얻으며 빌 곳이 없다고 했다. 바로가 불순종하므로 겪는 고통을 우리는 지혜롭게 유월절의 교훈으로 피해야 할 것이다.

사단은 우리가 하나님 말씀에 순종하지 못하도록 꽁꽁 묶어 놓는다. 사단이 묶는 사슬은 하나님만을 바라보는 믿음으로 과감히 끊어야 할 것이다.

바로에게 내렸던 재앙이 21세기에 사는 우리들에게도 일어난다. 메르스도 있고 천재지변, 이 지구에는 인간으로서 이해할 수 없는 일들이 왜 일어나는가? 피조인 인간이 이 땅에서 하는 일들이 신이 존재하지 않고도 살 수 있는 유토피아를 만드는 것이다. 우리는 인간에게 닥치는 알 수 없는 재앙이 있을 때마다 천상에 계셔서 이 지구를 다스리고 계시는 지존자를 기억해야 한다. 모세는 하나님의 전략에 승리하여 홍해가 갈라지는 은총을 맛보았다.

대한민국 광화문에 이순신 장군의 동상이 있다. 이순신 장군은 모세와 같은 인물이다. 이순신 장군은 임진왜란 때 조선의 삼도 수군통제사가 되어 부하들을 통솔하는 지도력과 뛰어난 전략으로 일본 수군과의 해전에서 연전연승하여 대한민국을 구한 성웅이다.

나는 '명량'이라는 영화를 통하여 이순신 장군의 생애를 보았다. 이순신 장군이 초라한 열두 척의 배를 가지고 골리앗 같은 왜적을 대항하여 싸우는 그 모습을 보면서 이스라엘이라는 나라에는 '모세'라는 위대한 지도자가 있었다면 대한민국은 '이순신' 장군이 계셨다고 생각했다. 목숨을 걸고 왜적을 제압하는 그 눈빛과 백성들을 사랑하는 그 모습에 나는 숨을 죽이며 눈물을 흘리면서 보았다. 이순신 장군은 바다 한가운데서 왜적을 이기고 승리한 것을 자신에게 돌리지 않고 그 순간에 회오리바람을 일으켜 주신 하늘과 백성들 덕분이라고 말했다.

나는 생각했다. '우리는 알지 못하지만 그 시대에도 하나님께서 백의의 민족 홍익인간인 대한민국을 지켜주셨구나! 대한민국은 정말 하나님이 보우하사 우리나라 만세이구나'하고 말이다. 세계 속의 대한민국을 우리와 우리 후손들이 만들어야겠다는 사명감이 마음속에서 불끈 솟았다.

모세는 이스라엘 백성을 이끌고 홍해를 건너 가나안 땅을 향하여 갔다. 모세와 백성들은 광야에서 쓴 물이 단물로, 만나와 메추라기로 하루하루를 하나님의 기적 속에서 살았다. 하지만 백성들의 원망과 불평은 끝이 없었다.

8

좋은 땅이란 무엇을 의미하는가?

　우리는 생물학적 부모에게서 태어나고 성령으로 거듭나면서 다시 한번 새롭게 태어난다. 죄 가운데 살고 있는 우리는 예수그리스도를 믿기만 하면 죄에서 용서받는 구원이 있다. 처음 예수님을 만나고 성령을 받을 때 체험을 했겠지만 영적인 광야생활이 시작된다. 육체는 생물학적 부모로부터 받지만 영혼은 하나님께서 주인이 되시기 때문이다.

　예수님께서는 "누구든지 하늘에 계신 내 아버지의 뜻대로 하는 자가 내 형제요, 자매요, 어머니다"라고 하셨다. 죄 가운데 태어나고 죄 가운데 살고 있는 우리를 예수님은 십자가를 스스로 걸머지시고 십자가의 고난을 받으심으로 우리는 아무 공로 없이 구원을 받았다. 하나님께서는 농부요, 이 세상은 밭이요, 우리는 종자 씨앗이다.

　마태복음 13장에 보면 땅에 씨뿌리는 비유가 나온다.

　씨 뿌리는 자가 씨 뿌리러 나갈 때 길가에 떨어지는 씨는 새들이 와서 먹고 바위 위에 떨어지는 씨는 습기가 없으므로 말랐고 가시떨기 속에 떨어지는 씨는 가시가 함께 자라서 기운을 막았고 좋은 땅에 떨어지는 씨는 나서 백 배의 결실을 맺는다고 예수께서 말씀하셨다. 그러면 좋은 땅은 무엇을 의미하는가? 착하고 선한 마음으로 말씀을 듣고 즉시 순종하는 행실이다.

"착한 일을 하는 사람에게는 하늘이 복을 주시고 착하지 않은 일을 하는 사람에게는 하늘이 화를 주신다"는 말이 있듯이 착한 일을 하는 마음이 '좋은 땅'을 의미한다고 생각한다.

좋은 땅은 착한 마음을 말한다. 육체는 자랑할 것이 없는 질그릇에 불과하다. 이 땅에는 "의인은 없나니 하나도 없다"고 했다. 인간은 성인군자가 된다고 해도 스스로 구원에 이를 수가 없다. 왜냐면 원죄를 안고 태어났기 때문이다.

어르신들은 삶이 고통스러울 때 "내가 죄가 많게 태어났지!" 하면서 한탄한다. 불교에서는 전생이라는 단어도 있다. 우리는 인류의 대표로 세운 아담과 하와의 선악과에서 비롯된다. 예수를 믿기만 하면 구원에 이른다. 하지만 광야를 거치지 않고는 가나안 땅에 들어갈 수가 없다.

'믿음과 행함'의 관계는 동전의 양면과 같이 늘 붙어 있어야 한다. 왜 우리의 기독교가 빛과 소금의 역할을 하지 못하고 코미디 소재가 되어 세상 속에서 짓밟히고 있는가? 믿음과 행함으로 생활 가운데 실천하며 살지 않기 때문이다. 일상의 삶 속에서 사람을 대할 때에 엉망으로 한다면 예수 믿는 성도의 자세가 아니다.

교회는 세상 속의 방주이다. 교회는 성령으로 시작하여 성령으로 열매를 맺어야 한다. 교회는 세상과 분리된 곳이다. 교회는 세상의 그림자도 없어야 한다. 교회는 세상과 접목시키는 곳이 아니다. 교회는 예수님의 몸이다.

하나님의 자녀들은 세상이라는 광야 생활을 거쳐서 천상의 도시에 입성한다. 모세를 통하여 이스라엘 백성들을 광야에서 40년이라는 긴 세월을 두고 훈련과 연단을 교육하신 하나님이시다. 21세기에 살고 있는 하나님의 백성들도 다를 바가 없다.

흔히 믿음을 순금에 비유한다. 창세 이후로 노아의 믿음이나 아브라함이 가졌던 믿음이 이 세상 끝날까지 세월이 아무리 흘러도 변질되어서는 안 된다. 피조인 인간이 섬겨야 할 대상도 한 분이신 여호와 하나님이시다. 달도 하나 해도 하나이다. 우리는 출애굽을 하는 이스라엘 백성을 통하여 무엇을 깨달아야 하는가? 한없는 은혜로 의식주의 모든 것을 해결해 주시건만 이스라엘 백성들은 원망과 불평을 했다.

모세가 시내 산에 머물면서 십계명을 받고 있을 때 이스라엘 백성들은 황금 송아지를 숭배하고 있었다. 모세가 받은 제 일 계명이 "너희는 내 앞에서 다른 신을 섬기지 못한다"라고 말씀하셨다.

"너희는 위로 하늘에 있는 것이나 아래로 땅 위에 있는 것이나 땅 아래 물속에 있는 어떤 것이든지 그 모양을 본떠 새긴 우상을 섬기지 못한다."(신명기 5장 8절 참조)

분명히 돌에 새기며 말씀하셨다.

종살이하던 이집트에서 끌어내신 분은 하나님이셨다. 이스라엘 백성은 출애굽을 인도하신 하나님을 신뢰하지 못하고 자신들의 금붙이로 금송아지를 만들어 애굽의 우상을 예배하고 찬양하고 있었다. 금송아지를 숭배하고 있는 모습을 보고 모세는 격분하여 손에 들고 있던 십계명 돌판을 내던져 깨뜨렸다. 그들은 불신과 무지 때문에 하나님을 배신한 것이다. 모세는 하나님께 매달려 자비를 구하고 호소하여 결국 하나님은 모세의 기도를 들어 주시어 화를 거두신다.

위대한 지도자는 자신의 생명을 버릴 줄 아는 자들이다. 21세기에 살고 있는 우리의 모습은 어떠한가? 하나님과 나 사이에 금송아지는 없는가? 나부터 옛 습성을 고치지 못하고 하나님 말씀 앞에 순종치 못하며 이스라엘 백성들이 이집트의 생활을 잊지 못해 금송아지를 만들 듯이 세상에 물들어 겉모양은 번지르르 하나 영혼은 황폐하여 믿지 않는 자 보다 더 사악하여 빛은커녕 눈살을 찌푸리게 만들고 있다.

모세는 하나님께 받은 십계명이 새겨진 돌판을 금송아지를 만든 이스라엘 백성들 앞에 내던진다. 나는 십계명의 돌판을 집어던진 모세를 이해한다. 나도 '의로운 분노'라는 그럴듯한 합리화 속에서 그럴 때가 많았다. 그러나 세월이 흐르고 나이를 먹고 신앙의 연륜이 쌓이다 보니 각 한 사람 한 사람에 대하여 인내하며 기다려 주어야 하는 것이 '믿음의 덕'이라는 사실을 깨달았다.

성내는 것은 하나님의 의를 이루지 못하고 어떤 분노도 열매를 맺지 못한다는 것을 나는 깨달았다. 묵묵히 나의 할 일만 하면 된다. 그러면 하나님께서 다 알아서 해주시는 것을 생활 속에서 체험하며 산다.

한국교회의 공동체는 성숙한 성도의 자태로써 동방의 빛 코리아, 통일된 조국을 만드는데 앞장서야 한다. 하나님께서는 모세를 통하여 법조문을 내셨고 하나님의 종 모세는 이스라엘 역사에 한 획을 그었다.

인류의 불행은 책임을 전가하는 데서부터 비롯되었다. 21세기에 사는 우리는 책임을 지는 것부터 배워야 하며, 출애굽기에서 깨달아야 할 것은 원망과 불평은 삶에 조금도 도움이 되지 않는다는 것이다.

'말의 힘'을 모르는 사람들이 많다.

사탄이 인류에게 먼저 쓴 말이 거짓말이다. 인류는 사탄의 거짓말에 속아 하나님 말씀에 불순종했다.

말이란 인간의 인격이며 모든 삶을 이끄는 길이며 열쇠이다. 큰 배를 작은 열쇠(Key) 하나로 항해를 하듯이 말의 씨앗이 떨어져 사람의 운명을 결정 짓는다. 말이 삶의 씨앗인 것이다.

요한복음 1장 1절에 "태초에 말씀이 계시니라 이 말씀이 하나님과 함께 계셨으니 이 말씀은 곧 하나님 이시니라"라고 기록되어 있다.

잠언 18장 21절 말씀에 "죽고 사는 것이 혀의 힘에 달렸나니 혀를 쓰기 좋아하는 자는 혀의 열매를 먹으리라" 말씀하셨다. 즉 타인에게 축복의 말을 하는 자는 말한 자가 단 열매를 먹는다는 것이다.

'낮말은 새가 듣고 밤말은 쥐가 듣는다'라는 우리나라 속담이 있다. 말은 조심해야 하며 남이 보지 않고 듣지 않는 곳일수록 말과 행동을 조심해야 할 것을 강조한 교훈이다.

남의 험담은 세 사람을 죽인다. 듣는 사람, 퍼뜨리는 사람, 험담의 대상자, 모두를 죽이는 것이다. 남의 험담을 한다는 것은 자신의 인격을 스스로 무너뜨리는 것이다. 아무 생각 없이 남을 미워하고 남을 험담하는 것은 살인죄이다. 그래서 주님은 우리에게 분노하는 마음을 하루해를 넘기지 말라고 하셨다.

인터넷 악플은 간접 살인까지 한다. 악플 때문에 억울해서 자살하는 사람들도 있기 때문이다. 가시 돋친 말, 헐뜯는 말, 불명예의 말, 모욕적인 말을 내뱉을 때 말은 반드시 부메랑이 되어 자신의 가슴에 꽂히게 된다.

하나님께서는 우리에게 "너희는 의식주에 대하여 염려하지 말고 그 나라와 의를 구하라!" 말씀하신다.

이 세상은 나그네 길을 지나는 순례자의 삶이다. 이 세상의 생활이 끝은 아니다. 너희는 천상의 도시 예루살렘 하나님의 보좌가 있는 곳이다.

우리가 여행을 가서 하는 고생은 고생으로 생각하지 않는다. 왜냐면 돌아갈 즐거운 집(Sweet home)이 있기 때문이다.

이스라엘 백성이 굶어 죽었는가? 아니다.

"죽겠다 죽겠다" 하니까 죽는 것이다. 나는 버스나 거리에서 우리나라 청소년들의 대화하는 언어를 듣고 있으면 가슴이 아프다. 입에 담지도 못할 욕설 대화이다. 내 자식 같으면 회초리로 때려서라도 그 말버릇을 고쳐 놓았을 것이다. 나라의 미래를 짊어지고 갈 청소년들이 아름다운 언어를 사용할 줄 모르는 것은 어른들의 책임이라고 해도 과언은 아니다. 부모의 말투를 닮는 경우가 많기 때문이다.

대중매체에서 모범을 보여야 한다. 보고 듣고 어른들이 하는 행동을 복사하듯이 그대로 하기 때문이다. 우리나라 속담에는 '못 먹는 감 찔러본다''사촌이 땅을 사면 배가 아프다'라는 속담이 있다. 이 말은 보통 남이 잘되면 시기가 나고 심술궂은 마음이 생겨 괴로워진다는 뜻일 것이다.

이런 마음은 원수인 사탄이 가져다주는 마음이다. 하나님의 본성인 선한 마음 가지기를 소망해야 한다. 사촌이 땅을 사면 기뻐할 일이고 축하해 줄 일이다. 선한 마음을 쌓아 자손에게 물려 주어야 할 것이다.

사마온공(司馬溫公 1019-1086)이 말하였다. 돈을 쌓아두어 자손에게 남겨준다 해도 자손이 반드시 다 지킬 수 없고 책을 모아 자손에게 남겨준다 해도 자손이 반드시 다 읽을 수는 없으며 남모르는 덕을 아무도 모르는 가운데 쌓아서 자손을 위한 계획으로 삼는 것만 같지 못하다고 했다.

'남모르는 덕'이라는 문구를 읽으니 마태복음 6장 3절 말씀이 생각난다.

"너는 구제할 때에 오른손이 하는 것을 왼손이 모르게 하여 네 구제함을 은밀하게 하라 은밀한 중에 보시는 너의 아버지께서 갚으시리라"

성경 말씀에 "너희는 말할 때 옳은 것은 "네" 하고 아닌 것은 "아니오"라고만 하라 이상의 것은 악에서 나오는 것이다"라고 하셨다.

언어가 그 민족의 운명을 결정한다. 이집트에서 나온 히브리 민족은 출애굽 과정에서 하나님께서 행하시는 기적을 날마다 보면서 광야 길을 갔으나 한 번도 감사를 드렸다는 구절이 없다. 배만 채우며 원망과 불평이었다. 이집트에서 종살이했던 고통을 생각지 않고 육의 생각으로 가득 찼다.

육의 생각은 사망이다. 영의 생각은 생명이다.

누구나 육의 생각과 영의 생각이 뒤섞인 채로 살아간다. 육의 사람 겉 사람과 영의 사람 속 사람은 끊임없이 충돌하고 갈등하며 살아간다. 겉사람은 땅만 바라보며 자기 자신에게 초점을 두고 이기적으로 살아간다. 속사람은 하나님에게 초점을 두고 하나님 말씀을 실천하며 살아간다. 책임이 있는 나라는 공동체 개인 가정이 하나님 마음이며 천국을 만들어 가는 것이며 책임이 없는 나라는 공동체 개인 가정이 겉 사람의 습성으로 스스로 지옥을 만들어 간다.

모세의 책임 완수가 오늘날 이스라엘을 존재케 했다. 이순신 장군의 책임 정신으로 대한민국은 버틸 수 있었다. 교육의 궁극적인 목표가 무엇인가? 바람직한 참된 인간을 형성하며 삶을 스스로 살아갈 수 있도록 훈련 시키며 서로 베풀고 도우며 살아가는 것을 가르치는 것이다.

인류의 희망은 어디에 있는가? 예수가 육체의 옷을 입고 인류의 역사 속에 오셔서 책임 때문에 십자가를 지신 사건이다. 이 사실을 바탕으로 살지 않는 한 지구에는 희망이 없다. 인간은 만물의 영장은 될 수 있다. 그러나 창조주 하나님은 될 수가 없다. 이 세상을 유토피아, 신기루, 파라다이스, 신세계를 만든들 바벨탑에 불과하다. 피조인 인간은 풀 한 포기도 창조할 수 없는 존재이다. 피조물로서 창조주의 목적을 이루기 위한 도구이다. 태어나게 한 사명을 깨달아야 하며 자각해야 한다.

나의 그릇을 아는 것이 나의 할 일이며 나의 분수를 아는 것이 나를 개발해 나가는 것이다. 나의 그릇을 알고 나서 깨끗한 그릇으로 준비해야 한다. 나의 분수를 알고 노력하면서 겸허히 기다려야 한다. 창조주를 상대로 대적하면 산산이 부서진다. '겸손'만이 인류가 살길이다. 자연 앞에 겸손하지 않으면 죽을 수밖에 없는 것과 같다. 또한 범사에 감사하면 사탄이 힘을 못 쓰고 행복이 시작된다. 감사는 행복을 전염시킨다.

9

오직 믿음으로 숙제를 풀어가야 한다

　여호수아를 생각하면 여리고성 사건이 생각난다.

　여리고 성은 난공불락의 요새이다. 튼튼하고 거대한 여리고 성이 무너졌다. 어떻게 무너졌는가? 오로지 하나님이 하라고 하신 말씀대로 순종했기 때문이다. 하나님이 말씀하시는 대로 여호수아는 순종했다. '일주일 동안 매일 한 바퀴를 돌고 돌아 마지막 7일째는 일곱 바퀴를 돌라'는 말씀대로 순종했다. 7일째 되는 날 하나님 말씀대로 무너졌다. 이 사건을 읽으며 나는 대한민국 휴전선 철조망을 생각한다.

　21세기에 살고 있는 대한민국 백성들은 민족의 숙제인 통일을 풀어야 하는 사명이 있다. 6.25 전쟁을 겪은 선조들은 가고 6.25 전쟁을 겪지 않은 자들의 몫으로 남아있다. 그래서 역사의 기록이 필요하고 또한 역사를 후손들에게 가르쳐야 한다.

　1950년 6월 25일 새벽에 김일성이 통치하던 북한군이 불법

남침함으로 전쟁이 일어났다. 김일성은 세계 10대 독재자 중 한 사람으로 선정되어 있고 현재 3대째 김일성의 낡은 사상과 이론으로 손자가 북한을 지휘하고 있다. 다른 나라에서는 한국을 North Korea, South Korea로 구분한다.

통일된 조국은 현실적으로 불가능한 먼 나라 이야기가 아니다. 동독과 서독의 베를린 장벽이 무너지면서 합창곡이 울려 퍼지던 그 날이 반드시 우리에게도 올 것이다. North Korea, South Korea가 아닌 대한민국 코리아로 말이다.

21세기 태평양 시대 주역인 대한민국이 통일의 숙제를 풀지 않고서는 주인공이 될 수가 없다.

나는 강하고 담대한 여호수아의 믿음으로 금성철벽 여리고 휴전선의 철조망을 무너뜨릴 수 있다고 믿는 사람 중 한 사람이다. 여호수아가 전쟁에서 승리로 이끌었던 것처럼 오직 믿음으로 통일의 숙제를 풀어나가야 한다.

믿음이란 하나님을 신뢰하는 마음을 바탕으로 삶을 전제하는 것이다. 우리가 집을 지을 때 모래성 위에 짓는 사람은 없다. 오직 튼튼한 반석 같은 땅을 다지고 다져 그 위에 집을 짓는다. 그래서 하나님은 이스라엘이라는 최고의 믿음의 상품을 만드시고 믿음의 조상 '아브라함'을 우리에게 주신 것이다. 인간의 육안으로는 하나님을 볼 수도 없고 하나님이 계신다는 천상의 도시도 볼 수 없다. 하나님과 인간 사이에 영으로만 볼 수 있는 '믿음'이라는 통로를 주셔서 볼 수 없는 세계를 볼 수 있게 해주시는 것이다.

이스라엘을 자녀 삼으시고 사랑하셨던 하나님의 마음이 한반도 대한민국이라는 사실을 나는 자신 있게 말한다. 한반도 통일은 한 민족만의 문제가 아니라 전 세계인의 행복이 달려있기 때문이다.

고대 최고의 외교 전략가 김춘추는 삼국통일을 하는 길을 닦았다. 교통수단이 불편했던 7세기에도 그는 외교에 힘썼다. 목숨을 걸고 했던 외교활동은 삼국통일을 위한 것이었다.

21세기 정치 지도자들은 평화통일을 위하여 중국, 미국, 일본이 적극 협력하도록 통일 외교에 힘써야 할 때가 왔다. 일본과의 관계는 미래로 향한 희망을 선택해야 한다고 생각한다.

이 세상에 있는 모든 것들은 영원한 것이 없다.

오직 하나님 말씀만이 영원하며 존재한다. 우리나라 복음이 들어온 때는 1884년 9월이었다. 하나님은 미개척지인 대한민국에 복음의 씨앗을 선교사들을 통해서 심으셨다. 대한민국 땅에 복음의 씨앗이 심어진 지 2세기에 접어들고 있다. 그동안 한반도는 6.25 전쟁으로 폐허가 되어 여러 나라의 도움을 받아 사랑의 빚을 졌다.

일제강점기 36년(1910년 8월 29일-1945년 8월 15일) 동안 한반도는 암흑기를 지나 3.1운동을 통해 샤론의 장미를 피운 민족이다. 대한민국을 상징하는 샤론의 장미, 무궁화 꽃은 옛날 중국에서는 군자의 기상을 지닌 꽃이라 하여 예찬했고 서양에서는 'Rose of sharon'이라 하여 사랑했다.

우리는 무궁화 꽃처럼 강인한 민족이다. 21세기의 대한민국은 6.25 전쟁과 일제제국에 나라를 빼앗긴 설움, 보릿고개 시절 가난을 겪은 어르신 세대와 조국의 아픔과 역사를 모르는 청년들과 청소년 그리고 어린 새싹들이 서로가 소통이 잘되지 않는 시대에 살고 있다. 우리 학생들은 삼일절을 '삼점일절'이라고 읽고 있다고 한다. 우리 어른들의 책임이다. 역사교육을 소홀히 하기 때문이다. 영어를 유창하게 잘하기보다는 유치원 때부터 선조들의 발자취를 찾아 그분들의 위업을 이야기해주는 것이 더 시급한 것 같다.

역사는 민족의 정체성이며 민족의 자긍심이다. 역사에서 교훈을 배우지 않는다면 결국은 자멸의 길을 가는 것이다. 역사를 모르면 밤길을 등불 없이 걷는 것과 같다. 한강의 기적을 일으킨 대단한 조국이지만 지금은 국가는 국가대로 국민은 국민대로 풀어나갈 숙제가 산더미이다.

정치계, 교육계, 경제계에 근본을 어떻게 세울 것인가?

위성에서 한반도를 내려다보면 한민족, 백의의 민족인 한반도 중심에는 철조망이 가려있고 한 형제끼리 총을 겨누고 있다. 100년 뒤에는 현재를 살고 있는 우리는 존재하지 않는다. 열심히 앞만 보고 달려왔지만 조국의 현실은 심각한 것은 사실이다.

"욕심이 잉태한즉 죄를 낳고 죄가 장성한즉 사망을 낳으니라"(야고보서 1장 15절)

욕심이 화를 자초하는 것이다. 욕심이 무엇인가? 정도를 걷지 않고 모든 일에 지나치게 탐하거나 나의 배만 채우고 누리고 살고자 하는 나쁜 마음 심보이다. 부모가 없이 내가 존재할 수 없고 나라 없이 우리의 존재는 없다.

조국의 현실은 가난에서 벗어나 경제를 일으켰지만 앞으로 어떤 꿈을 안고 이 민족이 나아가야 할 것인지 현명한 해답을 줄 수 있는 지도자의 부재가 문제이다. 진정한 지도자는 자신만이 아닌 타인을 위한 실천의 삶을 사는 사람이다. 지금의 지도자는 지구촌의 모든 인류의 행복에도 관심을 가져야 한다.

국가가 살길은 인재양성인데 기성세대는 아직도 권력다툼과 성숙한 어른이 되지 못한 까닭이다. 삶에는 목적이 있고 존재의 이유가 있듯이 개인도 가정도 국가에도 분명한 혜안을 가지고 있어야 한다. 문제가 있는 곳에는 반드시 해답이 있다. 문제는 지혜와 명철로 풀어야 한다. 순간의 선택이 백년, 천년 그 이상을 좌우한다. 그러므로 조국을 위한 우리의 올바른 선택은 너무도 중요하다. 통일된 조국 대한민국을 이루는데 있어 나에게 분명한 혜안이 있기에 이 글을 쓰고 있다.

하나님께서는 분명히 나에게 말씀하셨다.
"너희 나라의 살길은…"이라며 자세하게 말씀해 주셨다. 하나님께서 대한민국에 주신 혜안을 나는 믿으며 하늘에서 이루어진 것 같이 이 땅에서도 이루어 놓고 갈려고 최선을 다하고 있다. 나는 하나님께서 나에게 주신 사명 앞에서 나 스스로 고난의 길을 선택하며 살고 있다. 내가 죽는 날까지 통일된 조국을 못 본다 해도 상관하지 않는다. 하나님의 뜻에 최선을 다하는 한 조각이 될 것이다. 기도하는 백성은 망하지 않는다.

한 세대는 가고 한 세대가 오는 것이 역사의 반복이지만 믿음의 사람들은 영원한 것을 믿기에 약속을 이루지 못한 미완성으로 죽음을 맞이할지라도 주님이 원하는 역할에 최선을 다하면서 살아간다. 오직 창조주만이 시작과 끝이기 때문이다.

북한 땅 복음의 불씨는 꺼지지 않았다. 반드시 복음의 불씨를 살려서 아시아를 덮고 열방으로 흘러넘치게 하는 사명이 우리에게 있다. 여기서 다시 한번 전쟁이 일어나면 일으키는 자도 당하는 자도 너나 할 것 없이 모두 죽을 수밖에 없다. 하나님께서 역사의 끝자락에서 바톤(baton)을 대한민국에 주셨다는데 기쁜 마음으로 받아 믿음의 전당인 대한민국으로 거듭나 통일된 조국을 이룰 것이다.

반드시 백두산에 복음의 깃발을 꽂는 그 날이 온다.
왜냐면 통일은 하나님께서 이루실 것이기 때문이다.
이스라엘의 헬몬산에서 동쪽을 향하여 이동하면 터키의 아라랏산을 만나게 된다. 동쪽으로 전진하면 중국의 태산을 만나게 되고 동쪽으로 이동하면 백두산을 만나게 된다. 이 길은 예루살렘에서 동쪽으로 이동했던 아나톨레의 길(동방의 길)이다. 그런데 다시 오실 주의 길을 준비하는 그 동쪽의 첫 관문이 바로 한반도의 백두산에서 시작되길 기도한다.

대한민국은 하나님의 은혜 아래 훌륭한 선조들과 여러 나라로부터 사랑을 받은 나라이다. 5000여 년 역사의 묵은 포도주로 세계인들에게 희망과 기쁨을 주는 포도주의 잔을 나눌 때가 왔다. 이 잔을 높이 들어 사랑의 빚을 갚아야 한다.

경제 대국을 만들기 위해 모두가 고생을 많이 했다. 이제는 Soul이 있는 Korea로써 영향력을 줄 때가 왔다. 반드시 평화통일은 이루어진다. 핵폭탄 무기가 아닌 '사랑의 원자탄'으로 말이다.

대한민국의 통일이 현실적으로 불가능하다고 비관적으로 이야기하는 사람들이 많다. 인간의 힘으로는 불가능해 보여도 하나님은 가능하시다. 이스라엘이 수많은 전쟁을 치르고 힘이 없을 때 하나님께 부르짖음으로 하나님의 능력으로 승리했듯이 우리 모든 국민들이 힘을 모아 하나님께 엎드려 부르짖으면 하나님은 반드시 이루어 주신다.

대한민국은 침략하러 온 외적을 일곱 길로 도망가게 만드는 역동적인 나라이다. 천 번도 넘게 외세의 침략을 받았으나 우리는 조상의 얼을 받들며 지금까지 잘 버텨온 민족이다. 여호수아 장군처럼 강하고 담대한 민족이다. 한 번만 더 언덕을 넘으면 그 언덕이 무너져 찬란하게 빛나는 길이 되어 통일된 조국, 세계 속에 멋있는 대한민국을 후손에게 물려주고 우리들은 말없이 사라질 것이다.

대한민국은 신기한 나라이다. 백의민족(白衣民族)이다. 빨강, 노랑, 파랑의 세 가지 빛을 섞으면 흰색으로 변하듯 흰색은 불멸의 색이다. 동방의 빛 코리아, 아시아의 등불, 통일된 조국이 예정되어있는 복된 민족이다.

이집트에서 종살이하던 히브리 민족은 지도자 모세 아래 광야 40년의 교육을 받고 여호수아의 강하고 담대한 신앙으로 하나님이 약속하신 가나안 땅으로 들어갔다.

우리 조국의 현실은 북한은 북한대로 남한은 남한대로 풀어나갈 숙제가 많다. 우리나라에도 모세와 같은 여호수아와 같은 지도자가 있어야 하는 사실은 분명하다. 잘살아 보겠다고 앞만 보고 달려온 위정자들뿐만 아니라 우리 모두가 한 번쯤은 뒤를 돌아보아야 할 때다. 선조들의 애국심과 물려준 정신유산, 한 민족의 정체성을 다시 한번 되새겨 보아야 한다.

삶의 주제는 사랑이다. 우리는 사랑 때문에 존재할 수 있다. 하나님도 사랑 때문에 세상을 만드셨고 역사가 시작되었다. 그 사랑의 대상이 이스라엘이라는 나라와 히브리 민족이다. 이스라엘을 인류의 대표인 나라 장자로 선택하여 세우셨다. 사랑의 대하 드라마가 성경이다. 우리는 성경에 기록된 사랑의 드라마 속에서 삶을 나침반으로 삼고 살아가고 있다.

세계사에서 대한민국이라는 나라를 몰라 주어도 좋다. 여호수아의 신앙을 본받아 금성철벽 여리고 38선이 무너지고 다시 복음의 원점인 백두산에 태극기를 꽂는 그 날을 고대하고 그날을 기다린다.

6.25 전쟁을 겪은 부모 세대는 가난한 조국을 자식들에게 물려주지 않으려고 뼈가 부서지게 고생을 하며 배고픈 설움을 이겨냈다. 인간은 영혼과 육체로 구성되어있다. Body(외적인 겉사람)만 충족해서는 안 된다. Soul(내적인 속사람)이 같이 공존해야 한다. Body는 물질만능주의적인 육신이 편한 곳만 바라보며 끌려가는 것이고, Soul로 사는 삶은 정신적이며 창조적이며 도전적인 개척정신으로 예수의 성품을 의미한다.

　육체는 한계가 있어서 유한하다. 그러나 영혼의 세계는 무한하다. 영혼의 세계로 들어가야 창작도 생기고 우리의 천국 에덴동산을 회복할 수 있다. 가난을 벗어나서 잘 먹고 잘 입고 좋은 집에서 살면 성공한 삶이라고 생각했다. 그러나 육신을 위해 모든 것이 충족되어도 영혼의 기쁨이 있어야 완성된 인간의 모습이다. 타인을 기쁘게 함으로써 나도 행복해지는 삶, 그것이 Soul이 있는 사람이 할 수 있다. 국가도 마찬가지이다. 이제는 Body korea가 아니라 Soul korea를 물려 주어야 한다.

　하나님은 영이시니 그분은 예배를 가장 기뻐하신다. 대기업에도 회장이 있고 대표가 있고 사원들이 있듯이 하나님께서도 대표를 세우고 샘플을 만드신다. 인류의 대표가 아담과 하와이고 이스라엘이라는 나라와 그 민족들이 여호와 하나님만 섬겨야 하는 제사장의 나라로 만드시는 것이다. 지구에 있는 모든 민족들이 섬겨야 할 대상은 아브라함의 하나님 이스라엘의 하나님이라는 것이다. 나는 대한민국이 이스라엘의 제사장의 나라 아브라함의 하나님을, 이 민족에게 믿음의 계승 접목하는 축복이 임하기를 소원한다.

여호수아는 23장에 이스라엘 백성들에게 유언했다.

"그러므로 너희는 크게 힘써 모세의 율법 책에 기록된 것을 다 지켜 행하라. 그것을 떠나 우로나 좌로나 치우치지 말라"(6절)

"너희 중에 남아있는 이 민족들 중에 들어가지 말라 그들의 신들의 이름을 부르지 말라"(7절)

"이는 여호와께서 강대한 나라들을 너희의 앞에서 쫓아내셨으므로 오늘까지 너희에게 맞선 자가 하나도 없었느니라"(9절)

"너희 중 한 사람이 천 명을 쫓으리니 이는 너희의 하나님 여호와 그가 너희에게 말씀하신 것 같이 너희를 위하여 싸우심이라. 그러므로 스스로 조심하여 너희의 하나님 여호와를 사랑하라"(10, 11절)

10

"내가 곧 길이요 진리요 생명이니…"

지구에 살고 있는 피조인 인간이 섬겨야 할 대상은 여호와 하나님 한 분이시다.

세상이 복잡한 것은 인간들이 복잡하게 만드는 것이지 사실은 단순하다. 천국과 지옥, 빛과 어두움, 선인과 악인, 멸망의 길 구원의 길, 죽느냐! 사느냐! 두 개 중에 하나의 선택인 것처럼 간단한 세상을 복잡하게 만드는 것은 욕심 때문이다.

꿩도 먹어야 하고 알도 먹어야 한다고 생각하기 때문이다. 나눌 줄을 모르기 때문이다. 꿩은 본인이 먹더라도 알은 이웃에게 나누어 줄줄 알아야 한다. 두 개를 가지고 있으면 한 개는 나누어야 한다.

하나님께서 에덴동산의 모든 실과는 먹되 선악과만 먹지 말라고 하셨다. 먹지 말라고 하셨으니 안 먹으면 된다. 안 먹으면 될 것을 먹고 변명을 늘어놓는다.

이 세상은 변명이 통하지 않는다. 하나님 앞에서는 더욱더 그러하다. 창조주 하나님은 피조인 인간의 '아버지'로서 존재하신다. 생물학적 부모는 우리를 버릴지라도 '하나님 아버지'는 이 세상 끝날 때까지 버리지 않으신다. 나를 낳고 길러준 부모에게 일일이 따지며, 과학적인 DNA 분석을 하며, 왜 나의 부모가 되었는지 따져 묻는 자식은 이 지구상에 단 한 사람도 없다. 다만 불순종하는 자식과 순종하는 자식이 있을 뿐이다.

성경이 말하는 이스라엘 백성과 하나님의 역사는 무엇을 말하는 것인가?

여호와 하나님 외에는 너희가 섬겨야 할 대상은 없으며 오직 믿음으로 보이지 않는 세계, 천상의 도시와 암탉이 병아리를 품듯 우리를 기르시고 책임지시는 분의 말씀을 들으라는 것이다. 하나님은 우리를 사랑하시어 독생자를 주셨다.

하나님의 마음을 요한복음 3장 16절에서 알 수 있다.

"하나님이 세상을 이처럼 사랑하사 독생자를 주셨으니 이는 그를 믿는 자마다 멸망하지 않고 영생을 얻게 하려 하심이라."

역사의 주인공은 성자 하나님 독생자 예수 그리스도이시다. 예수님을 중심으로 역사를 이끌어오셨다. 마지막도 예수님이 지구를 마무리하실 것이다. 이런 맥락으로 성경을 읽고 묵상하면 하나님의 메시지를 정확하게 알 수 있다.

삶과 죽음은 사명 없이 사는 사람들에게는 참으로 무의미하다. 하나님은 우리에게 미션을 주신다. 생물학적 부모에게서 태어날 때 미션을 가지고 태어난다. 모든 생명은 하나님이 주인이시기 때문이다.

'하나님이 맡겨둔 보석'이라는 탈무드 이야기가 있다.

메이어라는 랍비가 안식일에 예배당에서 설교하고 있는 시간에 그의 두 아이가 자택에서 죽었다. 랍비가 돌아오자 아내는 말을 꺼냈다.

"당신에게 물어보고 싶습니다. 어떤 사람이 내게 잘 보관해 달라면서 값진 보석을 맡기고 갔습니다. 그런데 갑자기 나타나서 맡긴 보석을 돌려 달라는 것입니다. 그럴 때 나는 어떻게 해야 하나요?"

그러자 랍비는 "주인에게 돌려주시오"라고 말했다. 그때 서야 아내는 "실은 지금 막 하나님이 맡겨두었던 두 개의 귀중한 보석을 하늘로 가지고 가셨습니다"라고 말했다. 랍비는 그 뜻을 알아듣고 아무 말도 하지 않았다는 이야기이다.

부모들은 자식을 하나님이 맡긴 보석을 관리하는 청지기의 마음으로 길러야 한다. 자식은 부모의 소유물이 아니다. 부모의 성공에 화려한 장식 도구도 아니다. 하나님의 미션을 실천하여 큰 그림을 완성하려고 온 귀한 사명자들이다.

우리의 첫 미션은 선악과 열매를 먹지 않는 것이었다. 인류는 그 미션을 저버렸다. 그렇게 따지면 인류는 첫 단추부터 잘못되었다. 잘못된 역사를 교정하기 위해 예수님이 오신지도 2000년이 넘었다. '내 잘못이 아니야!' 하면서 방관만 할 수는 없다. 기독교인 한 사람 한 사람이 빛과 소금이 되어 부패하는 세상을 막아야 한다.

인간에게 중요한 것은 교육이다. 교육이 없는 자식은 사생아이다. 이집트의 노예 생활에 젖은 히브리인들에게 하나님은 모세와 여호수아를 통해 교육시켰다. 교육 중에서 가장 중요한 것은 역사를 제대로 아는 것이다. 역사를 알지 못하고는 삶을 제대로 살 수가 없다. 10대에 삶의 계획을 짜고 그 길을 걸어가야 한다. 그래야 목적이 이끄는 삶, 소명(calling)을 깨닫고 자신의 소리와 특색을 찾아서 행복하게 살 수 있다.

인간은 하나님이 주신 자신의 캐릭터를 찾지 못할 때 불행한 삶을 산다. 목적 없이 이 세상에 태어나는 사람은 단 한 사람도 없다. '왜 나를 이 세상에 보내셨을까?'를 생각하면서 본인이 잘 할 수 있는 일을 찾아 개발하면서 이웃에게 도움을 주는 사람으로 사는 삶이 우리가 이 세상에 온 목적이며 존재의 이유다.

「생활의 달인」이라는 TV 프로그램을 보면 상상할 수 없는 힘겨운 일들을 잘해나가고 있는 것을 볼 수 있다. 그럼에도 불구하고 그들의 표정은 생기가 넘치고 기쁨이 넘친다. 그들은 하는 일을 천직으로 생각하면서 이 일을 위해서 태어났다는 존재의 이유를 알기 때문이다. 그들은 다시 태어나도 그 일을 하겠다고 말한다. 인간은 자신이 잘할 수 있고 자신이 하고 싶은 일을 하면서 살아갈 때가 가장 행복하다.

이스라엘 백성은 여호수아 사명 때문에 광야의 생활을 접고 하나님이 약속하신 땅 가나안에 정착할 수가 있었다. 여호수아가 죽고 난 뒤 지도자가 없는 상태에서 이스라엘 백성들은 하나님께서 가장 싫어하는 우상을 섬기는 등 상상할 수도 없는 생활을 하고 있었다.

하나님은 13인의 사사를 세워 이스라엘 백성을 다스린다. 나는 '사사기서'에 추억이 많다. 사사기서를 읽을 때 분명히 우리나라의 살길에 대해서 말씀해 주셨기 때문이다.

"너희 나라는 우상과 이단을 처리해야 하는 일이 가장 급선무이다"라고 말씀하실 때 그 사명 앞에 단호하게 "아니요"라고 대답을 했고 받아들일 수가 없었다.

나는 그 당시에 초등학교도 들어가지 않은 두 아이가 있었고 모든 것을 버리고 농촌에 복음을 위해 왔기 때문에 내 입장에서는 하나님이 주시는 미션은 나에게 맞지 않는 사명이었기 때문이다. 그 미션을 받는 순간 주님에 대한 기쁨마저 사라지고 그 사명의 중압감이 나의 어린 영혼을 짓눌렀다. 주님을 믿고 산다는 것이 이렇게 부담스럽다면 이것은 아니다. 내가 신앙생활을 잘못하고 있는 것인가 하는 생각이 들었다.

그러나 하나님은 일방통행하신다. 나의 의견은 묻지도 않으신다. 하기야 세상에 나를 보낼 때도 묻지 않으셨다. 주님에 대한 구원의 기쁨은 잠시였고 남들은 평범하게 잘도 예수 믿고 사는데 왜 나만 이렇게 가족까지 고생을 시키면서 주님을 믿어야 하는가 하는 의문이 들면서 신앙생활의 갈등은 시작되었다.

나도 한 고집하는 사람인지라 '교회 개척 하라'는 명령은 순종했지만 나에게 주시는 새로운 미션에는 절대로 사인을 하지 않고 버티고 버텼다. 교회철거, 김동길 박사님과의 만남 모든 것은 강제 집행이었고 나는 끌려다니고 있었다. 나에게 너무나 상세히 말씀을 해주셨기 때문에 나의 뇌 속에는 이미 입력이 되어 설계되어있는 상태였고 다른 한편에서는 계속 갈등하고 있었다. 갈등 속에서도 나는 기도실에서 들었던 미션에 사인을 하지 않았다. 내가 이렇게 버티고 있으니 하나님도 포기하시고 다른 일꾼을 찾으시겠지 했다. 나는 버티는 데까지 버티자 했다.

하나님께서 염려하고 걱정하셨던 "너희 나라는 우상과 이단이 큰 문제이며 너희 나라에 독버섯 같은 존재이다"라고 말씀하셨던 그 일이 현실로 일어나면서 나는 정신이 번쩍 들었다. 나는 하나님께 철저히 회개하고 '하나님 아버지! 제가 인당수에 빠져 죽는 한이 있어도 아버지께서 주신 미션을 실행해 보겠습니다' 하면서 아버지가 주신 미션에 사인한 지 몇 년 되지 않았다.

젊은 날에는 할 일도 많고 나의 욕망이 나의 마음속에 가나안 족속들이 너무 많았다. 하나님께서는 왜 나를 광야에 두셨는지? 왜 내가 그 미션을 감당해야 하는지? 지금은 살아갈 날보다 주님 앞에 갈 날이 가까운 나이이다. 나는 국가를 위해 한 일도 없다. 하지만 삶에 있어 가장 소중한 창조주의 사랑을 깨닫고 삶의 주제는 '사랑의 완성'이라는 사실을 깨달았다.

하나님이 우리에게 원하시는 한 가지는 아버지 말씀에 순종하는 것이다. 그 말씀을 실천하는 것이다. 무엇을 드린들 기뻐하시겠는가? 아름다운 지구에 보내 주심을 감사하는 마음을 기뻐하실 것이다. 허상이 아닌 실상의 삶은 예수님 말씀을 실천하며 사는 것이다.

"내가 곧 길이요 진리요 생명이니…" (요한복음 14장 6절)

이 말씀이 인생 정답의 길이다. 정답은 하나밖에 없는 것이다. 정답이 두 개가 될 수 없다. 예수님이 걸어가신 길을 걸어가면 된다. 진리를 알면 세상살이가 그렇게 힘든 것은 아니다. 이미 닦아져 있는 길을 우리는 걸어갈 뿐이다.

우리의 욕심이 우리를 힘들게 만든다. 예수님이 걸어가신 길을 뒤따라 걸어가면 되는데 본인 스스로 이탈하기 때문에 힘이 든다. 하나님께서 나에게 주신 미션을 실천하면 어떤 고난, 어떤 죽음이 나를 기다리고 있을지 모른다. 나는 이 사실이 두려웠다. 그러나 지금은 하나님께 너무 감사하다. 내가 무엇이길래 이렇게 사랑하시고 귀한 사명까지 주셨는지 감사의 찬송과 기도뿐이다.

나는 어릴 때 친구의 딸인 나를 길러주신 이용재 아버지의 말씀이라면 다 지키면서 살아왔다. 나는 부모님 말씀을 거역하면 안 되는 줄 아는 아이였다. 그 점이 마음에 들어서 하나님은 나를 예쁘게 잘 봐 주신 것 같다.

나는 죽기 전에 평화통일을 이루는 것이 목표이다. 지금 조국의 현실을 보라. 북쪽에는 우리 동포들이 지옥 같은 생활을 하고 있다. 대한민국은 우상과 이단의 쓴 뿌리를 뽑아내지 않는 한 희망이 없다.

사사기의 내용이 이스라엘 민족을 이집트 종살이 노예로 살던 백성들을 이끌어 가나안 땅에 정착하는 과정에서 그들은 하나님의 첫째 계명을 어기고 가나안 족속의 문화를 이겨내지 못하고 모세와 여호수아를 통해 너희들의 삶은 신관으로 살아서 결국은 제사장의 나라가 되어야 한다는 그 메시지는 배교의 길을 걷고 있다.

21세기 오늘 우리 신앙인들의 모습은 어떠한가? 교회의 공동체는 계급사회 기업처럼 된 곳이 많고 목회자들과 성도들은 빛과 소금의 역할을 하지 못하는 사람들이 많다고 한다. 하나님을 경외하고 이웃을 사랑하는 본질을 잃어버리고 있는 것 같다. 겉모양은 화려한 종교의 옷을 입고 속은 뱀같이 지혜롭기만 하여 차돌같이 번지르르하다. 비둘기같이 순결한 마음과 어린아이같이 순수한 영혼은 어디로 가고 신령한 젖인 하나님 말씀을 사모하는 것보다 문화생활을 즐기듯 교회를 다니는 사람들이 많다고 한다.

　말씀은 들을 때뿐이고 본인의 교양 생활의 터로 잘못 알고 교회 생활을 하는 사람도 부지기수일 것이다. 말씀을 가르쳐야 하는데 혹시나 교회에 나오지 않을까? 성도들의 비위를 맞추는 설교자도 있다고 한다.

　세상의 명예, 돈, 가장 높은 자리… 하나님과 아무 상관 없는 온갖 일을 다 하면서 하나님께 영광 돌리기 위함이라는 그럴듯한 변명을 하는 회칠한 무덤과 같은 사람도 있다. 겉은 깨끗해 보이나 속은 썩었고 더럽고…. 예수님의 사랑으로 이루어져야 할 교회공동체는 사랑은 사라지고 얼음장 같은 군대조직 같다면 회개해야 할 것이다. 2000여 년 전 이스라엘의 법과 종교를 책임지던 자들에게 '회칠한 무덤' 같다고 공격한 말을 오늘의 한국교회와 종교지도자들 그리스도인들은 깊이 자신의 내면을 들여다봐야 할 것 같다.

　속담에 '손자를 너무 귀여워하면 할아버지 상투를 잡는다'는 말이 있다. 하나님께서 한국에 이렇게 많은 축복을 주셨는데 어느새 교회는 복의 전당이 되어 하나님을 경외하지 않고 무례함을 보면 속이 상한다. 지도자들은 섬기기보다 CEO처럼 지시만 하는 기업의 회장처럼 되어있다.

내가 확신 있게 말할 수 있는 것은 하나님께서 작정하신 대한민국에 대한 설계도가 있다는 사실이다.

그 설계도대로 시행하는 날이 반드시 올 것이다. 고양이 목에 방울을 달 수 있는 용의주도한 지도자가 나타날 것이다.

11

문제를 알아야 해답을 알 수 있다

우리나라는 5000여 년 역사를 지니고 있다.

21세기에 살고 있는 우리가 그 역사를 다 알 수는 없지만 현재 대한민국은 황무지에서 샤론의 장미 무궁화 꽃을 피웠다. 대한민국의 건국이념은 '인간을 널리 이롭게 한다'는 뜻을 가진 '홍익인간'이며 우리나라를 상징하는 노래 애국가에는 '동해물과 백두산이 마르고 닳도록 하느님이 보우하사 우리나라 만세'이다. 이 가사에 하나님의 애틋한 사랑이 모두 들어있다. 하늘을 두루마리 삼고 바다를 먹물 삼아도 한없는 하나님의 사랑을 다 기록할 수 없는 마음이 애국가에 고스란히 담겨 있다.

우리나라 경제는 세계 10위 규모이다. 세계인들은 대한민국을 한강의 기적이라고 부른다. 이렇게 부강해짐에도 불구하고 모두가 먹고살기 힘이 든다고 말을 한다. 대한민국은 어느 개인의 것이 아니라 한 민족으로서 공동체이다. 문제를 알아야 해답을 찾을 수 있기에 이쯤에서 정확한 진단이 필요하다. 나의 개인적인 생각을 말하는 것뿐이니 이 사실에 대하여 반격을 해도 좋다.

사람은 은혜를 입고 신세를 지면서 산다. 창조주 하나님의 은혜, 부모님의 은혜, 스승의 은혜 등 알게 모르게 은혜를 받고 살고 있다. 대한민국이 이렇게 발전하면서 여기까지 올 때는 훌륭한 선조들의 희생이 있었기 때문이다. 죄 없이 꽃다운 나이에 위안부로 끌려간 어르신들, 강제노역, 말로 다 할 수 없는 희생으로 대한민국이 존재한다.

가난한 나라를 잘사는 나라로 만든다는 명분 아래 지도자들과 백성들이 물질만을 추구하고 온 결과 가식(假飾)의 괴물이 사회를 혼미하게 한다. 도시는 도시대로 농촌은 농촌대로 도서지방은 도서지방대로 해결할 숙제가 '돈'이다. 돈이 이 세상을 지배하고 있다.

돈이란 인간사회에서 서로의 약속으로 편리하게 만들어 놓은 수단의 도구에 불과하다. 누구의 잘잘못을 따지자는 것이 아니다. 이제는 Soul이 있는 대한민국으로 전환을 해야 할 때가 왔고 '선비 사상'으로 돌아가야 한다. Soul이란 영혼, 정신, 마음, 넋이다. 인간은 육체와 마음과 영혼으로 구성되어있다.

육체만 있으면 살아 있다고 하나 죽은 목숨과 다름이 없다. 영혼만 있으면 지구에서 살 수가 없고 날개를 달고 지구 밖에서 활동하는 천사나 악마에 불과하다. 육체는 영혼을 담는 질그릇에 불과하다. 육체가 하는 일은 음행, 더러운 것, 호색, 우상 숭배, 술수, 원수 맺는 것, 분쟁, 시기, 분냄, 당 짓는 것, 분리함, 이단, 투기, 술 취함, 방탕함이다(갈라디아서 5장 19절 이하).

세계사 중 유럽 역사는 Soul이 있는 민족이 역사를 이끌어 왔다. 왜 대한민국이 세계사를 이끌어 갈 Soul이 있는 민족이 되어야 하는가? 나의 어린 시절은 나라도 개인도 가난했지만 빈 깡통을 들고 밥을 얻으러 오면 넉넉해서 밥을 주는 것이 아니고 인정이 넘쳤고 이웃을 내 몸과 같이 사랑하는 마음이 있어서였다.

어느 순간 가난이 사라지면서 소중한 것들을 많이 잃으며 살고 있다. 형제간의 우애도 이웃의 정도 점차 사라지고 있다. 밥도 제대로 못 먹던 시절에도 꿋꿋이 살아온 민족인데 이렇게 풍족함 속에서 빈곤의 사회가 되어가니 안타깝다. 타인에 대한 배려, 양보가 미덕이 아니라 손해라고 생각하는 개인주의는 우리의 영혼을 폐허로 만들고 빈곤하게 하는 요인이다.

인간은 사랑을 먹고 산다. 사랑만이 삶의 정답인데 사랑이라는 이름 아래 육체의 욕망으로 변질시킨다.
하나님께서는 독생자 예수를 이 땅에 보내셔서 "삶은 이렇게 사는 것이다"라고 가르쳐 주셨다. 사랑은 받는 것이 아니라 아 낌없이 생명을 내어놓는 것이다.

21세기의 우상 숭배의 모습이 무엇인가? 사랑이 변질된 영 혼의 모습이다. 피조인 인간이 창조주를 무시하고 경외하지도 않으며 감사하는 마음이 없는 무정하고 인색하여 '자기애'만 추 구하는 바벨을 향하여 정처 없이 가는 영혼들이다.

인간 바벨의 열매는 결국은 적그리스도의 출현이다. 인류는 이 작업을 위해 모든 것을 동원할 것이다. 대한민국이 왜 동방 의 빛, 통일된 조국을 이루어야 하는지 이유는 분명하다. 진리 의 등대가 되어 전 세계를 향하여 복음의 빛을 비추어야 하기 때문이다. 작은 불꽃이 큰불을 일으키듯 인류의 횃불은 대한민 국이다.

교회는 성령의 하나님께서 다스리는 곳으로 이 세상의 빛과 소금이며 교회는 생명을 다루는 공동체이다. 부귀영화, 무병장 수를 추구하는 저속한 복음의 장소가 아니다. 이제는 복 받아 자기만 잘살기를 추구하는 기복신앙에서 벗어나 지정의의 인격체이신 예수의 사상 위에 서서 정직한 나라, 가난한 영혼, 지친 영혼에게 복음을 전하고 마음이 상한 자들을 치유하는 대표의 나라가 되어야 한다.

북한 동포는 배가 고파 죽겠다는데 핵실험이나 하는 북한에서 동족을 구출해야 한다.
우주 만물 지구의 주인공은 하나님의 독생자 예수이시다. 어떤 인간도 우상이 될 수 없고 신이 될 수 없다.

하나님은 지구에 나라를 세우시고 경계선을 그으시고 각 나라에 독특한 민족성을 주셨다. 제국주의자들이 어떻게 멸망하는지 성경을 통해 알 수 있다.

하나님의 프로젝트는 인간을 구원하시는 것이다. 하나님이 만들어 놓으신 시간표대로 진행하시기 때문에 우리를 마냥 기다려 주시지 않는다.
대한민국 평화통일의 문제는 어떻게 풀어야 할까? 오직 하나님의 능력을 의지하고 기도해야 한다.
인간은 하나님의 은혜를 망각하고 우상을 두고 싶어 하는 죄의 근성이 있다. 인간에게 가장 무서운 것이 죄의 DNA이다.
죄는 살인의 원초이며 음녀의 길로 가게 만드는 괴력이다.

그래서 악의 괴력을 무너뜨릴 수 있는 이는 예수밖에는 없다. 사람들이 우상을 숭배하는 것은 그 마음에 하나님을 두기 싫어하기 때문이다.

하나님은 선의 본체이시며 정직한 영이시다. 우상을 섬기면서 하나님을 인정하지 않는다는 것은 삶을 정직하게 살기 싫다는 것이다. 내 인생 내 멋대로 살겠다는 것이다. 피조의 세계는 창조의 세계에 순복하면서 살아야 하는데 그것을 거부하면서 살겠다는 것이다. 이 세상의 악에 대해서 하나님은 우리들에게 악에 대한 처세를 알려 주신다.

"악을 행하는 자들 때문에 불평하지 말며 불의를 행하는 자들을 시기하지 말라. 그들은 풀과 같이 속히 베임을 당할 것이며 푸른 채소 같이 쇠잔할 것이다. 여호와를 의뢰하고 선을 행하라. 땅에 머무는 동안 그의 성실을 먹을거리로 삼을 지어다"(시편 37편 1-3)

우리들의 할 일은 성실하게 사는 것 그것이다. 하나님은 성실한 자를 돌봐주신다.

1632년에 태어난 네덜란드 철학자 바뤼흐 스피노자의 말대로 내일 지구의 종말이 온다 할지라도 나는 오늘 한 그루의 사과나무를 심겠다!

우리가 사는 인생사는 내일 일을 모른다. 그러나 함부로 낭비하며 살 수가 없다. 생명은 나의 것이 아니기 때문이다. 생명의 근원 주인은 하나님이시다.

우리는 부모님, 조국, 인종(피부 색깔)을 선택할 수 없다. 이것은 운명이 아니고 숙명이다.

운명은 인간의 노력으로 바꿀 수 있다. 자신이 원하는 대로 만들어지는 것이 운명이다. 그러나 숙명은 받아들여야 순리대로 세상을 살 수 있다. 결혼은 운명보다 더 깊고 진한 숙명이다. 왜냐면 가난한 부모를 만났다고 해도 내가 노력하면 작은 부자는 될 수 있기 때문이다. 그러나 결혼의 선택이 잘못되었을 때는 인간의 노력으로 되지 않는 한계에 부딪히는 일이 있다.

"전쟁터에 나갈 때는 한 번 기도하고, 배를 타고 나갈 때는 두 번 기도하고, 결혼을 할 때는 세 번 기도하라"는 러시아 속담이 있다.

장가들고 시집가는 데에 재물을 논하는 것은 오랑캐의 무리이다. 혼사에 재물을 논하는 자들을 사람 아닌 짐승으로 취급했다. 그런데 요즈음 결혼은 사랑하는 마음보다는 비즈니스처럼 하는 사람들도 많다.

결혼은 인륜지대사(人倫之大事)라고 한다. 부잣집에 결혼만 하

면 모든 것이 다 해결되는 인생의 파라다이스가 기다리는 종착
역이 아니다.

기업은 기업대로 정치는 정치대로 무엇에 의존하여 돌아가
고 있는가? 기업은 근로자를 우선 생각해야 한다. 근로자 없는
기업이 있을 수 없고 국민의 배고픈 형편을 생각지 않는 정치
는 필요가 없다.

벼슬자리에 있어도 백성을 사랑하지 않는다면 관복 입은 도
둑에 지나지 않는다고 했다. 이익 앞에서 자신이 더 많이 가지
려 하기때문에 분란이 생긴다.

배운 사람들은 벼와 같은 곡식이 되어 기회를 잃어 배우지
못한 이웃을 위해서 살아야 한다. 아무리 많이 배우고 박사학
위를 딴다 해도 은덕을 심지 않는다면 잠시 피다가 지는 꽃잎
에 불과할 뿐이다.

21세기에 살고 있는 대한민국 백성들은 패러다임(paradigm)
을 바꾸지 않으면 희망이 없다. 우리의 뿌리를 나 자신의 이기
적인 생각에서 예수 그리스도에 접해야 한다. 이스라엘 백성들
이 홍해 앞에서 두려워할 때 홍해를 갈라 땅 위로 건너가는 기

적을 주신 하나님이 대한민국에도 반드시 평화통일을 이루어
주실 것을 믿는다.

보이는 형제를 사랑하지 않고 어찌 보이지 않는 하나님을 사
랑할 수 있는가? 평화통일을 이루어 다 같이 복된 한반도를 만
들어 가야 하며 아시아의 등불이 되어야 한다.

하나님 말씀에 순종하면 "너를 세계 모든 민족 위에 뛰어나
게 하실 것이라" 하신 말씀의 축복이 임하기를 바란다. 대한민
국 국민이 한마음으로 하나님 명령을 순종한다면 분명히 아시
아의 등불 대한민국이 된다.

통일을 이루어 모세에게 함께 하셨던 하나님, 여호수아에게
함께 하셨던 참 좋으신 하나님을 사랑하는 우리 국민들과 함께
환영하며 그 얼굴을 금강산 백두산에서 뵐 수 있기를 바란다.

어느 누가 말로 풀 한 포기라도 만들어 낼 수 있는가?
소크라테스도 말로 세상을 만들 수는 없다. 소크라테스도 사
람이고 공자도 사람이고 석가도 사람이기 때문이다. 하나님만
이 참 신이시기 때문이다.

나는 사무엘상 2장의 말씀을 붙잡고 지금까지 왔다고 해도 과언이 아니다.

"여호와는 죽이기도 하시고 살리기도 하시며 지옥에 내리게도 하시고 거기에서 올리기도 하시는 도다. 여호와는 가난하게도 하시고 부하게도 하시며 낮추기도 하시고 높이기도 하시는 도다. 가난한 자를 진토에서 일으키시며 빈궁한 자를 거름더미에서 올리사 귀족들과 함께 앉게 하시며 영광의 자리를 차지하게 하시는 도다. 땅의 기둥들은 여호와의 것이라 여호와께서 세계를 그것들 위에 세우셨도다. 그가 그의 거룩한 자들의 발을 지키실 것이요 악인들을 흑암 중에서 잠잠하게 하시리니 힘으로는 이길 사람이 없음이로다. 여호와를 대적하는 자는 산산이 깨어질 것이라 하늘에서 우레로 그들을 치시리로다. 여호와께서 땅끝까지 심판을 내리시고 자기 왕에게 힘을 주시며 자기의 기름 부음을 받은 자의 뿔을 높이시리로다."

　요한계시록 21장에는 새로 창조된 하늘과 땅 예수의 피로 씻은 세마포 옷을 입은 성도들이 갈 곳, 죽음도 눈물도 통곡도 고통도 없는 곳, 하나님의 빛나는 영광에 싸여 하나님께로부터 내려오는 거룩한 예루살렘의 온갖 보석으로 장식된 천상의 도시에 있는 천국의 열두 대문은 진주로 되어있다고 성경에 적혀 있다. 진주는 광물성 보석과 달리 생명체가 만들어내는 보석이다.

진주의 단면을 현미경으로 살펴보면 외투막으로부터 온 콘키오린이라는 단백질과 탄산칼슘이 수백 겹 이상으로 차곡차곡 쌓여있다고 한다.

천국에 갈 수 있는 자격이 무엇인가? 성령과 예수의 보혈의 피로 거듭나지 않으면 갈 수가 없는 곳이다. 우리는 생물학적 부모님의 DNA를 엄마에게서 반, 아버지에게 반 또는 조부 조모에게서 사분의 일정도 물려받고 태어나는 존재들이다.

그런데 하나님께서는 겉사람은 낡아지나 속사람은 날마다 새로운 피조물로 만드시는 분이시다. 예수는 참 포도나무요 우리는 가지이다. 진주는 조개 속에서 고통에 저항하며 그 고통을 이김으로 아름답게 만들어 낸 존재이다. 아름다운 진주는 고통과 그 고통을 이기는 인내가 없이는 만들어질 수가 없듯이 우리의 삶도 이와 같다.

성도들도 예수가 걸어가셨던 십자가의 길 골고다 언덕을 넘지 않고는 천국의 길을 갈 수가 없다. 우리는 하나님 앞에 진주와 같은 귀한 보석 같은 존재이다. 사람이 반드시 죽는다는 것은 누구나 알고 있다. 사람은 반드시 죽는다. 죽은 후에는 심판이 있다고 성경에서 말하고 있다.

"한번 죽는 것은 사람에게 정하신 것이요 그 후에는 심판이 있으리니"

(히브리서 9장 27절)

12

하나님의 명령에는 무조건 순종해야 한다

인생은 육의 충족에 있는 것이 아니고 영혼이 만족하는 삶에 있다. 육은 한정된 공간 속에 있지만 영혼은 불멸한 것이다. '천국이 구원'이라는 이름 아래 사이비 이단 종파에 속한 싸구려 복음이 아니다.

하나님께서 인간에게 주신 가장 큰 선물은 자유의지이다. 천국도 지옥도 사이비 종파에 빠지는 것도 이단에 속해 그것이 진리인 양 자신을 속이고 사는 삶도 본인의 의지로 선택하는 것이다. 우리가 선택한 결과는 우리의 몫이다. 에덴동산의 상실도 에덴동산의 회복도 우리의 몫이다.

참새 한 마리도 주님께서 허락하지 않으면 땅에 떨어지지 않는다. 모든 주권은 하나님의 손에 있다. 베르사유궁전에 살았던 사람도 초가집에 살았던 사람도 우리에게는 어린 양의 피에 그 옷을 씻어 흰 세마포 옷을 입고 하나님께서 베푸시는 혼인 잔치에 들어갈 수 있다.

요한복음 3장 3절에 보면 예수께서 말씀하시기를 "진실로 진실로 내가 너에게 말하노니, 사람이 거듭나지 아니하면 하나님의 나라를 볼 수 없느니라"고 하셨다.

거듭남은 죽었던 내 영이 성령의 도움으로 새사람이 되는 것이다. 어린양 예수 삶의 메시지는 사람이 밥만 먹고 사는 것이 아니고 하나님의 입으로부터 나오는 모든 말씀으로 살아야 한다는 것이다.

"주 너의 하나님을 시험하지 말며 주 너의 하나님 오직 그분만을 경배하여라. 일편단심으로 그분을 섬겨라"라고 우리에게 가르쳐 주신다. 우리는 예수님 가르침 대로 살아야 만이 악한 마귀를 이길 수 있다. 초막이나 궁궐이나 내 주 예수 모신 곳이 그 어디나 천국이다.

사랑은 오직 너와 나이다. 사랑이 왜 귀한 것인가? 오직 '너'이어야 하기 때문이다. 하나님께서도 이스라엘이라는 나라를 사랑하시면서 끝까지 사랑을 완성해 나가는 것이다.

우리는 하나님의 사랑법을 배워야 한다. 신랑 예수와 순결한 믿음을 소유한 신부인 성도와의 혼인 잔치이다. 하나님께서는 이스라엘과 믿음의 장자로서 인류의 대표를 만드셨다. 그러나 이스라엘 백성은 하나님의 통치에서 벗어나 눈에 보이는 왕의 제도를 원한다.

하나님께서는 이스라엘의 요구를 받아들여 이스라엘 첫 번째 왕으로 사울을 택하셨다. 하나님은 자신의 원수라고 생각하는 아말렉 족속을 진멸하기 위해 사울왕을 세우셨다. 사울은 아말렉 족속을 진멸하라는 하나님 명령 때문에 군대를 동원시킨다. 하나님은 아말렉 전쟁에서 승리하면 남자와 여자와 젖먹이 어린아이까지 모두 죽이라고 하셨다. 아말렉 사람들에게 속한 가축까지 소나 양이나 염소도 다 죽이라고 명령하셨다. 아말렉 족속을 남기지 말라는 것이다.

하나님이 명령하셨는데 사울왕은 하나님의 명령에 순종하지 않았고 눈앞에 보이는 욕심 때문에 아말렉왕 아각과 건강하고 살진 소와 양들을 살렸다. 하나님 말씀대로 하지 않았기 때문에 사무엘 선지자를 통해 사울왕을 책망하신다.

"내가 사울을 이스라엘 왕으로 세운 것을 후회한다"라고 하셨다.

후회하시는 이유는 사울이 하나님을 따르지 않고 하나님의 명령을 그대로 행하지 않았기 때문이다.

하나님 명령은 아말렉의 진멸이었다. 그러나 사울왕은 자기 생각에 사로잡혀서 하나님의 명령에 순종하지 않았다. 하나님의 적을 자신의 적으로 삼지 못하고 오히려 아각을 살리고 양과 소를 탈취하면서 우호적으로 대했다.

하나님의 명령에는 무조건 순종하면 되는 것이다. 아각왕을 인질로 잡아놓아야 나라가 편하고 안정적이라고 생각했고 소, 양은 하나님께 드릴 재물이라는 것이다.

말과 생각은 그럴듯하게 보인다. 우리의 생각에 사로잡혀 합리화를 시키며 하나님 말씀에 불순종은 실패로 가는 지름길이다. 사울의 실수는 여기에 있는 것이다. 하나님은 무조건 아말렉을 진멸하라는 것이었다. 그러나 사울은 본인의 의지대로 행동했다. 하나님의 명령은 무조건 무조건이다. 나는 하나님 명령이 떨어지면 무조건 실행했다.

사무엘은 사울왕에게 "순종이 제사보다 낫고 듣는 것이 수양의 기름보다 낫다"(사무엘상 15장 22절)라고 책망한다.

우주 만물, 태양계의 셋째 행성인 지구도 다스리시며 각 나라와 대표인 대통령도 하나님의 권한이다. 대통령이 되고 싶다고 되는 것도 아니고 결국은 하나님께서 그 시대에 백성들의 수준에 맞추어 각 나라마다 대통령도 세우시는 것이다.

의사들에게는 수술용 메스가 필요하듯 대통령은 권력이 아닌 국민에게 희망과 행복을 줄 수 있는 능력이 있어야 하는 자리이다. 그 자리에서 권세라는 옷을 입고 군림하던 시대는 끝이 났다. 제국주의와 신과 같은 존재의 왕 자리가 어떻게 하나 님이 폐하게 하시는지 우리는 구약성경을 통해서 잘 알고 있다. 수술용 메스가 강도의 손에 있으면 사람을 해치는 무기가 되듯 대통령이라는 자리는 함부로 넘어볼 자리가 아니다. 진정으로 백성을 사랑하는 마음과 사명이 있어야 한다.

지도자를 잘못 만나면 백성들이 고생이다. 소크라테스의 '너 자신을 알라'라는 명언이 삶에 있어 가장 큰 발견이다. 나 자신을 모르는 데서 불행이 싹트기 때문이다. 자기 자신의 그릇을 모르고 대통령 자리에 앉아 있다가 불행하게 간 사람도 있다.

내가 초등학교에 다닐 때는 "무엇이 되고 싶냐?"고 물으면 남학생은 거의 대통령이 되고 싶다고 말했다. 어른이 되어서도 대통령 병에 걸려 평생을 허상의 신기루만 좇아 현실을 직시하지 못하고 사는 사람도 많다. 대통령 자리는 앉기만 하면 무엇이든 다 해결할 수 있는 마술의 자리가 아니다. 대통령이라는 자리는 어떻게 하면 국민들이 억울하지 않고 공평한 사회에서 일하며 노력하는 만큼 대가를 보장받으며 꿈나무인 새싹들에게 바르게 살아갈 수 있도록 시대를 분별하여 앞서서 선구자로서 일하는 자리이다.

어릴 때 익힌 교육은 평생 기억한다. 정직하게 사는 삶, 규범을 지키는 삶, 윤리 의식을 유치원 때부터 교육해야 한다. 이웃의 어려움과 관계없이 '나만 잘살면 된다'는 생각이 얼마나 위험한 것인지 모른다. 그런 이기주의에서 죄가 생긴다.

지금 당장은 눈에 보이지 않지만 10년 20년 30년이 흐른 뒤 대한민국은 어떻게 되어있겠는가? 지금부터라도 우리는 이기적인 생각에서 벗어나 나 아닌 타인을 위해 사는 삶이 곧 나를 위한 삶이 된다는 것을 깨달아야 한다. 남을 위해서 사는 삶이 내가 잘되는 것이다. 나 자신만을 위해서 사는 삶은 악순환만 계속될 뿐이다.

대 자연이 창조주 하나님의 선물이기도 하지만 인간의 대 교과서이다. 대자연의 모든 것, 이름 모르는 들꽃과 풀 한 포기도 자신의 자태를 나타내며 인간에게 주는 느낌(feeling)이 똑같다. 대자연에서 창조주는 인간을 얼마나 사랑하시는지 알 수 있다. 사람은 은혜를 원수로 갚을 때도 있다. 그래서 사회는 갈수록 불신으로 바뀌고 나의 배만 채우면 그뿐이라는 생각을 하게 된다. 그러나 성경은 우리에게 가르친다.

"원수를 사랑하라!"고 명령하셨다.

예수님이 그 본을 보여 주셨다. 죄도 없으신 분이 인류의 죄 때문에 하나님 앞에 어린양으로 속죄물이 되셨다. 삶의 비밀은 여기에 있다. 인간은 어린 양의 피의 구속함 없이는 영혼의 구원도 없다.

예수가 없는 삶은 성공 같으나 실패이다. 예수는 하나님의 독생자로서 모든 권세요 하나님께 위임을 받은 자이기 때문이다.

선지자 사무엘은 이스라엘 마지막 사사로서 역사의 한 페이지를 남기고 베냐민 지파 기스의 아들 사울을 40년간 주셨다가 폐하시고 다윗을 새로운 왕으로 세우신다. 다윗은 이스라엘 2대 왕으로서 그는 이스라엘 유다 지파 이새의 여덟 아들 중 막내였다. 목동, 음악가, 시인, 군인, 정치가, 예언자이다. 다윗은 하나님께 합한 자로서 주옥같은 시편을 썼다.

나는 시편 103편의 말씀에 위로를 많이 받는다.
"우리의 죄를 따라 처벌하지 아니하시며 우리의 죄악을 따라 갚지 아니하셨으니"
"동이 서에서 먼 것 같이 우리 죄는 우리에게서 멀리 옮기 셨으며 아비가 자식을 불쌍히 여김같이 여호와께서 자기를 경외하는 자를 불쌍히 여기시나니 이는 저가 우리의 체질을 아시며 우리가 진토임을 기억하심이로다."

　다윗은 요나단이 없었다면 왕의 소명을 포기하고 목동으로
돌아갔을 것이다. 요나단의 우정이 없었다면 다윗은 역사의 뒤
안길로 사라졌을 것이다. 무시당함과 버림받음과 살인의 위협
과 비련한 도망자에서 이스라엘 왕이 될 수 있었던 것은 동반
자인 친구 요나단이 있었기에 가능했다. 다윗은 '하나님께 합한
자'라는 칭송과 함께 목동이었지만 음악가, 시인, 군인, 정치가
예언자이다.

　다윗의 업적은 이스라엘 나라를 통일시키고 이방 나라 우상
을 타파했으며 하나님의 법궤를 예루살렘으로 옮기는 등 주옥
같은 시편을 지었다. 다윗은 하나님의 성전을 사모하여 철저하
게 성전 준비를 하였다. 그러나 다윗의 생애에 다윗의 부하인
우리아의 아내 밧세바의 사건을 빼놓을 수는 없다.

　창세기 39장 7절 이하에 보면 요셉과 보디발의 아내 이야기
가 나온다. 요셉은 보디발 아내의 유혹에도 불구하고 그 현장
을 빠져나온다. 그 사건으로 보디발 아내가 요셉에게 억울하게
누명을 뒤집어씌웠다. 누명을 쓰고 감옥까지 가는 요셉의 사건

과는 달리 다윗은 스스로 우리아의 아내 밧세바를 유혹하여 간음죄를 저질렀다.

  인간에게 가장 힘들고 유혹을 뿌리치기 어려운 일이 식욕과 성욕이다. 인간은 성욕에 불타면 괴력이 발생한다. 하지만 그 괴력도 요셉은 이겨냈다. 어떻게 하면 이겨낼 수 있을까?
  창세기 39장 9절에 보면 요셉은 "내가 어찌 이 큰 악을 행하여 하나님께 죄를 지으리이까"라고 말했다. 요셉은 그 마음 중심에 늘 하나님의 존재를 기억하여 일분일초라도 잊지 않고 있었기 때문이었다. 요셉은 하나님의 진리의 말씀에 자신을 조정하여 즉시 순종했기 때문에 악의 늪에 빠지지 않았다.
  우리의 마음이 하나님을 향해 있지 않으면 어떤 사항이 일어날 때 뱀의 형상을 한 사탄의 유혹에 빠지지 않는다는 보장이 없다. 그래서 우리의 영혼에는 말씀의 등불을 항상 켜고 있어야 한다.

  사탄의 유혹은 멋있어 보이고 달콤하게 다가온다. 반면 우리의 마음과 몸은 문풍지 종이처럼 약하디약하기에 쉽게 찢어지고 날아갈 수밖에 없다. 문풍지가 단단한 벽에 붙어 있을 때 지탱 하듯이 우리는 늘 하나님 말씀을 붙잡고 의지하고 가야 한다.

다윗에게 밧세바의 사건이 일어난 시기는 무명 시절 목동으로서 골리앗과 싸울 때가 아니고 왕으로서 성공을 거두고 안정된 상태였다.

성도들은 축복받은 후의 관리가 중요하다. 날마다 날마다 말씀과 기도로 무장하지 않으면 마귀는 우는 사자와 같이 삼킬 자를 찾아 돌아다니기 때문이다. 블랙홀 같은 절망의 문들이 많지만 생명의 길을 알려 주셨고 거짓의 아비의 자식이 아니고 사랑과 선의 본체이신 하나님의 자녀로서 이 땅에 태어나 이빨 빠진 사자의 울음소리에도 기죽지 말고 살라고 골고다에서 십자가에 못 박히셨다.

천부께서 자녀들에게 말씀하신다.

"너희는 담대함을 버리지 말라! 세상을 능히 이길 수 있는 길을 만들어 놓았다. 너희가 감당할 수 없는 길은 걷게 하지 않는다. 염려 말고 내가 계획한 길로 걸어가라!"

우리는 "네 알겠습니다. 순종합니다"라고만 하면 된다.

우리의 싸울 상대는 악한 원수 사탄이다. 어떤 사항에서 유혹이 있을 때 하나님의 말씀에 목숨을 걸고 싸우지 않으면 죄가 재빠른 속도로 덮치고 만다. 우리가 하루도 밥을 먹지 않으면 힘을 쓸 수도 활동할 수도 없는 것과 마찬가지로 매일매일 영혼의 양식인 하나님 말씀으로 채우지 않으면 지뢰밭 같은 가시밭 세상에서 악마에게 잡아먹힐 것이다.

이 세상은 악이 없는 곳이 없다.

악은 작다고 해서 가벼이 여길 수 없다. 악은 모양이라도 버리라고 성경은 우리에게 말씀하신다. 악을 행하는 사람은 칼을 가는 숫돌과 같아서 닳아 없어지는 것이 보이지 않더라도 나날이 닳아 없어지는 것과 같다.

'악한 것을 보거든 끓는 물을 만지는 것과 같이하라'고 공자도 우리에게 가르쳤다. 선한 마음만이 우리 모두가 살길이기 때문이다. 예수님이 광야에서 마귀에게 시험을 당할 때 무엇으로 물리쳤는가? 하나님의 말씀이었다. 말씀만 앵무새처럼 외운다고 되는 것이 아니라 나의 마음 판에 새기고 나의 영혼 골수에 박혀 있어야 한다.

13 고난을 극복해야 새로운 삶이 시작된다

나는 출생의 비밀을 알고 난 후에 가장 힘들었던 것이 숯덩이 같은 죄의 무게였다. 가인이 아벨을 죽인 후에 내 죄가 너무 중하여 견딜 수가 없다고 고백했다. 겪지 않은 사람은 가인의 이 심정을 모를 것이다. 예수께서 가장 먼저 다룬 것이 "회개하라 천국이 가까웠다"이다.

원죄는 인류 모두가 이 세상에 태어날 때부터 가지고 태어나지만 나는 원죄에 생물학적 부모의 자유의지에 의한 죄를 덮고 잉태된 존재이며 죄 중에, 죄를 안고 태어났다. 죄 중에, 죄 속에서 태어난 나는 나의 의지가 아니기 때문에 죄가 없다고 말할 수도 있겠지만 내 죄가 되어버렸다.

내가 태중에서 낙태되어 태어나지 않을 수도 있지 않았겠는가? 악착같이 탯줄을 놓지 않고 태어났기 때문에 나의 몫이 되어버렸다. 남들은 한 가지만 겪어도 될 것을 나는 두 배로 겪어야 했다. 예수님은 숯덩이 같은 나의 죄 때문에 갈보리 십자가 형틀에서 살이 찢기고 깨어지고 머리에는 가시관을 쓰시고 양손에 대못이 박히고 옆구리에는 창으로 찔려 피와 물을 다 쏟으시고 영혼의 산고를 겪어 나를 낳아주셨다.

독수리는 40살이 되면 사냥을 할 수 없을 정도로 무뎌진 부리와 발톱과 둔해진 날개를 가지고 죽느냐 아니면 다시 30년을 연장해서 더 사느냐 하는 처절한 선택을 해야 하는 정점에 다다른다.

깊은 산 정상에 둥지를 틀고 부리로 바위를 쪼아서 부리가 깨지고 터져 피투성이가 되어 다 빠지고 나면 아무것도 먹지 못하고 고행의 고통을 겪고 나서야 새로운 부리가 서서히 돋아나기 시작한다. 새로 나온 부리로 발톱을 하나씩 모두 다 뽑아내고 새로운 발톱이 자라나오면 새로 나온 발톱과 부리로 날개의 깃털을 하나하나 다 뽑아낸다. 뼈를 깎는 고통과 고난의 과정을 극복하면 독수리는 비로소 새로운 모습으로 제2의 삶을 시작한다. 독수리가 발톱과 깃털을 스스로 뽑듯이 나 역시 숯덩이 같은 죄악의 길을 선택하지 않는 처절한 고통의 삶이었다. 물론 여기까지 왔을 때는 전적인 하나님의 은혜이다.

나는 나 자신을 보면서 참으로 하나님의 은혜와 능력을 맛보는 사람이다. 나 같은 죄인도 눈같이 희게 만드시고 보잘것없는 거름더미 같은 인생을 이렇게 조용한 시골 마을 전원주택에서 살게 하시고 새벽이면 글을 쓰는 달콤함도 맛보게 하신다.

내가 이렇게 하나님의 창조의 세계로 들어가 복된 삶을 살 수 있게 나의 영혼을 새롭게 조각하신 하나님께 날마다 감사와 찬양을 하면서 지내고 있다.

하나님께서는 이스라엘 백성을 교육하는 것을 첫째로 삼았다. 하나님의 한량없는 사랑도 언제까지가 아닌 당신의 시간표가 있다. 우리는 이스라엘 백성을 하나님께서 버렸다고 착각한다. 이스라엘 역사가 끝없이 하나님에 대한 배교의 길을 걸어도 여전히 제사장의 나라이고 세계민족의 대표이다. 마지막 사도 요한이 기록한 계시록이 그 증거이다. 예수가 열두제자를 이 땅에 복음의 대표로 세우시고 역사를 완성하고 잠시 하늘 보좌에 가셨다가 이 땅에 다시 오신다고 하셨다.

지구가 존재하는 한 여전히 인류는 배교의 길을 갈 것이고 하나님의 진노의 잔을 마실 것이다. 그런 가운데 하나님의 씨 여호와의 등불인 우리가 이 세상에서 진리의 등대가 되어 빛을 찾아 헤매는 이들에게 생명선이 되어야 한다. 성도들의 사명은 이 땅에서 잘사는 기복신앙이 아니라 여호와의 등불로서 죄로 물든 세상을 밝혀서 한 생명이라도 건져내는 사명감에 살아야 한다. '나 중심'에서 '우리'로 변해야 하고 생물학적에서 벗어나아가페의 사랑이 사회 공동체에 정착이 될 때 soul이 있는 대한 민국이 될 것이다.

피조인 인간은 여호와 하나님을 떠나서 살 수가 없는 존재이다. 육신의 생각으로만 살면 끝이 없다. 이것은 결국 사망의 길이다. 육신의 욕심은 끝이 없기 때문이다. 바닷물을 메꿀 수 있어도 사람의 욕심은 메꿀 수 없다. 육신(Body)의 생각은 사망이요, 영(Soul)의 생각은 생명과 평안이다.

다윗이 시편의 주옥같은 시를 쓸 수 있었던 것은 하나님의 깊은 은혜에 들어갔기 때문이다.

나는 시편 103편 말씀을 늘 기억하며 산다.

"내 영혼아 여호와를 송축하라. 내 속에 있는 것들아 그 성호를 송축하라. 내 영혼아 여호와를 송축하며 그 모든 은혜와 덕택을 잊지 말지어다."

죄악의 본질은 교만이다. 교만은 과도의 자기 애(愛)이다. 인류 불행의 씨앗이 신의 영역을 침범하는 것으로부터 시작된 것이다.

인간이 죄를 범하는 것은 하나님의 존재를 무시하는 처사이다.

인류는 신이 존재하지 않는 우주(Cosmos)를 꿈꾸며 이스라엘 백성이 신정 정치가 아닌 사람이 왕이 되어 다스리는 시대를 만들 듯 21세기를 지난 먼 미래도 세계를 다스리는 신 같은 존재가 인류를 다스리는 마지막 제국주의가 탄생 될 것이다. 이 험한 바닷물결 속에서 서핑할 수 있는 널빤지는 오직 예수뿐이다.

예수는 하늘 보좌의 영광을 버리시고 지구에 오신 유일한 하나님의 독생자이시다. 가끔 예수 흉내를 내는 인간도 있기는 하지만 그것은 자신의 사정인 것이고 예수께서는 "나는 마음이 온유하고 겸손하니 나의 멍에를 매고 나에게 배우라" 하셨다. 진정으로 창조주의 은택을 잊지 않고 겸허하게 살아가야 인류는 희망이 있다.

디모데후서 3장 1절에서 5절 말씀에 마지막 때가 다가오면 사람들이 자기만 알고, 돈을 사랑하고, 으스대고 거만하며, 하나님을 모독하고 부모를 무시하고, 버릇이 없고, 상스럽게 행동하고, 죽기 살기로 경쟁하고 고집을 부리고, 남을 헐뜯고, 난폭하고 잔혹하고, 남을 비꼬고, 배반하고 하나님을 몹시 싫어

한다고 기록되어 있다.

세상에는 양의 탈을 쓴 이리떼들이 우글거린다. 사람들은 이 구동성으로 말세야! 말세! 라고 말들을 한다. 베드로 전서 4장 7절에도 "만물의 마지막이 가까웠으니 그러므로 너희는 정신을 차리고 근신하여 기도하라. 무엇보다도 열심히 서로 사랑할지니 사랑은 허다한 죄를 덮느니라"고 말씀하신다.

하나님의 인류구원 프로젝트의 시간이 얼마나 남았는지 하나님밖에는 모른다. 내일 일은 난 몰라도 가는 길은 알 수 있으며 오늘 하루를 마지막처럼 살아야 후회 없는 삶을 살 수 있다.

흔히 인생 사는 것을 길을 걷는 것에 비교하여 말한다. "그 길을 걸어 보지 않은 사람은 모른다"라고 말들 한다. 겪어보지 않은 사람은 상대의 심정을 모른다는 말이다. 인생의 길을 따라 걸어온 길은 항상 '현재'다. '과거'도 현재였으며 미래도 '현재'일 뿐이다. 결국 인생의 길은 현재의 연속인 것이다. 그러므로 인생을 잘 살려면 현재에 충실한 사람이 되어야 한다. 사랑과 정직만이 아름다운 지구에서 살다가 천상의 도시로 가는 삶의 본질이다. 나는 하나님의 종이 되었음에 행복하다.

다윗의 아들 솔로몬은 아버지의 왕권을 이어받아 이스라엘 3대의 왕으로서 지혜의 왕이라 불린다. 솔로몬왕은 일천번제를 하나님께 드렸고 최초로 하나님의 거룩한 성전을 7년 6개월간 건축하여 하나님께 드린 사람이다.

솔로몬이 성공된 삶을 살 수 있었던 것은 하나님을 사랑하는 마음으로 성전을 지어 하나님께 드렸기 때문이다. 성전을 건축하여 하나님의 법궤를 그 성전 안에 모셨다. 하나님이 기뻐하신 일인 것이다.

하나님을 기쁘게 하는 것이 최고의 복이다. 솔로몬은 많은 것을 하나님께 드렸기 때문에 하나님은 솔로몬에게 한없이 베풀어 주셨다. 솔로몬왕은 하나님께 기도한다. '하나님 영광 받으시고 나라를 부강하게 하시고 백성들이 편히 잘살 수 있게 해달라'고 기도한다.

우리의 마음을 온전히 하나님께 바치면 하나님은 우리를 책임지신다. 하나님께서 약속을 주시면 우리는 그 말씀을 시작(실천)하여야 축복을 받을 수 있다. 하나님은 솔로몬에게 "내가 네게 무엇을 줄꼬 너는 구하라"고 말씀하신다. 솔로몬은 '지혜'를 구했다. 솔로몬은 하나님이 준 지혜로 무역을 하며 영토를 확장하여 부강한 나라로 만들었다. 나라가 태평하고 백성들이 복을 받았다. 사람이 이 세상을 살아가면서 지식도 필요하지만 지혜는 더욱 필요하다.

지혜란 사물의 이치와 상황을 깨닫고 그것을 현명하게 대처하는 능력이다. 솔로몬의 작품 잠언서는 우리가 외워서 삶을 살아가는데 적용을 하면 낭비하지 않은 삶을 살 수 있다.

"지혜를 얻는 것이 은을 얻는 것보다 낫고 그 이익이 정금 보다 나음이니라"(잠언 2장 14절)

21세기에 사는 우리는 지식의 홍수 시대에 살고 있다.

인터넷이라는 정보가 있어서 알고 싶은 것은 언제든 바로 알수 있는 시대이다. 우리 국민들은 못 배워서 고생한다는 잘못된 의식을 가지고 있다. 그 말이 맞을 수도 있지만 우리나라는 6.25 전쟁 때문에 폐허가 되었고 황무지를 일으켜 세워야 했기에 대한민국에 태어난 사람들은 모두가 고생할 수밖에 없었다.

우리는 힘겨운 삶을 살아왔고 고생이 지겨워 자식들에게는 어떻게든 가난을 물려주지 말자고 다짐하여 부모들은 허리가 휘도록 고생하고 자식들은 도시에서 공부시키겠다고 서울로 유학을 보낸 시절도 있었다.

자식 잘되기를 바라는 부모의 마음은 힘든 줄도 모르고 새벽부터 일어나 밭이나 농장에서 일하며 해가 져야 집으로 들어오셨다. 그렇게 일만하고 사셨다. 가난한 부모가 소를 팔아 밭을 팔아 대학을 보내고 자식들에게 올인한 부모님들의 노후를 누가 책임을 져야 하는가?

젊은이들은 돈, 시간을 투자해서 최고의 학벌에 스펙을 갖춰도 취업하기가 힘든 현실이다. 3포세대라 해서 연애, 결혼, 출산을 포기한 세대를 말한다. 5포 세대는 3포에 취업, 주택 구입을 포기한 세대이다. 3포니 5포니 하며 서글픈 유행어가 떠돌아다닌다. 요즘은 희망마저 포기한 7포 세대까지 있다고 한다.

사람은 태어날 때부터 창조주께서 각자의 소리와 특색을 주셨다. 이 세상은 쌍둥이도 다르다. 지구상에 살고 간 인류는 단한 사람도 복제 인간이 없다. 풀 한 포기도 같은 것이 없다. 하물며 만물의 영장으로 신의 형상으로 만든 사람이 똑같을 수가 없다. 사람들은 저마다 소질도, 생각도, 재능도 다르다.

음악을 잘하는 사람한테 부모들이 다른 것을 강요한다면 그는 평생을 맞지도 않는 의복을 입고 사는 불편과 영혼이 팍팍해 새로운 에너지가 만들어지지 않는 불행한 삶을 살게 될 것이다.

사람은 자신이 좋아하는 것을 할 때 영혼이 만족하며 새로운 아이디어가 창출된다. 토기장이이신 하나님께서 질그릇인 우리를 당신의 필요에 의해 하나는 종재기 그릇으로, 하나는 큰 그릇으로, 작은 그릇으로 만들어 생물학적 부모를 통해 이 세상에 태어나게 하신다.

큰 그릇에 간장을 담고 종재기에 밥을 담는 사람이 있는가? 타고난 저마다의 소질을 계발하고 우리의 처지를 약진의 발판으로 삼아 창조의 힘과 개척의 정신을 기른다고 국민교육헌장을 외웠지만, 그때는 무슨 뜻인지도 모르고 달달 외웠다. 반공 민주정신의 투철한 애국애족이 우리의 삶의 길이며, 자유 세계의 이상을 실현하는 기반이다.

길이 후손에 물려줄 영광된 통일 조국의 앞날을 내다보며 신념과 긍지를 지닌 근면한 국민으로서, 민족의 슬기를 모아 줄기찬 노력으로 새 역사를 창조하자.

46년 전 초등학교 시절 전학생이 뜻도 모르고 외웠던 국민교육헌장을 선포했던 말의 씨앗이 떨어져 열매를 맺어야 하는 시대가 드디어 왔다. 우리는 가난을 이겨내고 한강의 기적을 만들었다. 그러나 조그만 땅은 반 토막이 났고 북한의 우상인 김 씨 일가 체제에서 같은 형제자매들은 고통을 받고 있다.

우리 세대는 가난한 조국을 부강한 나라로 만드는 것이 최선인 줄 알고 살아왔다. 나 역시 자식들에게 집 한 칸이라도 남겨

주어야 그나마 사람 구실을 하고 살아갈 수 있다고 생각했다. 그러나 역사의 교육, 인성교육이 부족한 탓에 각 세대별로 소통이 잘되지 않고 부작용으로 말미암아 사회에 문제가 많다.

사회가 얼마나 부패했으면 '유전무죄'라는 말이 돌아다니는 가? 사명감을 가지고 열심히 일하고 있는 사람에게 뭘 해서 돈을 많이 벌었는지는 모르겠지만 아무튼 돈을 많이 번 사람이 "그런 거 해서 얼마나 버냐?"고 묻는다면 얼마나 맥 빠지고 기운이 없어지겠는가?

모든 것을 돈으로 평가한다면 죄에서 떠날 수가 없다. 지금이라도 조국의 현실을 바라보고 어떻게 하면 통일을 이루어 후손들에게 진정한, 독립된, 자랑스러운 조국을 물려줄 것인지가 우리들의 의무이다. 태평양 시대 위원회의 목적이기도 하고 나 또한 간사로써 사명을 다하려 한다.

가로막힌 철조망을 거두고 형제끼리 화목하게 지내야 한다. 동방의 빛, 통일된 조국이 될 때 보배로운 대한민국은 전 세계에 영향력 있는 나라가 될 것이다.

지성이면 감천이다. 정성이 지극하면 하늘도 감동하여 어떠한 어려운 일도 이룰 수 있고 하늘에서 도와준다.

대한민국에는 이순신 장군이 있다. 조선 선조 30년(1597년)에 이순신이 이끄는 수군이 명량에서 왜선을 쳐부순 싸움을 하셨다. 12척의 전선으로 적 함대 133척을 이겼다. 하나님이 함께 하셨기 때문이다. 때에 맞추어 회오리바람을 일으켜 준 것이 증거이다.

　이스라엘 백성이 애굽을 탈출하여 바다 앞에서 절망으로 바라만 보고 있을 때 큰바람으로 홍해 바다를 갈라 마른 땅을 만들어 주셨던 하나님이 이순신 장군과 함께하셨던 것이다.
　이스라엘을 미디안 족속으로부터 구원하기로 작정하신 하나님이 기드온을 선택했을 때 기드온은 "오 주여 내가 무엇으로 이스라엘을 구원 하리이까 나는 므낫세 중에 극히 약하고 나는 내 아버지 집에서 가장 작은 자니이다"(사사기 6장 15절) 했을 때 여호와하나님께서 "내가 반드시 너와 함께 하리니"라고 하셨다. 우리 인생 승리의 비결은 하나님이 우리와 함께하시느냐 그렇지않느냐에 달려있다.

제3부

겨자씨만한 믿음은
모든 장애를 극복한다

믿는 자에겐 능히 하지 못할 일이 없다

나는 '통일된 조국 대한민국'이라는 글을 쓰면서 일본과 중국을 다녀왔다.

일본을 방문했을 때 아소산 화산이 분출하여 연기가 올라오고 있었다. 땅에서 펄펄 끓는 물이 보글보글 올라오는 모습은 지옥을 연상시켰다. 산들은 화산으로 인하여 벌거숭이가 된 곳이 많았다. 그럼에도 불구하고 흔들림 없이 사는 그들의 모습과 깨끗한 거리, 친절하고 검소한 그들의 모습에서 많은 것을 생각하며 '이웃을 내 몸과 같이 사랑하며 원수를 사랑하라'는 하나님 말씀이 들렸다.

어느 계곡 입구에 있는 바위는 한가운데가 뚫려있었다. 그것은 낙숫물이 떨어지면서 바위가 뚫린 것이다. 나는 그 바위를 보면서 언젠가는 한국과 일본도 서로 손을 잡는 날이 올 것이라는 생각이 들었고 한국과 일본의 화합을 희망하며 설레는 마음을 안고 돌아왔다.

여행자 중에 한국인 여자가 일본인 남편과 결혼을 했는데 일본인 시어머니가 한국 며느리를 탐탁하게 여기지 않아 갈등이 심했다고 한다. 그런데 시어머니가 한국 연속극을 좋아하는 바람에 며느리와 대화를 하면서 친해졌다고 했다.

베드로가 주님께 물었다.
"주님! 상처를 주는 형제나 자매를 몇 번이나 용서해야 합니까? 일곱
번이면 되겠습니까?"(마태복음 18장 21절)
예수님이 말씀하시길 "일곱 번이라니 어림도 없다. 일곱 번을 일흔
번까지라도 그렇게 하여라"(마태복음 18장 22절)고 하셨다.
나는 이 말씀을 묵상했다. 북한의 문이 열리면 북한의 수많은 지하교회 성도들을 통해 한국교회에 청년들은 놀라운 왕의 군대로 일어날 것이다. 그리고 일본의 청년들과 손을 잡고 다시 오실 주님의 길을 평탄하게 하고자 백두산에서 헬몬산으로 찬송하며 전진할 것이다.
"할 수 있거든이 무슨 말이냐 믿는 자에게는 능히 하지 못할 일이 없
느니라"(마가복음 9장 23절)

삶을 살아가는데 있어서 서로 간에 인간관계를 잘 풀면서 살아가야 한다.
가장 힘든 것이 인간의 관계이다. 전쟁, 테러, 인간의 탈을 쓰

고 짐승보다 못한 짓을 하는 행위는 따지고 보면 서로가 나쁜 감정의 골이 깊은 까닭이다.

'참을 인(忍) 세 번이면 살인도 면한다'는 옛말이 있다. 인간은 감정으로만 살 수가 없다. 성숙한 어른이 된다는 것의 핵심은 사랑을 완성하는 데 있다. 부모와 나라, 인종은 우리의 선택이 아니고 창조주께서 정해 주신대로 살아야 하므로 환경을 원망 해서는 안 된다. 부모와 국가를 원망하는 것은 창조주를 원망 하는 것과 같다. 무조건 감사, 감사하자.

언제부터인지 힘들고 어려운 현장일 들은 외국인 몫이 되었 다. 우리나라 경제는 아침에 국민체조로 시작하여 어르신들이 삽과 괭이 등을 들고 국토개발과 길을 닦고 황무지를 개간했 다. 품삯은 쌀, 보리, 밀가루로 겨우 입에 풀칠할 정도였다.

우리나라도 아메리칸 드림을 꿈꾸며 외국에서 멸시와 천대 를 받으면서 사는 세월이 있었다.

지금은 코리아 드림을 꿈꾸며 외국인들이 한국 땅에 머물고 있다.

"가난한 사람을 학대하는 자는 그를 지으신 이를 멸시하는 자요 궁핍한 사람을 불쌍히 여기는 자는 주를 존경하는 자이니라"(잠언 14장 31절)

나는 농촌에서 살기 때문에 다문화가정들이 많고 외국 노동 자들이 많이 거주하고 있다. 농촌의 현실이 한국 사람끼리 결혼하기가 '하늘에 별따기' 정도로 힘이 든다. 그러나 한국 사람이 그들을 대하는 태도는 백인들이 인종차별 하는 것 이상이다. 품격 있는 나라가 되려면 먼저 국민 한 사람 한 사람이 성숙한 인격을 갖추어야 한다.

인간은 신의 성품으로 창조된 창작품이다. 대한민국 하면 정직한 나라, 대한민국 하면 인류역사상 사랑의 한마음으로 통일을 이룬 나라, 이웃을 내 몸과 같이 사랑하는 나라가 되어야 한다. 사랑의 하나님께서 당신의 형상으로 사람을 만드셨기에 사랑만이 삶을 지탱하게 한다. 부모와 자식, 신랑과 신부의 관계처럼 말이다.

아골 골짜기의 삶도, 절망이라는 절벽에 서 있어도, 당장 죽음만이 최선인 것처럼 인간이 감당할 수 없는 사건과 사고도, 사랑이라는 재료로 우리를 창조하신 주님의 그 사랑으로 모든 것을 이겨낼 수 있다. 창조주께서 인류를 향하여 이토록 오래 참으심은 사랑의 본체이신 그분의 성품이시기에, 예수로 말미암아 완성을 이루어 또 한 번 우리에게서, 역사의 시간 속에서 삶을 이어가시는 것이다.

사랑의 원초적인 것은 생명이다. 생명을 소중히 여기지 않는 자는 온 천하를 가진다 할지라도 이미 파산한 사람이다.

한반도에서 유일하게 남아있는 나의 동족이 북한에도 있다. 가장 귀중한 것들을 잃어버리고 누구를 위하여 종을 울리면서 우리는 가고 있는가? 가난한 조국을 부강한 나라로 만들고 일본제국에 빼앗긴 조국을 되찾은 것도 우리 선조들 덕분이다. 그러면 21세기에 살고 있는 우리는 후손들에게 무엇을 남기고 가야 할까?

　개인들이 자녀들을 위하여 나의 삶을 바친다고 해도 조국의 현실을 생각하면 걱정부터 앞설 것이다.

　우리나라는 1945년 8월에 해방이 되었지만 미·소 강대국에 의해 남북으로 갈라졌다. 광복의 빛을 본 71년과 동시에 분단 71년이다. 독립을 위해 생명을 바친 애국열사들께 우리가 보답할 수 있는 것은 진정한 '자주독립'의 나라를 후손들에게 물려주는 것이다. 후손들에게 진정한 유산은 '통일된 조국'이다.

　일본제국에 나라를 뺏긴 설움도 6.25 전쟁을 겪은 아픔도 고향이 그리워도 못 가는 조국의 현실 앞에 대한민국이라는 배는 무엇을 목표로 항해를 하고 있나?

　예수께서 말씀하셨다.

"너희에게 겨자씨만 한 믿음이 있어도 너희가 이산을 명하여 바다에

던지우라 하여도 그대로 되리라. 너희가 감당하지 못하는 일은 아무 것도 없다."(누가복음 17장 6절)

통일만이 대한민국의 살길이건만 북한은 머나먼 나라 이야기이고, 통일은 골치 아픈 일이고, 굳이 해야 할 필요가 없다는 잘못된 생각을 하는 사람들도 많다. 남한만 잘 살면 된다는 생각은 나만 생각하는 이기적인 악의 생각이다. 우리는 나만 잘 살면 된다는 생각부터 버려야 한다.

"만일 너희가 여전히 악을 행하면 너희와 너희 왕이 다 멸망하리라"

(사무엘상 12장 25절)

이 말씀은 가난한 이웃을 돌아보며 도와주면 하나님의 축복이 임한다는 예고이다. 보기도 아까운 자식들에게 이대로 조국을 물려줄 수는 없다. 역사의식, 교육, 삶의 가치관을 바꾸어야 하는 시대가 온 것이다. 기성세대는 기성세대대로 젊은이는 젊은이대로 청소년은 청소년대로 어린 새싹들은 새싹대로 서로 소통이 되지 않아 갈등의 골이 깊어만 가고 있다. 삶의 가치관보다 돈이 우선이고 돈이 양반인 시대가 되어버렸다. 이렇게 병든 사회를 누가 만들었나? 자식들을 너무 귀하게 키운 탓도 있다.

가난은 죄도 아니고 수치도 아니다.

세상을 살면서 무엇이 옳고 그른가를 잘 헤아리면서 행동함에 부끄러움 없이 길을 걸어가는 가난한 선비들도 있다.

대한민국이라는 사회가 언제부터 스펙으로 평가를 하고 저속한 판단을 하고 물질에 매여 영혼들이 황폐해 졌는지 한 번쯤 뒤돌아보아야 한다. 가난 속에서 잘 살겠다는 일념 하나로 앞만 보고 달려온 부작용이다. 물질 만능이 불러온 불행이다. 이제부터라도 지혜롭게 잘 헤쳐나가 아시아의 등불 대한민국을 만드는데 마음을 모아야 할 것이다.

등불이란 어둠 속에서 올바른 길로 인도하는 것이다. 우리가 동아시아 국가들의 나아가 지구촌의 등불이 되는 것이다. 모든 것은 사람의 '마음'에서 시작된다. 내 마음이 비뚤어졌는지 부패 되어있는지 잘 점검하여 부패한 나의 심령을 붙들고 통곡해야 한다.

삶이란 결과만큼 과정도 중요하다. 하나님은 결과보다는 생각하는 마음, 동기를 보신다. 세상의 법은 결과를 중요하게 생각하고 결과물을 가지고 판결한다. 그러나 하나님의 판결은 세상의 법 판결과 다르다. 하나님은 과정을 중요하게 생각하고 우리의 마음을 읽으시고 마음의 중심을 판결하시기 때문이다. 하나님은 하나님만의 정의로운 계산법이 있다. 우리나라가 오직 가난에서 벗어나겠다는 이유로 부정부패, 계략, 권모술수, 거짓이라는 허상에 모래성을 쌓은 결과로 귀중한 생명의 손실을 경험했다.

성경에는 역사의 주인공이신 예수께서 대자연을 비유해 우리에게 모든 것을 교육하셨다고 말씀하셨다. 양이 있으면 염소가 있고, 선한 목자가 있으면 삯꾼 목자가 있고 복음에도 진짜와 가짜가 있다.

인간은 '선인'과 '악인'으로 구별되고 남의 둥지에 알을 낳는 뻐꾸기가 있고 그 알을 보호하고 먹이는 숙주새도 있다. 스스로 고통을 겪는 독수리의 생애도 있듯이 이 세상에 태어나는 자체가 고통이다. 그것은 부인할 수가 없다. 그러나 고통이 고통으로 끝이 난다면 아마도 지구는 지금까지 존재하지 않았을 것이다. 창조주가 계시기에 인류를 이렇게 끌고 가며 운영하고 계신다.

우리들은 성공한 삶을 살고 싶어 한다. '어떻게 사는 것이 성공한 삶일까?'를 고민하면서 산다. 그리고 '어떻게 하면 잘 살수 있을까?' 하는 것이 목표다. 잘 살 수 있는 열쇠는 예수님 말씀에 줄을 서서 따라가는 것이다.

게는 옆으로 걷는다. 엄마 게는 옆으로 걸으며 자식 게에게 "똑바로 걸어!"라고 외친다. 그러나 여전히 옆으로 걷는다. 그 어미 게의 모습이 우리들의 모습이다. 말은 소용이 없다. 말씀의 거울에 나의 영혼을 비추어 보아야 한다. 말씀의 선에서 벗어나려면 스스로 내 육체를 복종시켜야 한다.

솔로몬이 지은 전도서에 보면 '헛되고 헛되며 헛되고 헛되니 모든 것이 헛되도다'라고 기록되어 있다. '한 세대는 가고 한 세대는 오되 땅은 영원히 있도다'에서 시작하여 마지막에는 '하나님을 경외하고 그 명령을 지킬지어다'로 끝을 맺는다.

지혜로운 자는 하나님의 말씀 위에 집을 지으며 살아간다. 그러나 어리석은 자는 신기루를 좇다가 모래성 위에 화려한 집을 짓고 잠시 살다가 흔적도 없이 사라진다. 모델 하우스가 아무리 화려하고 마음에 들어도 궁극적으로 평생을 살집은 아니다. 말 그대로 모델 하우스다.

이 지구는 하나님께서 모델 하우스로 지어주셨다. 궁극적으로 우리가 영원히 거할 처소는 지구의 궁창을 넘어, 별을 넘어, 천상의 도시와 영원히 예배를 드린 성전 예루살렘을 건설하시어 당신의 자녀들을 이 땅에서 길러 결국은 창조주의 영광 속으로 데리고 가시는 것이다.

이 땅에서 집을 사기 위해서는 먼저 모델 하우스를 구경해야 한다. 그래서 계약금, 중도금, 잔금 순으로 돈을 지불해서 나의 명의로 등기를 받고 집에 입주할 수 있는 것처럼 우리는 지구라는 모델 하우스에 정착하여 먼저 예수와 언약을 맺고 예수가 걸어가신 그 길을 따라가면서 예수가 주신 십자가를 지고 골고

다 언덕을 지나 십자가에 자신을 묻어야 하는 대가를 지불하지 않고는 천상의 도시에 갈 수가 없다. 이 땅에서는 나의 명의로 된 문서가 있어야 하지만 천국 문에 영원히 거할 처소에 들어가려면 반드시 예수의 피와 세마포 옷이 있어야 한다.

솔로몬 왕은 지혜와 부귀영화를 누리며 살다가 간 하나님의 축복을 받은 사람으로서 그의 모친은 우리아의 아내 밧세바이다. 솔로몬의 아버지 다윗은 첫아들을 잃는, 세상에서 가장 슬픈 일을 당했다. 죄의 대가는 반드시 있다. 죄의 값은 사망이다. 이 세상의 키워드는 예수의 반석 위에 집을 짓고 사는 것이며 예수 이름 외에는 인류에게 구원의 길을 주시지 않았다. 이 세상에서 가장 수지맞는 장사이며 바르게 정확한 길을 가는 열쇠를 거머쥐는 것은 하나님의 말씀대로 살아가는 것이다.

우리가 살고 있는 지구는 한 번은 거쳐 가야 하는 모델 하우스에 불과하다. 이 세상에는 영원한 것이 없다. 인간은 욕심, 욕망, 정욕의 덫에 걸려 사망의 길로 가면서도 모르고 사는 영혼들이다. 어떻게 하면 만물의 영장으로서 사람답게 사느냐가 철학과 학문의 정상이다. 그러나 우리의 인생은 어떤 개념이나 철학이 아닌 인격이신 분에게 맞추어야 한다.

'위인'들의 삶을 우리는 왜 존경하는가?

그들의 삶은 눈앞에 보이는 물질을 추구하는 것이 아니라 보이지 않는 세계를 추구하다가, 일생을 말씀에 포커스를 맞추고 살다가 갔기 때문이다.

소크라테스는 기원전 470년경의 고대 그리스의 철학자이다. 그는 신성 모독죄와 청년들을 타락시켰다는 죄로 기원전 399년에 사형을 당했다. 예수님도 청년 시절 하나님의 아들이라고 말한 이유로 신성 모독죄로 강도들과 같이 십자가에서 처형을 당했다.

인간은 천사이고 악마이다. 역사는 인간이 살아온 발자취이며 우리의 모습을 볼 수 있는 거울이다. 역사를 잊은 민족에게 미래는 없다고 했다. 1세기도 못사는 인간이 과거, 현재, 미래를 알 수가 있겠는가? 삶이란 미완성이고 릴레이 경주와 같다. 그래서 인류사에는 위인이 있고, 명인이 있고, 역사가가 있다.

우리는 하나님아버지 아래 한 형제이고 한 가족이다. 지구촌의 많은 나라와 인구가 예수 안에서 한 형제 한 가족을 만들 신 같은 지도자가 나올지는 모르지만 이 땅에 신 같은 존재는 없다. 능력이 뛰어난 '인간'만 있을 뿐이다. 사람은 죽음을 피할 수 없기 때문이다. 신이 죽는다면 그 자체가 신이 아니다. 신이라고 하면 불멸이라는 단어가 붙어야 한다. 다만 신이라는 이름 아래 인류를 속이는 것이다. 오직 창조주 여호와 하나님의 존재만이 '신'이시다.

십계명의 첫 구절이 "너는 나 외에는 다른 신들을 네게 있게 말지니라" "우상을 만들지 말라" 명령하셨다. 우상은 맹목적인 존재이다. 맹목적인 삶과 맹목적인 사랑은 사람을 늪에 빠뜨린다.

나는 '통일된 조국 대한민국'이 될 것을 믿고 확신하고 있다. 우상은 뿌리 없는 나무와 같다. 반드시 쓰러지게 되어있다. 이 세상은 밭이요, 하나님은 농부이시다. 밭에 씨를 뿌리면 그 씨앗이 싹이 나고 자라서 반드시 그 씨앗은 열매를 맺는다.

하나님은 우리의 노력이 헛되지 않도록 해주시는 성부의 하나님, 성자의 하나님, 성령의 하나님이시다. 삶은 내가 무엇을 심든지 그대로 거두는 법칙이 있다. 그래서 삶은 공평하다.

예수가 우리에게 주신 메시지는 "세상에서는 너희가 환란을 당하나 담대하라! 내가 세상을 이기었다"라는 것이다. 그러므로 우리는 아무 대가 없이 예수를 믿기만 하면 하나님을 "아버지" "아빠"라고 부르는 축복을 받는 것이다.

태어나는 순간부터 우리에게는 고통이 따른다. 산모는 산고의 고통을, 아기는 태어나는 고통을 겪는다. 믿는 자, 믿지 않는 자 어느 누구도 피할 수 없다. 때로는 홍해 바다를 만나고 '여리고성'도 만난다. 여러 가지 장애물을 뛰어넘어야 할 때가 많다.

사도 바울은 믿음의 생활을 경주에 비유했다. 경주에 임하기 위해 운동선수는 매일 훈련을 해야 한다. 육체를 위해 음식을 매일 먹고 운동을 해야 건강하게 살 수 있듯이 영혼은 매일 기도해야 한다. 말씀의 전신갑주를 입고 세상의 장애물과 매일 저항하며 싸워야 한다.

신앙생활을 제대로 한다는 것이 쉽지 않다. 교회에서 예배드리고 삶의 장신구처럼 믿는다고 해서 되는 것이 아니다. 세상에서 말씀을 실천하지 않는다면 아무 소용이 없고 축복의 열매도 없다. 노력과 지식과 성실로 산다고 할지라도 말씀대로 실천하지 않으면 물거품이 된다.

사탄은 까불며 우는 사자와 같이 우리에게 매일 덫을 놓아 걸려 넘어지게 하려고 혈안이 되어있다. 신앙인은 하나님 말씀에 비추어 세상의 잘못된 부분을 맞서 싸울 줄도 알아야 한다. 그래서 썩은 부분을 도려내어 새살이 나오듯 건전한 사회를 만드는데 빛과 소금이 되어야 한다는 것이다. 남을 위해서 그렇게 선하게 사는 것이 곧 나를 위해서 내 자녀를 위해서 내 나라를 위해서 사는 길이다.

육체를 위해 운동을 해서 건강한 몸을 만들듯이 그렇게 악을 대항해서 싸우면 영혼의 근육질이 생겨 사탄의 유혹에 넘어지지 않으며 영혼이 잘됨같이 범사가 잘되는 강건한 축복을 받을 것이다. 하나님께서 만들어 주시는 유토피아에서 살게 될 것이다.

평화로운 사회에서 형제는 굶주림의 고통, 자유 없는 사회에서 사는데 우리만 그 행복을 누릴 수는 없다. 그래서 더더욱 통일을 위해 노력해야만 한다. 나만 잘 먹고 잘사는 것은 하나님 우리 아버지가 원하지 않으신다.

하루에 천리를 달릴 수 있는 좋은 천리마라 해도 알아주는 사람이 없다면 마구간에서 헛되이 죽을 수밖에 없듯이 우리도 마찬가지이다. 우리가 교회에 가서 찬송을 부르고 교회 청소를 하고 봉사를 하고 화려한 꽃꽂이를 하고 애를 써도 하나님께서 인정하지 않는다면 아무 소용이 없다.

하나님은 정직하며 이웃을 사랑하는 사람을 좋아하신다. 하나님께서 좋아하는 행동을 한다면 하나님께 인정을 받는다. 하나님께 인정을 받으면 공부를 못해도 걱정이 없고 공부를 잘해도 걱정이 없다. 여호와가 나의 목자가 되어 주시기 때문이다.

시편 23편에 말씀하셨다.

"여호와는 나의 목자 시니 내게 부족함이 없으리로다. 그가 나를 푸른 풀밭에 누이시며 쉴 만한 물가로 인도하시는 도다. 내 영혼을 소생시키시고 자기 이름을 위하여 의의 길로 인도하시는 도다. 내가 사망의 음침한 골짜기로 다닐지라도 해를 두려워하지 않을 것은 주께서 나와 함께 하심이라. 주의 지팡이와 막대기가 나를 안위하시나이다. 주께서 내 원수의 목전에서 내게 상을 차려 주시고 기름을 내 머리에 부으셨으니 내 잔이 넘치나이다. 내 평생에 선하심과 인자하심이 반드시 나를 따르리니 내가 여호와의 집에 영원히 살리로다."

우리는 하나님께 인정을 받아 여호와하나님의 집에서 사는 축복을 반드시 받아야 한다. 겨자씨만한 믿음만 있으면 "산을 들어 바다에 던지우라 하면 그대로 된다"는 말씀은 모든 장애물은 믿음으로 하나님을 붙들기만 하면 극복할 수 있다는 것이다.

올바른 믿음이란 무엇인가?

옛날 어느 산골에 마을이 하나 있었다.

그런데 이 마을 사람들은 서로를 믿는 믿음이 없었다. 마음 속 깊은 곳에 서로에 대한 의심으로 가득 차 서로를 속이고 서로에게 속으며 살아왔다. 그래서 다른 마을 사람들은 이 마을을 '못된 마을'이라고 불렀다. 하지만 딱 한 사람, '곰보'라고 불리는 약장수 한 사람만 정직한 사람이었다.

곰보 약장수는 이 마을 사람들로부터 언제나 속임과 놀림을 당했지만 그럼에도 결코 거짓을 말하거나 거짓 약을 팔지 않았다. 그러나 못된 마을 사람들은 정직한 곰보 약장수의 말도 믿지 않았다. 곰보 약장수도 그들처럼 자신들을 속일 것이라고 생각했기 때문이다.

어느 날 이 못된 마을에 전염병이 돌기 시작했다. 아주 지독한 전염병이었다. 그리고 수많은 사람들이 그 전염병으로 인해 죽어갔다. 그러자 착하디착한 곰보 약장수는 전염병을 고칠 수 있는 약초를 구하기 위해 험한 산속으로 들어갔다. 가시덤불 속 산속을 헤매고 헤매어 곰보 약장수는 전염병을 고칠 수 있는 약초를 구해 마을로 돌아왔다. 그런데 못된 마을 안에는 이미 다른 약장수들이 약초를 팔고 있었다. 하지만 이 약초는 전염병에 전혀 효과가 없는 가짜약초였다. 당연히 가짜이기 때문에 전염병으로 죽는 사람들의 수는 줄어들지 않았고 점점 늘어만 갔다. 못된 마을 사람들은 점점 불안에 떨고 있었다. 곰보 약장수가 구해준 약초를 먹고 전염병에 나았다는 말도 들었지만, 그 말을 믿을 수가 없었다.

오랜 시간이 지나면서 못된 마을 사람들은 곰보 약장수의 약초가 진짜라는 사실을 깨달았다. 가짜약초를 팔던 약장수들이 모두 전염병으로 죽었기 때문이다. 하지만 이때는 이미 못된 마을 사람들의 절반 이상이 죽은 다음이었다. 그 후 이 지독한 전염병은 못된 마을에서 점점 사라져갔다. 그리고 전염병처럼 서로를 믿지 못하던 마을 사람들의 못된 습관도 점점 사라지기 시작했다.

못된 마을은 어느새 정직하고 살기 좋은 마을로 서서히 변해갔다. 마을 사람들을 살리기 위해 애쓴 곰보 약장수처럼 무엇보다도 소중한 것이 '믿음'이라는 사실을 마을 사람들은 깊이 깨달았다. 깨달음이 올 때는 너무 늦었을 경우가 많다. 아차산에 얽힌 이야기처럼 곰보 약장수의 이야기처럼 우리는 불신의 비늘을 벗고 참신이신 예수의 몸을 입고 오신 하나님에 대한 올바른 믿음을 가져야 한다.

인간은 믿음이 없이는 살 수가 없는 질그릇이다. 이 세상을 믿지 못하고 믿을 사람이 없다고 생각해 절망에 이르면 자살을 하게 된다.

우리의 육체는 흙으로 만들어졌다. 흙은 농부의 손길이 없으면 황폐해지고 쓸모가 없게 된다. 농부의 손길이 있어야 열매를 맺는 아름다운 땅이 된다.

우리는 창조주이신 하나님 아버지의 손길이 없으면 우리의 영혼도 황폐해질 수밖에 없다. 그래서 인간은 종교를 만들고 종교에 매달려 사는 것이다. 그러나 기독교는 종교가 아니다. 삶 자체이며 진리이고 생명이며 우리가 걸어가야 하는 길이다. 왜냐면 예수님이 길이요, 진리요, 생명이기 때문이다.

예수님은 "내가 진리를 가르쳐 주겠다"고 말씀하시지 않았다. 예수님은 "내가 길이요 진리요 생명이다"(요한복음 14장 6절)라고 하셨다.

참 포도나무이신 예수가 근원이시며 인간은 그 포도나무에 가지로써 존재하기 때문이다. 가지가 나무에서 떨어지면 말라서 죽어 그 가지는 땔감으로 사용된다. 불에 던져질 수밖에 없다. 인류는 여기서부터 근원을 찾지 않으면 희망이 없다. 오직 예수님이 걸어가신 그 길을 따라가야 한다. 인류가 붙들어야 할 마지막 아담 예수, 예수만이 에덴동산을 회복한 구원자 인류의 대속물이신 어린양이시다.

　인간은 어린양의 탈을 쓸 수는 있으나 어린양은 아니다. 인간은 종교의 행위로 구원을 받을 수 있는 그런 존재가 아니다. 왜 이런 시스템 속에 있는 지구에 태어나게 했냐고 원망을 해도 어쩔 수가 없다. 하나님께서는 지존자이시기 때문이다. 피조인 인간에게 평가를 받아야 할 이유도 없고 받지도 않으신다.

　하나님 마음에 합한 자 다윗과 우리아의 아내 밧세바에서 태어난 솔로몬, 인간의 상식에서 벗어난 존재들이다. 그러나 하나님께서는 예수의 조상 다윗의 자손으로 만드셨다.
　우리는 그분의 역사를 이해하지 못한다. 인간이 살아가는데 지식도 필요하다. 하지만 솔로몬은 인간으로서 부귀영화를 누리고 산 사람이다. 솔로몬의 지혜와 명철이 인생사에 있어 더 필요하다.
　지혜의 근본은 여호와를 아는 것부터 시작된다. 삶의 주제는 질그릇인 인간을 사랑하시는 하나님의 이야기이다. 그 증거는 예수가 인류의 역사 속으로 오신 것이다.

예수는 인간이 말하는 성인이 아니다. 성자 하나님이시다. 고운 것도 거짓 되고 아름다운 것도 헛되나 오직 여호와를 경외하는 여인이 되고 싶다. 21세기에 살고 있는 우리에게는 지혜가 더욱 필요하다. 다윗의 시편과 같은 주옥같은 시와 솔로몬의 지혜의 장, 잠언과 전도서는 우리 마음 판에 새겨야 한다.

잠언 3장 19절 이하 말씀에는 "여호와께서는 지혜로 땅에 터를 놓으셨으며 명철로 하늘을 견고히 세우셨고 그의 지식으로 깊은 바다를 갈라지게 하셨으며 공중에서 이슬이 내리게 하셨느니라"라고 기록되어 있다.

하나님의 사랑은 인간의 배교와 악행에도 불구하고 이스라엘 백성들을 포기하지 않으시고 제사장 나라의 꿈을 이끌어 나가신다. 하나님은 시대에 따라 맞는 선지자를 통해 일하신다.

엘리야는 길앗의 터스베 출신의 사람으로 이스라엘 왕국의 아합왕 시기에 살던 예언자이다. 아합이라는 왕이 악행을 저지르고 우상 숭배를 하며 시돈왕의 딸 이세벨과 결혼했다. 이세벨은 이스라엘 7대 왕 아합의 왕비로 바알 숭배자이고 이스라엘에 많은 악한 짓을 저질렀다.

이세벨은 페니카인의 왕 엣바알의 딸과 이스라엘 왕국의 아합을 결혼시켰다. 하나님의 사람 이스라엘의 선지자를 죽이고 엘리야 선지자마저 죽이려고 했다. 그러나 842년경 예후가 혁명을 일으킬 때 이세벨의 손자이자 이스라엘의 9대왕 요람과 아합의 아들 70명을 죽였고 이세벨도 자신의 내시들에 의해 창밖에서 떨어져 죽었다.

창세 이후로 하나님의 역사는 우상과 이단을 척결하면서 인류를 이끌어 왔다고 해도 과언이 아니다. 인류를 파멸로 이끄는 악의 축에 서서 사는 자와 하나님의 말씀을 이행하는 선의 축에 서 있는 자가 있다. 하나님의 말씀을 이행하는 자를 세계사에서는 '위인'이라고 칭한다. 여호와를 대적하면 산산이 부서진다.

성부 하나님, 성자 하나님, 성령 하나님의 사역을 기록한 책이 성경이다. 창세기부터 요한계시록까지 포인트는 성부 하나님께서 성자 하나님 예수를 역사의 주인공으로 이 땅에 보내셨다는 것이다. 하나님의 종, 선지자, 왕들을 통해서 인류에게 말씀하시면서 역사를 이끌어오셨다. 인류가 하나님을 무시하고 철저하게 제국주의와 신의 흉내를 낼 때는 악인들을 사용하여 산산이 부수는 것이다.

야고보서 5장 17절 말씀에 엘리야는 우리와 같은 사람이었으나 비가 오지 않게 해달라고 간절히 기도하자 비가 내리지 않았다. 3년 6개월 동안 한 방울도 내리지 않았다. 그 후에 비를 내려 달라고 기도하자 비가 내렸다. 소나기가 내려 모든 것이 다시 자라기 시작했다.

루브르 박물관에 가면 12세기경 제작된 바알 신상이 있다. 바알은 '주'라는 뜻이며 농업 공동체였던 고대 가나안 사람들이 풍요와 다산의 신으로 숭배하던 풍요와 폭풍우의 남성 신이다. 그의 아버지는 최고 신인 '엘', 어머니는 바다의 신 '아세라'였다. 그래서 엘리야가 하나님 여호와와 바알의 예언자 450명과 갈멜산에서 내기를 한다. 바알과 아세아 예언자들은 제물을 바치고 자신들의 신을 불렀으나 아무 응답이 없고 엘리야가 제단을 쌓고 하나님을 부르니 곧바로 불로 응답하셨다. 풍요와 폭풍우의 신 바알의 예언자들을 처형했고 곧 비가 내리면서 가뭄이 종결되었다.

21세기에 살고 있는 오늘날의 우리에게 바알신은 무엇인가? '돈'('자본주의'라는 구실로 돈이 우상이 되어버렸다). 우상이란 인위적으로 나무나 돌이나 쇠붙이, 흙으로 만들어 맹목적으로 신처럼 떠받드는 행위를 말한다. 우상은 무익한 것이다. 어찌 만물의 영장인 인간이 아무 생각도 없고 총명도 없고 지식도 없는 물체에 굴복하여 인간을 다스리는 신으로 만든단 말인가? 만물의 영장인 인간은 깊이 생각하여 돌이켜야 한다.

우리 앞에는 대한민국이 풀어나가야 할 숙제가 산더미같이 쌓여있다. 남한의 사회 구조의 시스템, 돈이나 스펙으로 사람들을 평가하고 그것도 모자라 외모로 사람들을 평가한다. 미남미녀로 태어나고 싶지 않은 사람이 어디에 있는가. 물론 신체적으로 의술이 필요할 때도 있다. 하지만 외모에 지나치게 집착하여 외모로 사람을 평가하는 악습은 없어져야 한다.

"사람은 외모를 보거니와 여호와는 중심을 보신다"(사무엘상 16장 7절)

18세가 되면 성인이라 하여 투표권이 주어진다. 고등학교를 졸업하면 자신의 밥벌이는 스스로 해야 하는 나이인 것이다. 그런데 현실은 대학을 졸업해도 취직이 힘들다. 생산직은 거의 외국 노동자들에게 빼앗기고 있다. 노동은 창조주가 인간에게 주신 신선한 선물이다.

육체노동은 몸과 마음을 동시에 건강하게 만들 뿐 아니라 노동을 하는 시간은 모든 잡념이 사라지고 걱정거리도 잊히며 노동을 통해 흘리는 땀은 내 영혼을 맑게 정화 시켜준다.

적당한 노동은 달콤한 잠을 자게 한다. 평생을 태어날 때부터 돈 걱정 없이 산다는 사람을 TV에서 본 적이 있다. 내가 보기에는 저주의 삶일 수 있다. 돈을 물 쓰듯이 쓰고 명품 물건들은 방에 산더미처럼 쌓여있고 한 잔에 몇백만 원짜리 와인을 마시고 우동이 먹고 싶으면 당일로 일본으로 가서 먹는단다.

김동길 박사님께서 외치는 '생활은 검소하게 생각은 고상하게…'처럼 정말로 생활은 검소하면서 영혼의 양약인 고상한 생각만 해야 한다. "내가 번 돈 내가 쓰는데 무슨 상관이냐"고 하겠지만 사치와 낭비의 결과는 요한계시록에 적혀 있다.

　요한계시록 18장은 바벨론의 패망이다.
"그와 함께 음행하고 사치하던 땅의 왕들이 그가 불타는 연기를 보고 위하여 울고 가슴을 치며 그의 고통을 무서워하여 멀리 서서 이르되 화 있도다 화 있도다 큰 성 견고한 성 바벨론이여 한 시간에 네 심판이 이르렀다 하리로다 땅의 상인들이 그를 위하여 울고 애통하는 것은 다시 그들의 상품을 사는 자가 없음이라. 그 상품은 금과 은과 보석과 진주와 세마포와 자주 옷감과 비단과 붉은 옷감이요 각종 향목과 각종 상아 그릇이요 값진 나무와 구리와 철과 대리석으로 만든 각종 그릇이요 계피와 향료와 향과 향유와 유향과 포도주와 감람유와 고운 밀가루와 밀이요 소와 양과 말과 수레와 종들과 사람의 영혼들이라. 바벨론아 네 영혼이 탐하던 과일이 네게서 떠났으며 맛있는 것들과 빛난 것들이 다 없어졌으니 사람들이 결코 이것들을 다시 보지 못하리로다"(요한계시록 18장 9, 10절)
그들에게는 바벨론이 지구이며 우주(cosmos)였다.

이 세상에는 영원한 것이 없다. 창세 이후부터 요한계시록까지이다. 그 시간은 인간이 상상할 수 없는 것이며 역사만큼은 창조주의 영역이다. 인간이 아무리 창조주의 역사를 바꾸고 싶어도 그분은 당신의 설계 안에서 진행하신다. 가끔은 변경도 하신다. 인류는 이 사실을 인지하고 살지 않으면 요한계시록에 기록한 재앙을 받을 수밖에 없다. 오직 하나님 입에서 나온 말씀만이 세세 무궁토록 존재하는 것이다. 믿는다고 그 사실이 존재하고 믿지 않는다고 존재하지 않는 것이 아니다.

성경의 말씀만을 인간에게 나침반으로 주셨다.

인생을 살아가는 해답과 열쇠는 성경 안에 있다. 소풍 가서 대자연 속에서 보물 찾기를 했듯이 보물은 스스로 찾아야 한다. 하나님은 여기저기 보물을 숨겨 놓으셨다.

대한민국 우리나라의 가장 큰 숙제는 '통일된 조국'이다.

통일을 이루어 독도, 제주도에서부터 백두산까지 자유롭게 왕래해야 한다. 하나님께서는 아름다운 금수강산을 우리에게 선물로 주셨다. 금강산은 봄에는 온 산이 새싹과 꽃에 뒤덮이므로 '금강'이라 하고, 여름에는 봉우리와 계곡에 녹음이 깔리므로 '봉래'라 하고, 가을에는 일만이천봉이 단풍으로 곱게 물드므로 '풍악'이라 하며, 겨울이 되면 나뭇잎이 지고 암석만이 앙상한 뼈처럼 드러나므로 '개골'이라고 한다.

하나님이 만들어 주신 금강산을 마음대로 볼 수 없다는 것은 있을 수 없다. 생명도 자연도 하나님께서 주신 것이다. 하나님께서 부모를 통해 우리에게 생명을 주시고 모든 자연도 주셨다. 사람이 산다는 것은 유한하다. 무한하신 분은 하나님 한 분이시다. 독재를 하고 마치 하나님인양 살다간 독재자들의 잘못된 삶도 죽음을 피하지 못하고 초라하게 끝이 났다.

우리는 예수 사랑 안에서 북한 주민과 대한민국 국민은 한 형제가 되어야 한다. 가정에서 아버지를 인정하지 않는 자녀는 없다. 아버지를 아저씨라고 생각한다면 한 형제가 되기 어렵다. 김일성이 아닌 하나님 우리 아버지 예수를 보내신 하나님의 한 자녀가 되어야 한다. 사랑이신 하나님을 우리 모든 인류는 '아버지'라고 불러야 한다. 예수의 피로 한 형제가 되어야 한다. 그렇게 한 마음이 되어 3.8선이 무너져야 한다. 인류애로 한 마음이 된다면 불가능이 없다.

통일은 머나먼 이야기가 아니다
"여호와께서 이와 같이 말씀하시되 하늘은 나의 보좌요 땅은 나의 발판이니 너희가 나를 위하여 무슨 집을 지으랴 내가 안식할 처소가 어디랴"(이사야 66:1)

나는 1982년 파주 쪽에 교회를 개척할 당시 농촌의 복음화를 위해 갔지만 하나님께서는 대한민국에 대한 설계도를 주셨다. 그 당시에는 나이도 어린 20대였고 지식도 없었고 복음에 대한 열정밖에는 없었다. 그저 예수가 좋아 예수께 나의 삶을 올인 하고 살아야 한다고 생각했기 때문에 나의 부족함이 문제가 되지 않았다.

당시에는 국가에 대하여 생각할 수도 없고 국가에 충성하는 사람은 따로 있다고 생각했기에 나와는 전혀 상관이 없었다. 나는 어린 자식들의 양육과 교회를 활성화시켜 제대로 갖춘 곳에서 사역을 감당하는 사명 있는 목회자가 되고 싶었다. 그런 나에게 하나님께서 전혀 다른 방향을 말씀하실 때 나는 너무 당황했고 잘못된 신앙이라고 생각했다.

당시에 하나님 말씀은 이러했다.
"너희 나라가 살길은…"이라고 하시면서 나에게 상세히 말씀하셨다. '동방의 빛 코리아'라는 책에서도 이야기했지만 …. 40년 가까운 세월이 흐르고 보니 하나님 말씀이 정확하게 맞아떨어짐을 실감한다.

대한민국은 북한 남한 모두가 우상과 이단으로 문제가 되었다. 북한은 가난 속에 있고 남한은 잘살고 좋은 집에 좋은 차에 좋은 옷에 명품 보유를 기준으로 사람을 평가한다.

　가난은 죄도 수치도 아니다. 6.25 전쟁 당시의 가난했던 시절을 잊어서는 안 된다. 부자가 되기 위해 남을 죽이고 짓밟고 수단과 방법을 가리지 않으며 떳떳하지 못한 방법으로 재물을 쌓느니 가난한 삶이 더 낫다. 가난은 힘들고 불편하지만 행복을 빼앗지는 않는다.

　유식한 사람이 있으면 무식한 사람도 있는 것이고 건강한 사람이 있으면 병이 들어 아픈 사람도 있다. 가난한 사람 부유한 사람들이 모여 공존하면서 사는 것이 세상이다.

　21세기 지금은 돈을 가진 자는 양반이고 돈이 없는 자는 상놈의 시대가 되어 버린 것 같다. 이 시점에서 대한민국 국민들은 정신을 차려야 한다. 어떻게 이룬 국가인가? 선조들의 생명과 피를 흘려 찾은 나라이다. 통일은 머나먼 이야기가 아니다. 통일의 문제를 해결하지 못하고 후손들에게 무엇을 물려주겠는가? 통일로 하나가 되지 못하면 북한의 동포 형제를 버리는 것이다. 우리는 매일 굶주림과 공포 속에서 떨고 있는 북한 동포들을 품어야 한다. 북한 형제를 안아야 하는 일은 남한에서 사는 우리가 해야 할 사명이다. 통일을 이루지 못하여 가난 때문에 자식을 외국에 입양 보냈던 그때보다 더한 고통을 후손들이 겪게 할 수는 없다.

우리나라 기독교 역사는 1866년 상선 제너럴 셔먼호를 타고 조선 선교를 시작한 26세의 토마스 선교사에서부터 시작된다. 그는 야소교(예수교의 구 한문식 표현)를 전하러 왔으나 결국 순교를 당했다. 순교하며 전한 성경이 박춘권의 집 도배지로 사용되었는데 박춘권은 그 글을 읽으며 은혜를 받아 신자가 되었다. 1900년대에 언더우드, 아펜젤러 선교사님들에 의해 평양에서부터 복음이 심어진 삼천리 금수강산이었다.

　21세기 현실의 대한민국은 김씨 일가의 잘못된 사상으로 백성들을 포로로 삼아 자유를 속박하고 있다. 이웃 나라 일본과 북한에는 복음의 불씨가 꺼지지 않았다. 이 복음의 불씨를 다시 일으켜야 하는 사명이 남한의 기독교인들뿐만 아니라 우리 모두가 마음을 모아 통일을 이루는데 작은 불꽃이 되어야 한다. 작은 불꽃이 큰불을 일으킨다. 대한민국의 살길을 하나님께서 나에게 알려 주셨기 때문에 그 일을 위해 내 남은 삶을 올인할 것이다.

　이순신 장군이 한 말이다.
"집안이 나쁘다고 탓하지 말라"

"머리가 나쁘다고 말하지 말라"
"좋은 직위가 아니라고 불평하지 말라"
"기회가 주어지지 않는다고 불평하지 말라"
"조직의 지원이 없다고 실망하지 말라"
"자본이 없다고 절망하지 말라"
"죽음이 두렵다고 말하지 말라"
이순신 장군은 이런 모든 악조건을 이겨내어 12척의 배로 왜적을 이겨내셨다.

유럽과 동남아 일본 등을 다녀보면 우리나라 대한민국만큼 축복받은 나라는 없다는 걸 느낀다. 세계 많은 나라를 다녀본 여행가들도 같은 생각일 것이다. 우리나라는 주님의 핏값으로 세운 전국의 제단(교회)이 희망이다. 믿음은 바라는 것들의 실상이다.

하나님이 일하시는 방법은 먼저 믿음의 눈을 우리에게 주신다. 비전을 주신다는 것이다. 그 비전을 개인을 위해서 주는 것이 아니라 하나님이 원하시는 그림을 그리기 위함이다. 우리는 그림의 한 조각들이다. 나의 야망을 위해서만 산다면 언젠가는 후회하는 날이 올 것이다.
하나님이 나에게 원하시는 것이 무엇인지를 기도해야 한다.

하나님의 목적과 그분이 원하시는 그림의 한 조각에 참여해야 한다. 나의 지혜와 나의 생각이 아닌 하나님의 나라를 완성하기 위해 나는 어떤 액션을 해야 하는지 하나님의 음성을 들어야 한다. 하나님의 음성에 귀 기울이며 들을 때 아무리 힘든 일과 장애물이 있어도 믿음으로 이겨낼 수 있다.

하나님이 천지를 창조하실 때 본 자가 있는가? 구약성경의 욥기서 38장 4절 말씀에 욥에게 하나님께서 물으신다.

"내가 땅의 기초를 놓을 때 네가 어디 있었느냐 네가 깨달아 알았거든 말할지니라 누가 그것의 도량법을 정하였는지 누가 그 줄을 그것의 위에 띄웠는지 네가 아느냐"

욥기서 38장부터 41장까지 하나님의 말씀을 보면 우리는 천부 하나님에 대하여 아무런 대답을 할 수가 없다. 그래서 인류는 히브리서 11장 3절 말씀을 읽어야 한다.

"믿음으로 모든 세계가 하나님의 말씀으로 지어진 줄을 우리가 아나니 보이는 것은 나타난 것으로 말미암아 된 것이 아니니라"

모든 세계가 하나님의 말씀으로 지어진 줄을 우리가 알아야 한다. 보잘것없는 나에게 하나님께서 대한민국의 문제점인 우상과 이단을 지적하시며 들려주셨다. 대한민국에 이단과 사이비 종파가 누룩 같이 퍼져있다.

　현실은 물질만능주의로 돈이면 불가능이 없다고 생각하는 것에서부터 곳곳이 부패하고 썩었으며 교만이 판을 친다. 돈이 인간의 모든 가치의 척도이니 가장 청렴해야 할 교육계도 부패할 수밖에 없다.

　이 책임은 예수 믿는 우리에게도 있다. 기독교의 복음을 '기복신앙'으로 몰아 가난하면 저주이고 물질축복을 받으면 하나님의 은총을 받은 것처럼 잘못된 신앙을 가르치고 있기 때문이다.

　마태복음 6장 33절 말씀에 "너희는 먼저 그의 나라와 그의 의를 구하라 그리하면 이 모든 것을 너희에게 더하시리라" 말씀하셨다.

　의(義)가 무엇인가? 마땅히 지켜야 할 도리요 천상의 도시를 향하여 가는 사람들의 의는 하나님 말씀을 이 땅에서 실천하며 살아가는 것이고 그의 나라는 하나님의 나라이다.

　엘리야의 신앙의 핵심은 우상의 척결이다. 우상은 인간에게 무익한 것이다. 신이란 존재는 여호와 하나님 한 분뿐이다. 그 증거가 성자 하나님이 육신으로 이 땅에 오신 것이다. 이 지구는 하나님의 사랑으로 운영되고 있다. 인간사에 있어 사랑을 빼놓고 이야기한다면 무슨 의미가 있겠는가? 하나님의 관심은 당신의 형상으로 만드신 사람에게 있다. 성경 자체가 하나님이 인간을 향한 사랑의 대하 드라마이다.

하나님의 독생자이신 성자 하나님 예수는 하늘의 모든 영광을 버리고 인류를 구원하는 하나님의 프로젝트에 메인으로 오셨다. 이 세상은 거짓과 진실의 싸움터이다.

사랑하는 남녀가 있었다. 그런데 어느 한 사람이 일방적으로 배신하고 다른 사람과 결혼 한다고 상상해 보라. 이 세상에서 가장 절망적이고 견딜 수 없는 것이 자식을 가슴에 묻는 일과 사랑하는 사람의 배신일 것이다.

우리가 하나님을 등지는 것도 이와 같다. 하나님과 나와의 관계도 입장 바꿔서 생각해야 한다. 하나님은 보이지 않는다고 해서 애통한 마음이 없는 것이 아니다. 하나님 입장에서 한 번쯤은 생각할 줄 알아야 한다. 언제까지 어린아이처럼 하나님의 은혜와 사랑을 받기만 할 것인가?

하나님께서 인간을 사랑하사 예수님을 재물 삼으시고 예수님이 온몸에서 흘리신 피의 은혜로 우리가 살고 있다. 1세기에 예수가 인류 속에 오실 때부터 이미 이 지구는 하나님의 심판이 시작된 것이다. 왜냐면 하나님의 역사의 시간표 마지막 때에 예수가 오실 것을 이미 하나님의 종들에게 예고하셨기 때문이다.

세계사의 중심이 유럽이고 신대륙 개척으로 아메리카 대륙이 생겼다. 세계의 문화권은 대서양이 중심이었으나 역사적으로 볼 때 대서양에서 태평양 시대로 옮겨진 것은 사실이다.

21세기 마지막 역사에 대한민국이 태평양 시대의 주역으로 예비되어 있다. 하나님은 타고르를 통하여 일제 식민치하에 있던 우리에게 희망을 잃지 말고 꿋꿋하게 싸워 독립을 이루기를 바라셨다.

우주와 지구를 통틀어 예수를 빼놓고는 인간이 마땅히 가야 할 길, 인류애, 인간의 가치관 등을 말할 수가 없다. 인류를 위해 자신의 몸을 불사를지라도 위인들도 온전한 아담이신 예수의 그림자에 불과하다.

악의 근원은 교만에서 시작된다. 악은 절대로 선을 이기지 못한다. 인류는 악의 꼭두각시 노릇을 멈추어야 한다.

평화라는 그럴싸한 이름 아래 어둠의 세력인 악의 실체는 빛의 예수를 이기지 못한다. 악의 열매가 '우상과 이단'이다. 예수를 믿고 따른다는 것은 십자가의 길이다. 순교의 길이다. 종교의 행위가 아니다. 생명인 것이다.

우리는 마음속의 바알신이 무엇인지 발견하고 엘리야 선지자의 신앙으로 물리쳐야 한다. 오직 우리가 할 일은 하나님 말씀에 목숨을 걸고 하나님의 뜻대로 행하는 것이다. 주님의 뜻대로 순종하는 것만이 살길이다.

최후 심판 날에는 하나님 앞에서 자신의 공로로 하나님의 메시지를 전하고 귀신을 쫓아내고 하나님의 이름으로 사업을 했어도 주님을 속일 수 없다. 어두운 곳에서 속일지라도 밝히 보시는 하나님이시기 때문이다.

성령 하나님은 모든 것을 아신다. 진정 나를 사랑하여 따르는 자들인지 하나님을 이용하여 자신의 배만 채우려 따르는 시늉만 하는지를 말이다.

이사야 선지자는 아모스의 아들로서 '주님은 구원이시다'라는 뜻이 있다. 이사야는 주전 740년부터 701년까지 40년간 예루살렘에서 선지자로 봉사했다. 이사야는 왕이 네 차례에 걸쳐 바뀐 세월 동안 예루살렘에서 예언을 남겼고 히스기야 왕의 수

석 고문으로서 커다란 종교적 영향을 미쳤다. 이사야는 당대와 동시대 사람들에 관한 사건뿐 아니라 온 인류에 영향을 미칠 미래의 일들에 관하여 예언을 했다.

"보라 처녀가 잉태하여 아들을 낳을 것이요 그의 이름을 '임마누엘'이라 하라 저는 여호와께서 기름 부음을 받으사 가난한 자에게 아름다운 소식을 전하고… 마음이 상한 자를 고치며 포로 된 자에게 자유를 갇힌 자에게 놓임을 선포하실 것임을…"이라고 선언하셨다.

또한 주님의 재림 뒤에 "만군의 여호와께서 시온산과 예루살렘에서 왕이 되시고 그 장로들 앞에서 영광을 나타내실 것임이라"라는 이사야서 66장의 말씀은 복음의 핵심이다.

인류의 역사 속에서 예수가 없는 세상은 존재의 의미도 가치도 없다. 예수는 여호와 하나님 성부 하나님의 독생하신 아들이기 때문이다. 예수는 성인군자가 아니라 성자의 하나님이시다. 인간의 수명은 70-80세였으나 21세기에 살고 있는 지금은 백세 시대이다. 인간의 삶은 1세기에 불과하다. 그러면 인간이 엄마의 뱃속에서 태어나기 전에 이미 역사라는 것이 존재했고 죽은 후에도 역사는 도도히 흘러갈 것이다. 그래서 사람은 역사를 공부하고 학문의 길을 가며 삶의 참된 가치를 추구하는 만물의 영장인 것이다.

하나님께서는 이사야 선지자를 통하여 메시아에 대하여 말씀해 주셨다.

"보라 처녀가 잉태하여 아들을 낳을 것이요 그 이름을 임마누엘이라 하리라"(이사야 7장 14절)

여호와 하나님을 우리의 아버지로 믿는 사람들의 신앙고백 사도신경에 "성령으로 잉태하사 동정녀 마리아에게 나시고…"라는 말씀이 일맥상통하는 부분이다.

요한복음 3장에 니고데모라는 사람이 나온다. 예수와 니고데모의 대화이다.

● 니고데모: 랍비님 우리 모두는 선생님이 하나님께로부터 직접 오신 분인 줄 안다. 하나님이 관여하지 않으시면 아무도 선생님이 하시는 일 곧 하나님을 가리켜 보이고 하나님을 계시하는 일을 할 수가 없습니다.

● 예수님: 네 말이 정말 맞다. 내가 하는 말을 믿어라. 사람이 위로부터 태어나지 않으면 내가 가리키는 하나님 나라를 볼 수가 없다.

● 니고데모: 이미 태어나서 다 자란 사람이 어떻게 다시 태어날 수 있겠습니까? 어머니 배에 들어가서 다시 태어날 수는 없습니다. 위로부터 태어난다고 하신 말씀이 도대체 무슨 뜻입니까?(유진 피터슨 메시지 성경)

● 예수님: 사람은 누구나 근본적인 창조 과정을 거쳐야 한다. 태초에 수면 위를 운행하시던 '성령'을 통한 창조 보이는 세

계를 움직이는 보이지 않는 세계 새로운 생명으로 들어가게 이 끄는 세례 이 과정들이 없으면 진실로 진실로 네게 이르노니 사람이 물과 성령으로 나지 아니하면 하나님 나라에 들어갈 수 없다(요한복음 3장 5절).

성경에는 처녀 마리아가 성령으로 잉태한 사실에 대하여 어떠한 설명도 없다. 여기서 니고데모가 지극히 정상적인 질문을 예수께 한 것이다. 인간은 육안, 한정된 공간 틀 속에서 살고 있다. 눈으로 보는 것, 생각하는 것, 주어진 시간 속에서 삶을 살아가는 것, 예수께서 말씀하신 것처럼 보이는 세계를 보이지 않는 세계가 움직인다는 것이다.

Body(육체)는 질그릇이라 언젠가는 본질인 흙으로 돌아간다. 죽을 때는 내 몸도 세상에 두고 가야 한다. 나의 것은 육체라는 공간 속에 존재하는 내 영혼(Soul)과 세상을 살면서 심어놓은 행동과 행실뿐이다. 그 행동과 행실로 인해서 나에게 그대로 돌아오는 것을 '업보'라고 말한다. 이 세상은 분명 창조주와 피조물의 관계로 구성되어있다. 창조주는 자신에 대하여 어떤 변론도 하지 않으셨다. 하나님은 영(靈) 이시기 때문에 눈으로 볼 수가 없다. 스스로 계신 자 여호와이시다.

16

삶에 있어 오직 성경만이 나침반이다

미켈란젤로는 시스티나 성당에 하나님이 천지창조 하시는 장면을 그림으로 표현하여 그렸다. 미켈란젤로가 그린 그 그림만으로 하나님을 단정 지어 말할 수 없다. 이 세상은 상식과 지식으로 살아간다. 그러나 하나님 하시는 일은 상식과 지식으로 이해되지 않는 사건들이 많다.

마리아는 이미 약혼한 처녀였다. 약혼한 자에게 성령 하나님께서 마리아에게 메시아가 잉태될 것을 말씀하셨다. 약혼하기 전도 아니고 정말 상식 밖의 일이다. 하지만 성경을 보면 상식을 뛰어넘는 이야기가 많다. 하나님을 이해하고 알고 싶다면 우리의 상식이라는 장대를 뛰어넘어야 한다.

아브라함과 사라 사이에서 이삭이 태어났다. 이 또한 상식 밖의 사건이다. 이미 사라는 90세이므로 잉태할 수 없는 몸이었다. 아브라함은 100세였다.

성경 66권 속에 인간이 상상할 수도 없는 기적과 사건이 있다. 신비로우신 하나님이시다. 세상 사람들은 자신의 주먹과 자신의 실력과 지식 혈연과 인간관계의 지인들을 믿고 살지만 예수를 믿는 기독교인들은 신비의 하나님, 기적의 하나님을 체험하며 산다. 삶에 있어 오직 성경만이 나침반이다.

성부의 하나님께서는 태초에 하나님이 천지를 창조 하시니라 땅이 혼돈하고 공허하며 흑암이 깊음 위에 있고 하나님의 신은 수면에 운행 하시니라. 태초에 우주 속에 있는 별, 태양계의 셋째 행성, 지구라는 곳에 모든 것을 창조하셨다. 폴 한 포기 조차도 하나님 작품이시다.

나는 빅뱅이니 진화론이니 하는 이론은 모른다. 전문적으로 공부한 바도 없다. 나는 살아계신 하나님이 우리가 살고 있는 이 세상을 창조한 사실을 믿는다. 대자연 속에서 알 수가 있다.
풀 한 포기 이름 모를 작은 들꽃도 같은 종류가 하나도 없다. 어쩌면 각자의 자태를 그대로 드러내고 있다. 빛깔 또한 너무나도 아름답다. 인간은 도시를 건설할 수는 있어도 풀 한 포기도 만들 수 없는 존재이다.

인간에게 구원의 이름은 오직 '예수' 밖에는 없다. 이사야 선지자를 통하여 복음의 핵심을 우리에게 주신 것이다. 성부 하나님은 이스라엘을 또한 그 백성들을 참 포도나무, 감람나무로 기르셨다. 이스라엘은 인류를 대표하는 장자권이 있다. 하나님께서 이스라엘을 제사장의 나라로 만드셨다. 아브라함의 하나님, 이삭의 하나님, 야곱의 하나님이시다. 물론 자칭 유대인이라고 주장하는 족속들도 있는 것은 사실이다. 하나님의 경영방식은 반드시 대표국가와 대표자를 세우시고 일하신다.

이스라엘은 예수가 태어난 국가이다. 21세기에 살고 있는 우리에게는 이스라엘의 소식은 전쟁 소식밖에는 없다. 중동전쟁, 시나이 전쟁 등 그들은 유대교 이슬람교가 대표이다.

하나님의 인류구원 프로젝트에 이스라엘 나라를 통하여 많은 선지자의 예언을 성취하셨다. 성부 하나님은 요셉의 약혼자 마리아를 통하여 예수를 인류의 역사 속에 보내셨다. 성부 하나님 입장에서는 이스라엘은 친자식이다. 자식이 살인자라도 버리는 부모는 없다. 성부 하나님에게 이스라엘은 여전히 자식이다. 이 세상이 끝날 때까지 버리지 않는 분이시다.

이사야의 예언대로 성자 하나님은 처녀 마리아의 몸을 통하여 하늘 보좌의 모든 영광을 버리고 하나님과 인류 사이에 어린양으로 오셨다.

"그가 찔림은 우리의 허물을 인함이요 그가 상함은 우리의 죄악을 인함이라 그가 징계를 받음으로 우리가 평화를 누리고 그가 채찍에 맞음으로 우리가 나음을 입었도다"(이사야 53장 5절)

이사야 선지자를 통하여 예수님의 십자가를 눈에 보는 것 같이 생생하게 우리에게 알려주셨다. 인류는 창조주에 대하여 배교의 길을 가고 있지만 하나님은 씨를 통하여 하나님의 속성인 사랑의 대 드라마를 이끌어 가신다.

예수는 역사의 주인공이시다. 사람은 육의 양식을 먹어야 살 수 있듯이 우리의 영은 하나님의 말씀인 영혼의 양식을 먹지 않으면 살아 있으나 죽은 목숨과 같다.

하나님 사랑의 증거는 우리의 죄를 위하여 화목제로 예수를 이 땅에 보내심이다. 예수를 영접하여 있는 자에게는 생명이 있고 예수가 없는 자에게는 생명이 없다. 인류가 멸망의 길로 가지 않고 살길은 오직 예수님의 빛을 따라 걸어가는 것이다.

21세기는 하나님이 없어도 돈만 있으면 살 수 있다고 생각한다. 천만의 말씀이다. 하나님은 하늘의 창조주요 보좌이시고 땅의 창조주의 발등상이다. 우리는 자신을 스스로 지켜 우상에서 멀리해야 한다. 성부 하나님께서 당신의 아들 독생자를 세상에 보내심은 저로 말미암아 우리를 살리려 하심이다.

"그 어린양(예수)이 나아와서 보좌에 앉으신 이의 오른손에서 두루마

리를 취하시니라"(요한계시록 5장 7절)

사람은 땅에서 살고 있다. 땅에서 일어나는 모든 일들은 곧 하늘에서 주권 하심에 의하여 이루어진다는 것이다. 예수는 창세 전부터 어린양으로서의 사명을 가지고 계셨고 성자 하나님은 성부 하나님의 결정에 이미 순종하고 계셨다.

성자 하나님은 하늘 보좌의 영광을 버리고 이 낮고 낮은 땅에 오셨다. 성자 하나님의 사명은 오직 거짓의 아비 사탄에게 속은 인류의 대표 아담과 하와의 자손을 구원하기 위함이다.

성부 하나님께서 죄의 값은 사망이며 선과 악의 열매를 따먹을 때는 죽는다고 선언하셨다. 성부 하나님 말씀은 곧 법이기 때문이다. 구원의 핵심은 성자 하나님의 십자가의 길이다.

아무 흠도 없으신 그분이 왜 십자가의 길로 갔을까? 죄의 값을 도말하기 위함이다. 생물학적 부모는 나를 버릴지라도 생명의 근원 성부 하나님은 결코 자녀를 버리지 않는다. 구원은 십자가의 길, 그 길을 통과하지 않고는 천국 문에 들어갈 수 없다. 예수는 모든 것의 열쇠(Key)이기 때문이다. 예수는 성부 하나님의 말씀을 유일하게 완성하고 성취하신 분이다.

창조주께서 사람을 창조하시고 우리에게 선물로 주신 것이 '자유의지'이다. 인류가 어떤 선택을 하던 그 결과에 대하여는 우리의 책임이며 또한 그 결과에 대하여 늘 준비하시는 '여호와 이레'이시다.

인류의 대표 아담과 하와는 선과 악의 열매를 따 먹고 하나님의 명령을 어긴 결과로 원죄 DNA를 물려주었다. 하지만 성부 하나님은 성자 하나님을 구원자로 예비해 놓으셨다.

21세기에 살고 있는 인류는 아담과 하와가 대표자가 아니라 온전한 아담이신 '예수'가 대표자이시다. 어쩌면 우리는 마지막 은혜의 시대에 살고 있는지도 모른다. 왜 태어나서 무엇을 하다가 어디로 가고 있는지 궁극적인 본향으로 돌아가는 삶을 생각하면서 살아가야 한다. 예수만이 기쁜 구원의 메시지임을 인류는 알아야 한다.

"너희 목마른 자들아 나아오라 돈 없는 자도 오라 너희는 와서 돈 없이 값없이 와서 포도주와 젖을 사라 예수만이 참 포도나무이시다 성부 하나님의 말씀만이 우리 영혼의 신령한 젖이다"(이사야 55장 1절)

"옛적에 선지자들을 통하여 여러 부분과 여러 모양으로 우리 조상들에게 말씀하신 하나님이 이 모든 날 마지막에는 아들을 통하여 우리에게 말씀하셨으니 이 아들을 만유의 상속자로 세우시고 또 그로 말미암아 모든 세계를 지으셨느니라"(히브리서 1장 1, 2절)

오직 어린양 속죄제 제물이신 예수의 피 만이 인류의 희망이다. 예수 앞에 인류는 무릎을 꿇는 그 날이 반드시 오며 마땅히 가야 하는 구원의 길이다.

성도는 성부의 하나님 성자의 하나님 성령의 하나님을 믿는 자이다. 삼위일체의 하나님을 부정하는 자를 우리는 이단, 사이비 종파라고 한다. 성경 66권 전체의 흐름은 삼위일체의 사역이 기록되어 있다. 하나님의 말씀을 더하거나 빼서도 안 되며 주관적으로 멋대로 해석해서도 안 된다.

우리가 먹을 수 있는 과일의 열매는 씨와 속과 껍질로 구성되어있다. 어느 하나가 빠지고 없으면 그것을 '과일'이라고 하지 않는다.

피조물인 인간이 어찌 창조주의 신비의 세계를 증명하고 설명할 수 있겠는가? 성경 말씀이 사실이냐 허구이냐가 인간의 관심사임에는 분명하다. 그러나 나의 생명을 걸고 말할 수 있는 것은 성경에 적혀 있는 하나님의 말씀은 완전한 사실이라는 것이다. 이 기쁜 소식을 전하기 위해 나는 부족하지만 글을 쓰고 있다. 이 기쁜 소식을 전하지 않으면 나는 삶의 의미를 찾지 못한다.

"그 후에 내가 내 영을 만민에게 부어 주리니 너희 자녀들이 장래 일을 말할 것이며 너희 늙은이는 꿈을 꾸며 너희 젊은이는 이상을 볼 것이며…"(요엘서 2장 28절)

우리는 성령을 물 붓듯 부어주시는 은혜의 시대에 살고 있다. 물이 흔하여 귀한 것을 모르듯 성령의 하나님 사역에 대하여 오해하고 있는 이도 있다.

성령 하나님의 사역은 마태복음 12장 18절 말씀부터 시작되었다.

"예수그리스도의 나심은 이러하니라 그의 어머니 마리아가 요셉과
약혼하고 동거하기 전에 성령으로 잉태된 것이 나타났더니…"

또한 이사야 선지자의 예언이 성취되었다.

"보라 처녀가 잉태하여 아들을 낳을 것이요 그 이름을 '임마누엘'이라
하거라"

사도신경의 고백이다.

"전능하사 천지를 만드신 하나님 아버지를 내가 믿사오며 그 외아들 우리 주 예수그리스도를 믿사오니 이는 성령으로 잉태하사 동정녀 마리아에게 나시고 본디오 빌라도에게 고난을 받으사 십자가에 못 박혀 죽으시고 장사한 지 사흘만에 죽은 자 가운데서 다시 살아나시며 하늘에 오르사 전능하신 하나님 우편에 앉아 계시다가 저리로써 산 자와 죽은 자를 심판하러 오시리라 성령을 믿사오며 거룩한 공회와 성도가 서로 교통하는 것과 죄를 사하여 주시는 것과 몸이 다시 사는 것과 영원히 사

는 것을 믿사옵나이다."

사도신경의 고백이 기쁜 소식 복음의 핵심이다.

이 사실을 피조인 인간이 무엇으로 해석하며 증명하겠는가? 한정된 공간 속에서 질그릇인 육체로 사는 우리가 어찌 창조주의 사역을 설명할 수 있겠는가? 육안으로 볼 수 있는 것은 한계가 있고 생각도 한계가 있으며 영혼의 그릇인 육체도 죽음이라는 한계 속에서 살고 있다. 하나님의 사역은 예수를 이 땅에 오게 하셨다. 성령 하나님의 사역인지 분별하는 것은 성삼위일체 하나님과 일체 하신다는 것이다.

성령 하나님의 사역은 요한에게 예수가 세례를 받으실 때 하늘이 열리고 성령이 비둘기같이 내려 자기 위에 임하시고 성령에게 이끌리어 예수는 광야에서 40일 금식을 하시며 마귀의 시험을 이기셨다. 식욕, 성욕, 명예욕, 소유욕의 욕심에 약한 인간이 섬겨야 할 대상은 오직 여호와 하나님 한 분이심을 선포하셨다. 육체는 세끼의 밥을 먹어야 살지만 영혼(Soul)은 하나님의 입으로 나오는 말씀으로 살아야 한다.

예수는 이미 하나님의 아들로서 인간 세상에 오신 분이다. 성도들은 이미 하나님께서 택하신 자녀들이다. 자녀의 도리는 부모의 말씀을 거역해서는 안 된다. 우리는 생물학적 부모로부터 육체를 선물 받았지만 우리 영혼의 아버지는 여호와 하나님 한 분이시다.

　가장 중요한 것은 이 땅에서 명예와 부와 자신의 몸을 불사르고 인류애를 가지고 어떤 위대한 업적을 남겨도 여호와 하나님 말씀을 거역한 자는 하나님 앞에 아무 의미가 없다. 성령님이 기뻐하시지 않는 나의 생각과 나의 판단과 나의 지성의 행동과 노력은 하나님 앞에 아무 의미가 없다는 거다.

　세상에서 만든 법과 하나님의 율법은 다르다. 세상의 법이 하나님의 율법을 뛰어넘을 수 없다. 세상의 법과 하나님 율법의 기준은 다르다. 그러므로 세상에서 억울한 일을 당했다고 해서 너무 원통해 할 필요도 없다. 원통하고 억울한 일을 당했다면 하늘에 계시는 아버지를 찾고 부르짖어보라. 이미 문제는 해결되어 있음을 체험할 것이다.

　"눈물을 흘리며 씨를 뿌리는 자는 기쁨으로 거두리로다"(시편 126편 5

　절)

17

인류구원의 길은 오직 예수뿐

 이 땅에서 사는 동안 하나님을 섬기며 산다는 것은 가장 큰 축복이며 선물이다. 우리가 부모님께 생명을 선물 받은 것처럼 말이다. 또한 인간이 믿고 의지해야 하는 대상은 오직 여호와 하나님이신 창조주 '신'이시다.

 성령의 하나님은 우리의 죄를 깨닫게 하시며 생각나게 하시며 죽은 영혼에 하나님의 씨를 심으신다. 성령의 생명의 법이 죄와 사망의 법에서 해방시키시며 우리를 고아와 같이 버려두지 않고 보혜사로서 일곱 번 넘어져도 여덟 번 일으키시며 생명의 길로 인도해 주신다. 우리가 세상을 살아가면서 불가항력적인 일을 만나고 성령께서는 말할 수 없는 탄식으로 우리를 위해 하나님께 간구해 주신다.

 예수가 부활 승천 후에 어찌할 바를 모르는 제자들과 그 당시 120명 예수를 따르는 문도들에게 성령이 임하시어 성령의 감동을 따라 방언으로 말하는 역사가 있었다. 하지만 성령 세례의 증거가 방언은 아니다. 다만 방언은 하나님의 은사이며 선물에 불과하다. 하나님의 말씀을 어느 한 부분만 부각시켜 마치 그 말씀 구절이 성경의 전부인양 생각해서도 안 된다. 성경 66권의 말씀은 모두가 짝이 있고 물 흐르듯이 전체적으로 하나님의 메시지가 무엇을 말하는지 살펴보아야 한다. 이 지구에 있는 창조물은 하나님의 작품이다.

풀 한 포기, 돌 하나 어느 것 하나도 우리의 것은 없다. 사람들이 창조주를 거부하는 이유가 무엇이겠는가? 창조주께서 공평하지 않다고 생각하기 때문이다. 왜 그런가? 누구는 태어날 때부터 요람에서 무덤까지 평안한 삶을 사는가 하면 어떤 사람은 고아로 버려지는 경우도 있다. 모든 생명은 하나님으로부터 온다. 이 세상은 악마도 있고 천사도 있다. 악마가 화려한 모습으로 올 때도 있고 천사가 허름한 모습으로 올 때도 있다. 악마가 하는 일은 욕심, 거짓말, 살인자, 진실이 없는 자이다.

우주에도 길이 있고 우리의 삶에도 길이 있다. 넓은 길, 좁은 길, 정직한 길, 거짓된 길, 성령의 음성에 귀 기울이며 걷는 길과 악령의 지시하에 걷는 길이 있다. 부모와 형제, 국가, 피부색

은 나의 의지로 선택할 수 없지만 세상에 태어나 자라면서부터
는 나의 선택으로 되어진다.

인간의 인격은 교육으로 만들어진다. 예수님 같이 비참한 삶
이 어디에 있겠는가? 성령으로 처녀의 몸에 잉태되어 태어난
곳은 마구간이며 요셉 아버지의 목수 일을 도우며 평생을 일만
하시다가 하나님의 아들이라는 이유로 십자가에서 뼛조각으
로 만들어진 채찍으로 맞으며 머리에는 가시관을 쓰시고 양손
에 붉은 대못에 못 박혀 돌아가셨다.

십자가의 예수님을 생각하면 우리의 고통과 고생은 '조족지
혈'이다. 그럼에도 불구하고 하나님의 아들로서 당당하게 사시
다가 이 세상을 이겼다. "다 이루었다"라고 말씀하셨다.

예수님은 죽음의 지독한 고독과 고통 속에서 우리의 영혼을
낳아주셨다. 삼위일체 신의 본성은 '사랑'이시다. 열 손가락 깨
물어 안 아픈 손가락이 없다.

하나님께서는 지구에 각 나라를 세우시고 경영하신다.
선진국과 후진국은 무엇으로 구별되는가?
선진국의 대표 나라가 미국이다.

그들은 청교도의 신앙을 바탕으로 미국이라는 거대한 나라를 건설했다. 창조주 하나님을 아버지로 인정하지 않는 나라는 희망이 없다. 개인도 마찬가지다. 창조주를 알지 못하면 화려한 삶을 살아도 아무 소용이 없다. 모든 평가의 기준은 성령의 법 곧 하나님의 법으로 판단하기 때문이다. 하나님의 생각과 사람의 생각은 다르다.

고린도전서 2장 10절에서 11절 말씀을 보면 "오직 하나님이 성령으로 이것을 우리에게 보이셨으니 성령은 모든 것 곧 하나님의 깊은 것까지도 통달하시느니라. 사람의 일을 사람의 속에 있는 영 외에 누가 알리요 이와 같이 하나님의 일도 하나님의 영 외에는 아무도 알지 못하느니라"라고 기록되었다.

하나님 앞에 설 때는 어떤 변명도 필요 없다. 오직 성령의 법으로 산 자만이 하나님의 성전에 거할 것이다. 불법은 하나님께 통하지 않는다.

마태복음 7장 20절에서 23절 말씀을 보자.
"이러므로 그들의 열매로 그들을 알리라 나더러 주여 주여 하는 자마다 다 천국에 들어갈 것이 아니요 다만 하늘에 계신 내 아버지의 뜻대로 행하는 자라야 들어가리라 그날에 많은 사람이 나더러 이르되 주여 우리가 주의 이름으로 선지자 노릇하며 주의 이름으로 귀신을 쫓아내며 주의 이름으로 많은 권능을 행하지 아니하였나이까 하리니 그때에 내가 그들에게 밝히 말하되 내가 너희를 도무지 알지 못하니 불법을 행하는 자들아 내게서 떠나가라 하리라"

죄를 짓는 자는 불법을 행하는 자이다. 하나님은 우리의 죄 때문에 보이지 않으며 우리의 죄 때문에 축복도 오지 않는다. 하나님의 팔이 짧아 우리에게 복을 주시지 않는 것이 아니고 우리의 죄 때문에 복을 받을 수가 없다(이사야 59장 1-2절).

모든 원인은 자신한테서 찾아야 한다. 모든 결과는 나로부터 만들어져 온 것이기 때문이다. 그러므로 죄를 회개하여 깨끗한 그릇을 준비해야 한다. 불법은 하나님께 통하지 않는다. 이 땅에서 어떤 권세자도 위인도 신과 가깝게 살았던 완전한 존재라 할지라도 말이다. 그래서 창조주는 공평한 분이시다.

"공평한 저울과 접시 저울은 여호와의 것이요 주머니 속의 저울추도 다 그가 지으신 것이니라"라고 잠언 16장 11절에서 말씀하셨다.

세상을 살아간다는 것은 만만치가 않다. 치열한 경쟁 속에서 살아남아야 하는 전쟁이다. 지뢰밭 같은 험한 세상 속에 유일하게 존재하는 것이 성령님이 다스리시는 교회다. 교회는 유일하게 성령의 하나님께서 활동하시는 곳이다. 왜냐면 성자 하나님의 몸이시기 때문이다.

교회는 세상의 빛과 소금이라고 했다. 성령의 운동이 마치 방언의 은사가 있어야 한다고 생각하는 것은 오해이다. 방언은 가장 작은 은사에 불과하다.

영혼이 떠난 육체를 우리는 '죽었다'라고 표현한다. 성령의 하나님(counselor)이 없는 교회는 있다고 하나 죽은 교회이다.

교회의 머리는 성령의 하나님이시며 교회 조직은 세상의 조직처럼 서열로, 권력으로 다스리는 곳이 아니다. 성령의 하나님께서 각자 주신 달란트, 은사대로 은혜 가운데 "교회를 운영하라"는 것이다.

고린도전서 12장 성령의 은사에 대하여 사도 바울은 자세히 설명하고 있다. 성령의 사역인지 악령의 사역인지 분별하는 것은 그 속에 성부, 성자, 성령의 하나님의 사역이 일치 한 것인지 보면 안다. 그 속에서 어느 한 부분이 빠져도 성령의 사역은 아니다.

야고보서 2장 19-22절 말씀에 야고보 사도는 이렇게 말씀하셨다.

"네가 하나님은 한 분이신 줄을 믿느냐 잘하는 도다. 귀신들도 믿고
떠느니라 아아, 허탄한 사람아 행함이 없는 믿음이 헛것인 줄을 알고
자 하느냐 우리 조상 아브라함이 그 아들 이삭을 제단에 바칠 때에 행
함으로 의롭다 하심을 받은 것이 아니냐. 네가 보거니와 믿음이 그의
행함과 함께 일하고 행함으로 믿음이 온전하게 되었느니라."

예수께서 부활 승천하신 후 1세기 때 신앙이나 지금 21세기
의 신앙은 동일하다. 교회는 성령님의 뜻대로 운영되어야 함에
도 인간들의 생각과 형식의 틀로 교회를 운영한다면 비성경적
이며 성령님께서 기뻐하지 않으시며 가슴 아파하신다.

하나님께서는 우리에게 성경을 선물로 주셨고 살아가는 방
법을 이미 알려 주셨다. '세상은 미로'라고 말들 하고 안개 속을
걷는 것이라고 말들 한다. 그러나 그것은 몰라서 하는 말들이
다. 이미 성경 말씀을 통하여 우리에게 나침반을 주셨기 때문
이다.

살다 보면 몸이 병들거나 가난해지기도 하고 믿었던 사람에
게 배신을 당해서 가난해지기도 한다. 그렇게 지치고 병든 영
혼들의 쉼터가 교회이다. 그런 교회가 본분을 잊어버리고 권력

가진 자와 돈이 많은 자의 터로 생각한다면 잘못된 판단이며 잘못된 생각이다.

우리는 기도하면서 하나님이 원하는 방향으로 나아가야 한다. 마지막 사도 요한을 통하여 우리 영혼의 모습인 일곱 교회의 모습을 보여 주셨다. 보이는 교회는 건물에 불과하다. 그 속에서 자라고 있는 한 영혼 한 영혼이 중요하다. 신의 성품에 참여하는 자세여야 한다.

성령님은 인격체이시다. 성부 하나님의 본성이 사랑이시듯 성령님은 영으로써 사랑이시다. 성령님은 무례히 행하지 않으신다. 제아무리 영감 넘치는 말도 언젠가는 사라지고 방언으로 기도하는 것도 그칠 것이다.

내가 가진 모든 재산을 가난한 사람들에게 나누어주고 내 몸을 불사르며 순교를 한다고 할지라도 자기를 드러내기 위해서 한다면 아무 소용이 없다는 것이다. 오직 하나님의 명령에 귀를 기울이며 하나님이 원하시는 역할을 다해야 할 것이다.

하나님은 사랑이시며 참 빛의 근원이시다.

성령님은 이미 십자가에 죽으시고 삼일만에 부활하시어 사십일을 지상에 계시다가 승천하신 예수가 다시 이 땅에 오심을 증거 하는 증인으로서 존재하시는 하나님이시다.

요한계시록 3장 14절에 성령의 하나님께서 라오디게아 교회에게 책망의 말씀을 하셨다.

"나는 부자라 부요하여 부족한 것이 없다 하나 네 곤고한 것과 가련한 것과 가난한 것과 눈먼 것과 벌거벗은 것을 알지 못하도다."

이 말씀은 나의 영혼은 가난하고 장님이며 벌거벗은 거지인 상태를 말하는 것이다.

이 땅에 사는 동안 우리는 옷을 입고 살아야 한다.

인류의 첫 패션은 아담과 하와가 선악과를 먹고 눈이 밝아져 몸이 벗은 줄을 알고 무화과 나뭇잎을 엮어 치마를 만들어 몸을 가렸다고 한다.

에덴동산에서 쫓겨나갈 때는 하나님께서 가죽옷을 입히셨다. 우리는 엄마 뱃속에서 나오면 강보에 싸여 있다가 배내옷으로 갈아입는다.

우리는 이 땅에 살아가면서 권세의 옷, 명예의 옷, 화려한 옷, 종교의 옷, 온갖 옷으로 치장을 한다. 하지만 죽을 때는 이런 옷을 벗어 버리고 수의 옷 한 벌이면 족하다.

히브리서 11장은 믿음의 장이다.

"믿음은 바라는 것들의 실상"으로 믿음은 보이지 않는 세계를 이 땅에 실현시키는 것이다. 하나님이 없는 세상은 실상 같으나 허상이다. '믿음'이 없이는 하나님을 기쁘시게 못 한다.

대한민국에 존재하는 교회 성도들은 무엇을 향해 가고 있는가? 진정으로 '그 나라와 그 의'를 구하며 가고 있는가? "주여, 주여" 입술로만 외치고 나의 삶을 위한 수단으로 예수를 믿는다면 아무 소용이 없다. 열매도 없으며 공(空)일 것이다.

부모로부터 물려받은 원죄를 내 스스로 하나님의 말씀을 배워 적용하면서 그 말씀으로 불모지 땅을 갈아엎어야 한다. 고통스러워도 갈아엎어 옥토를 만들어야 개인이나 민족이나 국가나 좋은 열매가 열릴 것이다. 선교사들의 순교의 피를 우리를 잊지 말아야 하며 선조들의 은혜에 감사하며 눈물 흘려야 한다.

대한민국은 하나님의 도우심가운데 선조들의 사랑과 지혜로 여기까지 왔다. 21세기 태평양 시대를 맞이하여 주역으로 우뚝 설 대한민국은 그날을 향해서 가고 있다. 아브라함의 하나님, 이삭의 하나님, 야곱의 하나님, 이스라엘의 하나님께서 이방인 나라 대한민국을 택하셔서 백두산 천지암에 하나님의 찬송이 울려 퍼지는 그날을 우리는 만들어 놓고 이 세상을 떠나야 한다.

대한민국은 복음만이 살길이다. "주 예수를 믿으라 그리하면 너와 네 집이 구원을 얻으리라"는 말씀에 인생의 정답이 있다. 부모를 공경하지 않는 자식이 이 세상의 부귀영화를 누린들 의미 없는 인생이며 그들을 아무도 인정하지 않는다.

우리가 배우는 것은 참된 자아를 찾아 인간답게 살기 위함이며 알곡의 곡식이 되어 많은 사람들을 이롭게 하기 위함이다. 인류는 돈이라는 거대한 번영의 신을 거부하고 하나님의 형상인 인간의 참모습을 찾아야 한다. 삶의 참된 가치는 '사랑과 정직'이라는 것을 깨달아야 한다. 하나님이 없는 바벨론은 언젠가는 끝이 난다.

4대 성인이라 하면 석가모니, 공자, 예수, 소크라테스라고 말들 한다. 나는 예수님이 4대 성인 안에 들어가 있는 자체를 반박한다. 4대 성인은 석가모니, 공자, 소크라테스, 마호메트라고 한다. 예수는 하나님이 육신을 입고 오신 하나님이시다. 그리스도이신 예수님을 생각해 보자.

석가는 고상한 자기 수양을 가르쳤으나 초년기에 있었던 자기 방종에 애통해했다. 마호메트는 기도의 중요성을 가르쳤지만 원수들에 대해서는 냉담한 복수심을 보였다. 플라톤과 아리스토텔레스의 가르침이 힘을 주고 격려하며 용기를 북돋아 주었을지는 몰라도 성적 악습은 묵인했다.

예수님의 탄생부터 십자가에 못 박히기까지 생애를 그려보라. 예수 그리스도는 우리의 생명이다. 생명이 없다면 보석이, 돈이 무슨 소용이 있겠는가. 우리는 이 세상에 태어나서 온갖 자연의 혜택을 받고 살면서도 누가 세상을 창조했는지도 모르고 산다는 것은 나를 태어나게 하신 부모를 모르는 것과 같다.

정확하게 알지 못하고 참과 진실을 모르고 산다면 이같이 불행한 존재가 있겠는가. 사실을 사실대로 받아들이지 않고 내 생각이 기준이 되어 나에게 이로운 것, 좋은 것만 받아들이고 나쁘고 불리한 것은 거부하며 달면 삼키고 쓰면 즉시 뱉어 버리는 습성은 무의미한 인생을 살다가 가는 것이다. '역지사지' 하지 않고 자기 본능에만 충실한 삶을 산다면 짐승과 다를 바가 없지 않겠는가?

이 지구의 불행의 씨앗은 사탄이다. 사탄은 '거짓의 아비'이다. 그들의 집단은 종교라는 거대한 바벨탑을 만들고 그 속에서 인류를 노략질하고 있다. 그들은 인류를 속이고 있다. 하나님의 창조의 목적을 거짓으로 바꾸는 것이 사탄이 하는 일이다. 그래서 그들은 종교의 화려한 옷과 돈으로 결탁되어 있다. 예수께서 이 땅에 오실 때부터 해산의 고통은 시작되었다.

21세기 태평양 시대를 맞이하여 그 주역은 '대한민국'이다. 그러면 어떠한 근거로 주역이 될 수 있나? 나는 내 생각을 이야기하고 싶다.

나는 인류구원의 길은 예수밖에 없다는 사실을 성경을 통해 믿고 사는 사람이다. 성경은 하나님의 말씀이다. 하나님은 사랑의 대상이 오직 사람이며 하나님께서 주체이시며 우리는 피조이기 때문에 물을 떠난 물고기는 살 수 있을지 몰라도 피조인 인간은 절대로 창조주 하나님을 떠나서 살 수 없다고 하셨다.

하나님의 선물인 성경은 사랑의 대하 드라마를 우리에게 주신 것이다. 물론 성령님의 감동을 받은 사람을 통해서 쓰신 것이다. 우리는 하나님 앞에서 어떤 존재인가? 나는 어떤 존재인가? 스스로에게 물어보며 답을 찾아야 할 것이다.

예수를 판 가룟 유다는 마귀가 그 마음에 예수를 팔려는 생각을 넣었을 때 "NO" 하지 못했기 때문에 태어나지 아니하였더라면 좋을뻔한 사람이라는 낙인이 찍혔다.

　사탄의 하수인 노릇을 할 것인지 하나님 말씀에 순종하여 하나님을 기쁘게 할 것인지 두 갈래 길인 것이다. 두 길에서 어느 길로 걸어갈 것인지는 스스로 선택하는 것이다. 하나님은 우리가 감당할 수 없는 길을 주시지 않는다.

> "사람이 감당할 시험 밖에는 너희가 당한 것이 없나니 오직 하나님은 미쁘사 너희가 감당하지 못할 시험 당함을 허락하지 아니하시고 시험당할 즈음에 또한 피할 길을 내사 너희로 능히 감당하게 하시느니라"(고린도전서 10장 13절)

18

우리에게 능력을 주신다

하나님은 우리가 감당하지 못할 때는 피할 길을 주시어 우리가 감당할 수 있도록 우리에게 능력을 주신다.

인생길을 걷다 보면 웅덩이에 빠질 때도 있고 자갈밭 가시밭을 걸을 때도 있고 커다란 돌이 턱 버티고 있어 힘겨울 때도 있다. 그러나 불평불만이 생긴다면 그것은 악한 원수 사탄이 주는 마음이다.

하나님은 신실하시고 거짓이 없는 분이시기에 우리를 늪으로 빠지는 길로는 절대로 인도하지 않으신다. 고난의 길에서 감사와 찬송으로 능력을 구하여 능히 헤쳐 나아가야 한다. 누군가가 등을 떠밀었다는 말은 안 했으면 좋겠다. 등을 떠밀려 불순종의 길로 걸어가고 있더라도 빨리 깨닫고 회개(Turn)하면 되는 것이다.

하나님께서 천지창조를 하시고 아담에게 주실 때에 "다스리라"고 했지 "도전하라"고 하시지 않았다. 인류는 거대한 종교와 돈에 눈이 어두워 하나님의 첫사랑을 찾지 못하고 헤매고 있다. 그러나 결국에는 하나님 앞에 무릎을 꿇을 것이다.

나는 하나님과 대한민국이라는 나라와의 관계를 생각해 보았다. 가장 정확한 책이 성경이기 때문에 역사를 이야기할 때는 성경을 빼놓고 이야기할 수가 없다.

　하나님께서 인류의 악함을 보시고 인간을 만드신 것을 후회하시면서 하나님의 능하신 손에 은혜를 입은 노아 가족만이 홍수의 심판을 피할 수 있었다.

　하나님의 심판은 무서운 것이다. 하나님은 1%의 선함만 있어도 심판하지 않으신다. 악함이 100% 차올랐을 때 심판 하신다. 하나님의 심판은 피할 수가 없다. 홍수심판 때에도 하늘에서만 비가 쏟아진 것이 아니고 땅 아래 깊은 곳에서도 샘들이 터져서 물바다가 되어 모두 죽고 말았다.

　하나님은 두려운 분이시다. 인간 세상에 악이 차오르면 하늘과 땅이 붙어 '꽥' 소리도 못 하고 죽을 수밖에 없다.

　홍수사건이 끝난 후 방주에서 노아의 식구들만 하나님의 씨로 살아남아 인류는 다시 시작되었다. 노아의 자녀는 셈, 함, 야벳이 있었다. 노아는 농사를 시작하여 포도나무를 심어 수확 후 포도주를 마시고 취하여 그 장막 안에서 벌거벗은 채 취해 자고 있었다. 함이 그 아비의 하체를 보고 밖으로 나가서 두 형

제에게 고하매 셈과 야벳이 자기들의 옷을 어깨에 메고 뒷걸음
질 쳐들어가서 아비의 하체를 덮어 주었다.

노아가 술이 깨어 작은아들이 자기에게 행한 일을 알고 가로
되 "가나안은 저주를 받아 그 형제의 종들의 종이 되기를 원하
노라" 말한다.

포도주를 먹고 취한 사람은 노아인데 자식들을 저주하고 축
복한다는 것이 좀 이해할 수 없는 사건의 한 장면일 수도 있다.
이 사건은 질서를 이야기하는 것이며 마음 태도의 중요성을 이
야기한다.

부모님에 대한 나의 마음과 자세와 태도가 나의 운명을 결정
짓는다고 해도 과언이 아니다. 부모를 사랑하고 공경하는 효의
마음은 인간의 착한 본성의 시작이다. 모든 자식 된 도리는 셈
과 야벳의 행동을 본받아야 한다.

인간인 우리는 어떤 사람에게도 책망할 권한은 없다. 하나님
의 말씀대로 이웃을 내 몸과 같이 사랑하면 되는 것이다. 사랑
과 따뜻한 마음으로 사람들을 대하는 것이 우리들의 할 일이
다. 책망과 질책은 하나님만이 인간에게 하실 수 있는 것이다.

하나님은 우리에게 순결을 원하신다. 흰색은 순결을 의미하
며 흰 세마포 옷을 우리에게 주신다. 흰색은 환희, 신성, 순결,

신앙, 청결이다.

요한계시록 2장에서 에베소 교회에게 성령의 하나님께서 하시는 말씀이 "처음에 믿었던 예수에 대한 첫사랑을 되찾으라"고 하셨다.

우리도 삶을 살면서 첫사랑에 대한 추억이 있다. 사람들은 거의 첫사랑을 잊지 못한다고 한다. 서로가 순결한 마음으로 사랑을 나누었기 때문이다. 온전한 아담 예수와 우리의 성도들은 하와라고 하셨다. 마지막에서는 하나님께서 예수와 성도들을 위한 혼인 잔치를 열어주신다. 이것은 무엇을 뜻하는가? 예수에 대한 지조, 순결, 일편단심으로 죽는 날까지 사랑하라는 메시지이다. 중도에 배신 배교가 어찌 사랑이겠는가.

이사야 1장 18절 말씀이 하나님 심정이다.

"여호와께서 말씀하시되 오라 우리가 서로 변론하자 너희의 죄가 주홍 같을지라도 눈과 같이 희어질 것이요 진홍같이 붉을지라도 양털같이 희게 되리라" 하셨다.

대한민국의 표어는 '홍익인간'이다.

'널리 인간 세계를 이롭게 한다'는 뜻이다. 뚜렷한 이념과 확실한 목표가 홍익인간인 우리나라는 세계평화를 위해 준비된 나라 임을 의심하지 않는다.

신화에 의하면 우리는 모두 한 핏줄을 이어받은 단군의 자손이라는 말을 많이 한다. 신화는 신화일 뿐 우리는 혈통이나 혈육으로 한 자손이 아닌 하나님의 언약의 말씀을 순종하는 자들, 하나님의 뜻대로 행하는 자들만이 한 자손인 것이다.

대한민국만큼 교회가 많은 나라도 드물다. 곳곳에서 십자가가 보인다. 그러므로 축복받은 땅이며 축복받은 나라이다.

21세기 태평양 시대의 주역이 되기 위해서는 셈의 혈통의 정체성을 깨달아야 한다. 그리하여 5000여 년 동안 묵은 포도주가 기쁨의 잔이 되어 인류에게 기쁨과 희망의 잔을 나누어 주어야 한다. 과거의 역사를 거울삼아 우리의 민족성 정체성을 길러 힘 있는 민족으로 나아가는 길밖에는 없다.

통일된 조국, 통일된 한반도만이 세계에서 부러워하는 강대국이 될 것이며 마지막 희망이며 모두가 행복하게 살 수 있는 길이다. 세계 속의 리더로서 대한민국이 우뚝 서려면 영혼(Soul)이 있는 민족이 되어야 한다. 우리가 돈을 들여 유럽여행에 열광하는 이유가 그 나라의 정신적인 유산을 보면서 민족정신을 느낄 수 있기 때문에 가는 것이다.

지금 대한민국은 Soul에 관심을 가져야 한다. 육적 생활(Body Life)가 아닌 영적 생활(Soul Life)로 바뀌어야 한다. 영혼과 육체가 하나이듯 대한민국은 성경을 지침서로 삼아야 한다. 성경은 온 인류의 지침서 이기도 하다. 예수가 이 땅에 오심으로 이스라엘의 장자권이 이방인의 나라에도 똑같은 자격을 주셨다.

예수님은 에덴동산에서 불순종의 죄를 범한 원죄의 DNA를 가진 인류에게 죄의 담을 헐어 버리시고 하나님의 보좌에 나아갈 수 있도록 구원의 길을 만들어 주셨다. "다시 오마" 약속하신 예수만이 인류의 희망이다. 다시 오실 예수님을 생각하면 가슴이 뛰고 설레며 희망에 부풀지 않는가?

대한민국에 하나님께서 복음의 씨앗을 심으셨다. 그 열매는 복음의 빛이 찬란하여 온 인류가 부러운 눈으로 바라볼 것이다. 보이는 형제를 사랑하지 않는 자는 눈으로 볼 수 없는 하나님을 사랑할 수 없다.

하나님은 우리에게 계명을 주셨다. 하나님을 사랑하는 자는 또한 그 형제를 사랑하라고…. 하나님 아버지 앞에 우리는 한 핏줄이며 한 형제자매이다.

북한 동포들은 김일성 사상의 자리에 예수님의 신앙을 심어야 한다. 한낱 나약한 인간을 신처럼 섬기며 거짓이 참인 줄 알고 사는 불쌍한 북한 동포들을 하루빨리 자유의 참맛을 알게 해주고 싶다.

　인간은 그 누구도 죽음을 피하지 못한 나약한 인간에 불과하다. 우리는 일본 제국주의에 의해 긴 세월을 여우가 포도원을 망친 것처럼 우리의 영혼과 육체와 국가는 황폐해 졌다.

　북한 동포는 동포대로 남한은 어디로 가고 있는지도 모르고 누구 하나 책임 없는 정치, 경제, 교육을 끌고 가고 있다. 정신의 근육질은 없고 날마다 잘 먹고 잘사는 것만이 인생성공의 척도인 양 떠들어 대고 있다. 나라를 빼앗긴 우리 선조들은 주권은 잃었지만 혼을 잃지는 않았다. 나라를 되찾아야 한다는 생각은 목숨을 버리며 청춘을 바쳐 오늘날 우리에게 자유민주주의 국가를 되찾아 주었다. 인간으로 태어난 모든 사람은 잘났건 못났건 공부를 잘하건 못하건 편견과 차별을 할 수 없다.

　'태평양시대위원회'를 세운 목적도 대한민국이 자유민주주의의 대표로서 세계 속에 태평양 시대 주역이 되라고 영원한 청년 김동길 교수님이 평생을 바친 기관이다. 나는 그 사실을 알기에 '민주주의의 스승'으로 모시고 지금 간사로써 일하고 있다.

태평양시대위원회가 혼탁한 사회에 등대가 되어 주님의 은혜의 바닷속에서 통일된 조국 대한민국이 되기 위해 최선을 다하고 있다.

육체의 근육질을 키우듯 정신의 근육질도 키워야 한다. 지금 시대는 옛날에 가난하던 시대와는 다르다. 가난했던 시절에는 육신을 위해서 먹기 위해 살아왔지만 지금은 영혼의 양식이 필요하다.

"너희는 목숨을 위하여 무엇을 먹을까 마실까 염려하지 말라. 몸을 위하여 무엇을 입을까 염려하지 말라"(누가복음 12장 22절)

"공중의 새를 보라, 심지도 않고 거두지도 않고, 창고에 모아들이지도 아니하되, 너희 천부께서 기르시나니 너희는 이것들보다 귀하지 아니하냐"(마태복음 6장 26절)

영혼 양식의 주식이 하나님 말씀이다. 육신을 위해 먹는 음식도 눈이 먼저 먹는다고 한다. 그래서 셰프들은 세팅에 매우 신경을 쓴다. 아무리 맛있는 음식도 보기에 좋지 않으면 미각이 떨어지듯 독서를 많이 한다고 해도 하나님 말씀이 없다면 영혼이 자랄 수가 없다.

내가 중고등학교에 다니던 시절에는 '책 속에 길이 있다'라고 말했다. 때문에 좋은 책을 많이 읽으면 인생을 평탄하게 사는 길이 열린다고 생각했다. 그 말도 틀린 말은 아니지만 지금은 자신 있게 말할 수 있다. 예수님만이 길이요 진리요 생명이라는 것이다. 독서는 우리의 정신을 단단하게 하는데 필요한 기초 양식이다. 영혼이 떠날 때 몸이 죽는 것처럼 하나님의 말씀을 먹지 않으면 영혼도 죽을 수밖에 없다.

세계사의 근원은 아담과 하와의 에덴동산이다. 인류의 역사의 구분은 선사시대 고대, 중세, 근대, 현대사로 구분하여 서양사, 유럽사, 중동의 역사로 구분한다. 주 전 3,400년 전에 이집트의 역사를 빼놓을 수가 없다.

제국주의란 다른 나라, 지역 등을 군사적, 정치적, 경제적으로 지배하려는 정책이며 하나님의 반대 세력이다. 하나님께서 세계의 경영을 손아래 두시고 정책을 펼치고 계신다. 왜냐면 땅의 기둥들은 여호와의 것이며 세계를 만드시고 각 나라와 독특한 민족성을 주셨기 때문이다.

UN 가입국은 191개국이라고 한다. 정부를 갖춘 나라는 268개 정도이다. 하나님께서는 경계선을 그으시고 민족을 다스리고 계신다. 대기업에도 회장이 있고 각 대표를 세우고 경영을 하듯이 우주와 지구를 하나님의 보좌에서 경영하시며 나라마다 사명을 주시고 대통령을 세워 다스리고 계신다.

대서양 시대는 저물고 21세기 태평양 시대를 맞이하여 역사는 흐르고 있다. 21세기 태평양 시대의 주역은 대한민국이다.

모든 문명의 발상지라고 하는 화려한 이집트와 신과 같은 존재 파라오의 역사도 앗수르 제국도 바벨론 페르시아 고대 그리스 문명에 뿌리를 두고 있는 비잔티움제국 시대 그리스인들의 후손들로서 민주주의와 서양철학, 올림픽, 서양 문학, 역사학, 정치학, 수많은 과학적, 수학적 원리 희극이나 비극 같은 서양 희곡 등 서양 문명의 발상지 헬라 제국도 이제는 태평양 시대의 주역인 대한민국이 무엇으로 영향력을 줄 수 있는가를 고민해야 한다.

창조주 하나님께서는 인간에게 영혼을 사모하는 마음을 창조주께서 주셨기 때문에 번영의 신이라는 맘모스 같은 돈의 설화의 신에게 끌려 오지 않는다. 더불어 사는 삶이 아닌 부만 쫓는 삶은 갈증만 더 나는 음료수와 같아 목마를 때 갈증을 해소해 주는 물과 비교할 수가 없다.

인류는 21세기에 오기까지 인간의 욕망의 끝인 막다른 길에 이르렀다. 사람들이 살고 있는 지구 구석구석 다니지는 못했지만 유럽과 동남아, 일본을 다녀보니 가난한 영혼, 지친 영혼들이 많다. 인간의 끝없는 욕망에 사로잡혀 영혼의 안식이 없으며 방황하는 영혼들뿐이었다.

생명의 근원, 영원히 목마르지 않는 생명수인 창조주를 향해 하늘에 뿌리를 두지 않기 때문이다. 본능에만 충실하여 잘 먹고 잘살겠다고 타국까지 와서 여행자들을 상대로 호객을 하며 다니는 나이든 가장을 보면서 '먹고 산다는 것이 이렇게 고달프구나' 서글픈 눈으로 바라볼 수밖에 없었다.

"너희가 무엇을 먹을까 마실까 염려하지 말라"(마태복음 6장 31절)고 말씀하신 주님의 말씀만이 위로가 된다. 아집의 옷을 벗지 않고 하나님의 음성에 귀를 기울이지 않는다면 아름다운 지구는 인간의 부패한 손에 의하여 결국은 어떠한 독재자에 의해 전쟁으로 마감할 것이다.

19

예수를 믿는 것이 세상을 잘 사는 열쇠

대한민국의 성공척도는 잘사는 부귀에 있는 것이 아니다. soul의 역사에 관심을 가질 때이다.

인간은 신앙심으로 산다고 해도 과언은 아니다. 그 대상이 이 세상을 만들어 주신 창조주이다. 훌륭한 사람이건 아니건 각자 신앙심으로 산다.

인간은 본디 군중 속에 고독한 존재이다. 우리들은 태어날 때부터 혼자 태어나서 홀로 생을 마감한다. 예수께서는 저마다 십자가를 바로 지고 나(예수)를 따르라고 하셨다.

이 지구상에는 셀 수도 없는 사람들이 살다가 갔다. 그러나 한 사람도 복제 인간은 없었다. 각각 저마다의 소리를 내면서 돌아갔다. 훌륭한 인류애의 사랑을 몸소 실천하고 간 사람들을 우리는 역사 속 '위인'이라고 한다. 때로는 지구를 전쟁과 살인으로 미치광이처럼 자신이 신 인양 착각하고 흉내를 내고 살다가 간 짐승보다 못한 악마도 있었다.

설화에서 대한민국은 단군의 자손이라고 한다.

우리가 듣기에 거북한 이야기지만 삼국유사에 전해져 내려오는 것으로 보면 하나님의 아들인 환웅이 하늘에서 3,000명 무리를 거느리고 백두산에 내려와 홍익인간(널리 인간을 이롭게 한다는 뜻)의 명령을 받고 인간을 다스렸단다.

환웅은 여자로 변한 곰과 결혼하여 아들(단군왕검)을 낳았단다. 단군은 왕검성에 도읍을 정하고 나라 이름을 조선이라 하여 1,500년 동안 나라를 다스렸단다. 그래서 우리나라를 상징하는 동물은 곰이라고 한다.

이탈리아를 여행하다 보면 늑대 새끼가 어미의 젖을 먹고 있는 동상을 볼 수 있다. 로마를 건국한 로물루스와 레무스는 늑대의 젖을 먹고 성장했단다. 나는 그 동상을 보고 약간의 충격을 받았다. 신화는 그 나라의 정체성이다.

제주도 신화 '설문대 할망' 이야기는 눈물겹다.

설문대 할망은 기거할 섬을 만들고 싶어서 강의 토사를 던져 아름다운 제주를 만들었다고 한다. 설문대 할망은 500명의 아들이 있었는데 자식들을 먹이기 위해 가마솥에 죽을 끓이다가 그 가마솥에 빠져버렸단다. 그런데 그 아들들은 죽을 먹는 데에만 정신이 팔려 엄마가 펄펄 끓는 가마솥에 있다는 것은 꿈에도 모르고 맛있게 먹기만 했단다. 가마솥이 거의 바닥이 보일 때쯤 막내가 죽을 뜰 때 엄마가 그 가마솥에 빠진 것을 발견하고는 통곡을 했다는 이야기이다.

우리 부모님들이 그렇게 살다가 돌아가셨다.

자식들이 500명이 있어도 499명의 자식들은 엄마의 뼈와 살을 우려먹었다는 사실조차도 모른다. 이 이야기는 우리들의 현실에 교훈을 준다. 부모들은 자신들의 몸을 녹이며 자식들에게 희생만 하면서 일생을 보냈으며 우리는 부모의 희생으로 뼈와 살을 갖추며 살고 있다.

어쨌든 대한민국은 시작부터 하늘의 이야기이다. 우리는 하늘을 바라보며 그 근원을 찾아서 사는 민족이었다. 선조들은 민족을 사랑하는 마음으로 학문, 독립운동, 민중의 횃불이 되었다. 그러나 일부 나랏일을 돌보는 사람들은 서로 세력 다툼을 하느라 정신이 없고 자기 욕심을 채우기에 바빴다. 이 때문에 가난한 백성들은 갈수록 어려움을 겪게 되었다.

옳지 않은 것을 보고도 못 본 척하거나 관심이 없어 우유부단하다는 것은 하나님이 기뻐하지 않으신다.

성경 마태복음 10절 42절 말씀 "또 누구든지 제자의 이름으로 이 작은 자 중 하나에게 냉수 한 그릇이라도 주는 자는 내가 진실로 너희에게 이르노니 그 사람이 결단코 상을 잃지 아니하리라 하시니라"는 말씀과 일맥상통한다.

　미국의 16대 대통령 링컨은 철저하게 성경을 바탕으로 삶을 실행에 옮기며 살았다. 히브리 민족이 이집트에서 400년을 노예로 사는 것을 여호와 하나님께서 모세라는 지도자를 통해 출애굽 시킨 것처럼 흑인이라는 이유로 자신의 동족들이 하나님 앞에 악행을 저지르는 것을 링컨은 가슴 아파했다.

　사람은 무엇으로 심든지 그대로 거둔다. 부모, 나라, 피부색은 우리가 선택할 수 없는 신의 영역이다. 링컨은 예수의 가르침대로 사랑과 정직으로 흑인들을 노예제도에서 해방시켰다. 오직 예수님의 삶을 지표로 삼아 살아갈 때 만이 인류에게는 희망이 있다.

　인류는 석양의 역사시간표에 서 있다. 하나님께서는 어떤 일을 진행하실 때는 반드시 경고의 나팔로 우리에게 알려 주신다.

　대한민국은 인류에게 마지막 경고의 나팔소리를 불어야 하는 사명이 있는 나라이다. 우리는 샤론의 장미인 무궁화 꽃처럼 강인하고 끈끈한 민족의 근성이 있다. 이 세상은 1%의 가능성만 있으면 어떤 일이든 해낼 수 있다. '동방의 빛 통일된 조국'

을 반드시 이루어 후손들에게 물려 주어야 하는 사명이 우리에게 있고 국민들의 마음이 이 목표를 향해 나아가야 한다. 지식으로 풀 수 없는 문제도 지혜로는 풀 수가 있다. 자식은 나의 몸을 빌려 태어나는 것이지 나의 소유가 아니다. 하늘의 사명을 받아 태어나는 것뿐이다.

백범 김구는 명성황후의 원수를 갚기 위해 일본군 중위를 죽이고 체포되어 사형이 확정되었으나 고종의 특사령으로 사형을 면했다. 3.1운동 후에 상하이로 망명, 임시정부 조직에 가담하였고 1944년 임시정부의 주석이 되었다.

백범일지에 보면 하나님이 "네 소원이 무엇이냐?"라고 물으시면 나는 서슴지 않고 "내 소원은 대한독립이오"하고 대답할 것이다. "그다음 소원은 무엇이냐?" 하면 나는 또 "우리나라의 독립이오"할 것이다. 세 번째 물음에도 나는 더욱 소리를 높여서 "나의 소원은 우리나라 대한의 자주독립이오"라고 대답할 것이다. "나는 우리나라가 세계에서 가장 아름다운 나라가 되기를 원한다"라고 하셨다.

김구 선생님의 소원대로 우리는 지금 아름다운 나라로 만들어지고 있다. 통일이 된다면 세계 각국 사람들이 부러운 눈으로 바라볼 것이며 강대국이 되는 것도 사실이다. 김정은이 핵

무기의 망상을 버리고 사랑하는 아내와 딸을 생각해서라도 생각을 바꾸어 우리 선조들이 아름답고 힘 있는 나라를 만들기 위해 목숨을 바친 열사와 의사 호국영령의 그 애국심을 깊이 생각하기를 바란다.

　암은 세포에 합하지 못하고 혼자 떨어져 있는 세포가 암이 된다. 우주에 나가서 지구를 내려다보면 고립되어 사는 곳은 북한밖에 없다. 고립된 북한은 세계인들이 볼 때 암적 존재이다. 북한의 지도자들은 그 사실을 깨달아야 한다.
　마음을 바꾸면 운명도 바뀐다. 암도 녹아내려 건강한 몸이 되듯이 모두가 행복하게 살 수 있다. 통일이 되어 철도를 건설하면 러시아에서 서울까지 5시간밖에 걸리지 않는다고 한다.

　안창호, 유관순, 윤봉길, 홍범도, 안중근, 김좌진, 이봉창 등 많은 애국자들이 후손들에게 나라를 되찾아 주기 위해 목숨을 바쳤다. 나라 없이 우리가 무엇을 할 수 있겠는가? 역사를 모르면 어두운 길을 등불 없이 걷는 것과 같고 뿌리 없는 나무와 같다.
　부실공사로 인해 귀중한 생명을 잃는 모습을 매스컴을 통해 많이 보고 들었을 것이다. 역사도 나라도 개인 가정사도 어디에 기초를 두고 사는가가 매우 중요하다. 기초를 둔다는 것은 마음을 어디에 두고 사는가 하는 것이다.

성경의 창세기부터 요한계시록까지 모두가 예수님에 대한 예언의 성취이다. 예수가 역사의 시작이기 때문에 21세기에는 예수의 사상과 그의 말씀에 순종하며 살아 가야만이 역사도 나라도 굳건하게 설 수 있다.

여호와 하나님께서 독생자 예수에게 모든 권한을 위임하셨기 때문에 우주와 지구의 주인은 예수이시다. 이 세상에는 훌륭한 스승 훌륭한 말들을 남기는 사람도 위인도 많다. 하지만 예수가 이 세상에 오신 것은 온전한 아담으로서 삶을 살아가는 정답을 우리에게 말씀하시고 보여 주셨다.

부처의 사상이 좋은 사람은 그를 따르는 것이고, 공자, 맹자, 노자, 장자의 사상이 좋은 사람은 그를 따르는 것이다.

예수의 가르침, 예수의 삶, 예수의 사상과 예수의 성품을 따르는 이들을 우리는 '크리스천'이라고 한다. 부귀영화를 누리고 무병장수하고 잘살기 위해서 예수를 믿는 것은 아니다. 예수의 사상은 율법에 매여서 하나님의 천지창조의 참 의도를 망각한 하나님의 백성들에게 새로운 성령의 법을 실천하시려고 오신 것이다.

사람은 저마다 생물학적 부모의 DNA를 타고 난다. 그래서 사람의 천성은 고치기 힘들다고 말들을 한다. 그 부모로부터 물려받은 타고난 기질과 부모의 모습을 그대로 습득하며 무의식으로 복사되기 때문이다.

모든 적은 내 마음 안에 있다.

하나님께서는 우리의 마음을 땅에 비유해서 말씀하셨다. 나의 마음 밭은 버릴 것도 가꾸어야 할 것도 너무 많다. 생물학적 부모로부터 물려받은 좋지 못한 DNA. 죽는 날까지 나의 마음의 정원을 가꾸어 가야 한다. 그래서 가난한 부모를 만나도 희망이 있고 육체적으로 아픈 부모를 만나도 희망이 있다. 내 영혼의 뿌리를 예수그리스도를 향해 내리면 되는 것이다. 우리가 예수를 믿어야 하는 이유이며 세상을 잘 살 수 있는 열쇠인 것이다.

"내 영혼이 잘됨같이 범사가 잘 될 수밖에 없다"는 것이다. 그래서 세상에 태어남에 감사하며 세상에서 필요한 보화는 스스로 찾는 것이다. 영혼의 아버지는 오직 한 분이시기 때문이다.

힘들고 어려울 때 하늘을 올려다보며 '아버지'를 불러보면 하늘로부터 위로의 음성이 들릴 것이다. 그분의 성함은 '여호와 하나님'이시다. 우리를 창조하신 그분은 우리에게 영혼의 자유 영혼의 의지를 주셨다. 천사에게도 자유의지를 주셨다.

'루시퍼'라는 천사장은 하나님께 신뢰받는 천사장으로서, 아름다움과 용기를 가진 자로서 모든 천사를 통솔하였다. 그러나 그 천사장은 하나님 보좌에 앉고 싶어서 하나님께 도전했다.

그의 죄명은 '교만'이었다. 그 결과 루시퍼는 하늘에서 추방을 당하고 부하 삼분의 일을 끌고 지상으로 떨어졌다.

그의 주 임무는 거짓말하는 자로서, 이 세상에 일어나는 모든 악행을 하는 자로서, 인간의 탈을 쓰고는 할 수 없는 짓을 한다. 그것이 하나님의 법령 1호 선과 악의 나무인 것이다.

하나님께서는 우리에게 "얘들아! 이 지구에는 선과 악이 있단다. 모든 선택은 너희들이 하거라"라는 자유를 주셨다.

나는 하나님께 묻는다.

"하나님! 이렇게 세상 살기가 힘이 드는데 하나님께서는 모든 것을 선에서 종결하시지 왜 사람들을 만드셔서 하나님은 마음고생, 우리들은 몸 고생, 마음고생까지 해야 하나요?"

이렇게 질문을 할 때도 있었으나 굳이 둘 중 하나를 선택해야 한다면 나는 십자가의 길을 선택할 것이다. 이 세상의 오아시스, 파라다이스, 신기루의 어떤 화려함보다 예수의 삶을 선택할 것이다. 그 길이 하나님을 만날 수 있는 길이기 때문이다. 나는 험한 십자가의 길이 너무 좋다. 예수님의 사랑을 먹고 예수님과 함께 손을 잡고 가는 길이기 때문이다.

"이로써 그 보배롭고 지극히 큰 약속을 우리에게 주사 이 약속으로 말미암아 너희가 정욕 때문에 세상에서 썩어질 것을 피하여 신성한 성품에 참여하는 자가 되게 하려 하셨으니 그러므로 너희가 더욱 힘써 너희 믿음에 덕을, 덕에 지식을, 지식에 절제를, 절제에 인내를, 인내에 경건을, 경건에 형제 우애를, 형제 우애에 사랑을 더하라"(베드로후서 1장 4-7절)

하나님은 공평하신 분이시다. 우리의 영혼을 감찰하신다. 누구든지 예수를 통해 하나님을 '아빠'라고 부를 수 있기 때문이다.

에덴동산에서 아담과 하와는 하나님의 명령을 어기고 사탄의 꼬임에 넘어갔다. 악을 선택한 하와의 DNA를 인간은 누구나 갖고 태어난다. 그래서 이 세상에 의인은 한 사람도 없다. 그것을 '원죄'라고 한다. 예수를 믿는 성도는 어떤 부모 밑에서 태어나도 상관이 없다. 예수 십자가의 길을 따라가면서 내 인생은 내가 선택하면서 내 의지로 만들어 가는 것이기 때문이다. 예수님이 걸어가신 길을 우리는 기도하면서 찬송하면서 따라가기만 하면 된다. 그 길을 걷는 것만이 성공된 삶을 보장하는 것이다.

우리는 종교라는 거대한 조직에 속아서는 안 된다.

사탄은 인류를 종교라는 허울 좋은 조직에 가두어 창조주의 본질을 왜곡시킨다. 인류가 추구할 대상은 길이요, 진리요, 생명이신 예수이다. 하나님께서는 사람을 만드시기 전에 에덴동산을 창설하시고 사람을 만드셨다. 아담을 만들고 아담의 갈빗대를 취해서 하와를 만드셨다.

여기에서 중요한 복음의 비밀이 있다. 아담과 하와는 불순종으로 인류를 죄 가운데 빠뜨렸지만 온전한 아담이신 예수가 이 땅에 오심으로써 하나님께서 인류를 구원하시려는 프로젝트를 완성하셨다. 이 지구에 태어난 모든 인류의 사람들은 예수의 하와인 것이다. 예수는 우리의 영원한 신랑 되시며 우리는 신부이다. 생각만 해도 행복하지 않은가. 예수가 십자가 위에서 피와 물을 다 쏟았다. 그 피가 우리를 모든 죄에서 구원하셨다.

인류가 생기기 전부터 천상에서는 루시퍼라는 존재가 있었고 선의 본체이신 하나님과 악의 본체인 루시퍼가 있었기에 마지막 하나님의 창조물인 인간에게 '자유의지'를 주셨다. 모든 선택권을 우리에게 주신 것이다. 하나님은 부모의 입장이고 우리들은 자식의 입장이다. 지나친 생각의 모든 것은 악으로부터 시작된다고 했다.

자살이라는 것은 자살을 생각하는 자체가 무책임이며 게으름과 교만의 생각에서 오는 망령된 생각이다. 왜냐면 생명은 내가 주인이 아니고 하나님의 것이다. 그러므로 하나님께서 "너는 망령된 생각을 하고 있구나" 하시는 것은 당연한 것이다.

우리는 이기적인 생각에서 벗어나야 한다. 이기적인 욕심, 육적인 욕심을 버리는 결단을 매일매일 해야 한다. 나만 힘들고 고달프다고 생각하지 말고 상대방의 입장을 생각하면서 문제가 있을 때는 원인을 나 자신에게서부터 출발하여 찾아 나가야 한다. 내 눈 속의 들보를 빼야 한다. 내 눈의 비늘을 벗겨야 한다. 그러면 상대방의 아름다운 모습 상대방의 진실을 제대로 볼 수 있을 것이다.

하나님께서는 사람이 어떤 선택을 하든 늘 예비하신다. 첫 아담의 실패로 말미암아 하나님의 독생하신 성자 하나님을 예비해 놓으셨다. 그래서 아브라함의 첫 믿음의 테스트는 "이삭을 제물로 바치라"는 하나님의 명령이었다.

하나님께서 에덴동산에 아담과 하와의 첫 법령 선악을 알게 하는 나무의 실과는 먹지 말라는 말씀과 모세오경의 법도 폐기

처분 하시고 마지막 아담이신 예수로부터 난 자만이 '하와'로서
인정을 해주시는 것이다.

생명을 탄생시킨 여성들은 해산의 고통을 알 것이다. 죽을
만큼 고통의 과정을 겪어야 새 생명을 선물로 받는다. 그 고통
의 기쁨은 이 세상 어디에도 없다. 예수는 인류에게 새 생명을
주시기 위해 해산의 고통보다 더 아픈 고통을 당하신 분이다.
하나님께서 이스라엘이라는 나라를 선택하신 이유도 예수를
이 땅에 보내시기 위한 모태를 만드신 것이다. 감람나무, 올리
브나무로써 인류 제사장의 나라로써 본분을 다하라고 이스라
엘은 메시아를 탄생시킨 나라이다.

사람은 성을 지닌 불안정한 존재이지만 예수는 성을 지닌 존
재가 아닌 성자 하나님이시다. 하나님은 전능하시며 완전하시
다. 인간은 스스로 완전할 수가 없는 부족한 존재이다. 오죽하
면 깨어지기 쉬운 질그릇으로 비유를 했을까? 예수만이 참 포
도나무이시다. 우리들은 가지로써 예수께 붙어 있기만 하면 된
다. 아니 꼭 붙어 있어야 한다.

이스라엘이 믿고 있는 유대교는 율법이 2014개나 된다. 그러

나 예수께서는 두 가지로 요약하셨다. '하나님을 전심으로 사랑하고 이웃을 내 몸과 같이 사랑하라'는 말씀은 그다지 실천하기 어렵지 않은 말씀이다.

예수님께서는 십자가에서 "다 이루었다"라고 하셨다. 지구에서 보이는 모든 것은 언젠가는 사라질 것이다. 이미 예수께서는 새 하늘과 새 땅에 우리가 거할 처소를 예비하려 하나님 우편으로 가셨다. 초림의 예수가 재림 예수로 오셔서 요한계시록에 기록한 대로 하나님의 마지막 말씀을 이루기 위해 오신다고 약속을 하셨다. 알파의 하나님 오메가의 하나님이시다.

성도들의 삶은 순례자의 길 나그네의 삶이다. 여행을 갈 때처럼 이 세상에 대하여 간결한 삶이 필요하다. 우리가 돌아갈 본향이 있기 때문이다. 이것이 바로 '믿음'이라는 정체성이다. 믿음이 없이는 하나님을 기쁘시게 못 한다. 믿음에는 반드시 자신의 의지가 담긴 행동이 있어야 한다. 믿음의 행위가 무엇인가? 하나님의 말씀을 지키고 행하는 자이다.

이 세상은 빠른 길과 넓은 길, 욕망으로 가는 길 등 여러 갈래의 길이 있다. 하지만 성도들이 갈 길은 오직 한 길 예수의 삶과 십자가의 길뿐이다. 이 세상을 다 준다고 해도 하나님 말씀을 거역하는 것이라면 단호히 버려야 한다.

인류는 이미 실패한 존재들이다. 어찌 보면 에덴동산에서 선악과를 따먹을 때부터 첫 단추가 잘못된 채로 왔는지도 모른다. 하나님은 그 잘못된 것을 바로잡기 위해 당신의 종들을 통해 기회를 주신다. 하나님께서 사람을 흙으로 만드신 후에 하나님의 생령을 불어 넣었다고 했다. 사람의 육체 속에는 영혼이 있다. 마지막 아담 예수가 생령이시며 영원한 생명수이시다.

　사람들은 두 갈래 길에서 방황하며 선택하며 그길로 간다. 육의 사람 영의 사람으로 스스로 선택하면서 살아간다. 육의 사람은 자연인이다. 영의 사람은 보이지 않는 하나님의 나라 하나님의 말씀으로 사는 자들이다. 영의 사람들은 이 세상에서 청지기의 삶을 산다.

　마태복음 21장 33절 이하 말씀을 보면 포도원 농부 비유의 말씀이 있다. 포도원의 주인은 하나님이시며 포도원의 상속자는 예수이시다. 포도원의 일꾼들은 우리들이다. 이 세상의 주인은 하나님이시며 이 세상의 상속자는 예수이시며 우리는 일꾼으로서 이 세상에서 만물의 영장으로 살고 있다. 우리가 굳이 하늘을 향해 따진다면 하나님은 우리를 만들어 주신 죄 밖에는 없다. 하늘을 향해 따진다면 우리는 적반하장의 있을 수 없는 행동을 하는 것이다.

하나님은 순종하는 자를 통하여 목적을 이루신다.
에덴동산에서 아담과 하와의 불순종으로 가인은 아벨을 죽였다. 인류의 역사는 살인의 역사이다. 악인들은 의인을 죽이고 악의 축의 인간들은 끝없이 바벨탑을 쌓고 있다. 하지만 이 세상의 주인이 다시 오실 때에는 이 지구에 남는 것은 하나님의 진노의 잔뿐이다.

하나님은 지구가 썩어 지면 한 번씩 당신의 종들을 통해 지구를 대수술 대청소를 하신다. 그것이 역사 속의 위인 위대한 영웅들의 업적인 것이다. 위대한 사람들은 하나님의 말씀을 실천하는 자로서 하나님의 사랑을 몸소 실천하며 완성하는 자들이다. 하나님의 본체는 사랑이시기 때문이다.

사랑은 영원하며 절대로 사라지지 않는다. 자신의 몸을 불사르는 인류애가 있어도 인간이 인간을 구원하지는 못한다. 열매를 보면 그 나무를 알지니 이 세상에 어떤 업적으로도 구원을 얻지 못한다. 오직 성령의 열매여야 한다. 사랑과 희락과 화평과 오래 참음과 자비와 양선과 충성과 온유와 절제의 마음이어야 한다.

원수 되는 육체의 일은 음행과 더러운 것과 호색과 우상 숭배와 주술과 원수 맺는 것과 분쟁과 시기와 분냄과 당 짓는 것과 분열함과 이단과 투기와 술 취함과 방탕함이다. 이 중 한 가지라도 내 마음에 있다면 기도하여 성령의 도움을 받아 물리쳐야 한다. 왜냐면 이런 일을 하는 자들은 하나님의 나라를 유업으로 받지 못하기 때문이다.

포도원 주인이신 예수님이 임금 대장을 들고 와 임금을 지불하실 때 어떤 일꾼이 "예수님! 내가 얼마나 열심히 종교 생활을 했으며 헌금, 봉사, 전도했는데 저를 모르시다니요. 그러실 수가 있습니까?"라고 하니 예수께서 "나는 너를 모른다. 불법을 행한 자들아…"라고 하셨다.

세상 마지막 심판 날 주님이 나를 모른다고 하면 큰일이다. 천군 천사 나팔소리 하나님의 호령 소리와 함께 주님이 구름을 타고 오실 때 "주여, 주여"하지만 주님께서 "나는 너를 모른다. 내게서 떠나가라" 하신다면 큰일도 이런 큰일이 없을 것이다. 이런 일은 절대로 없어야 하겠다.

사도 바울의 고민이 내가 복음과 하나님의 일을 열심히 하고 나의 영혼이 실족 되지 않기를 원한다고 고백한 것처럼 위선으로 가득 찬 화려한 종교 옷으로는 절대로 천국을 가지도 못하고 다른 사람들까지 엉뚱한 길로 인도하여 같이 지옥 직행 열차로 가는 것이다. 겉과 속이 같아야 하는데 그렇지 않다.

"까마귀 검다 하고 백로야 웃지 마라. 겉이 검은들 속조차 검을 소냐. 아마도 겉 희고 속 검은 것은 너뿐인가 하노라." 겉과 속이 다른 가식의 사람들을 빗댄 말이다. 종교의 거룩한 옷을 입고 마음속은 악취를 풍기며 온갖 기교와 트릭을 사용하여 사람들을 홀려 결국에는 멸망의 바다로 빠뜨린다.

"말씀이 육신이 되어 우리 가운데 거하시매 우리가 그의 영광을 보니 아버지의 독생자의 영광이요 은혜와 진리가 충만하더라."(요한복음 1장 14절)

"하나님이 보내신 이는 하나님의 말씀을 하나니 이는 하나님이 성령을 한량없이 주심이니라 아버지께서 아들을 사랑하사 만물을 다 그 손에 주셨으니 아들을 믿는 자는 영생이 있고 아들을 순종치 아니하는 자는 영생을 보지 못하고 도리어 하나님의 진노가 그 위에 머물러 있느니라"(요한복음 3장 34-36절)

초림의 예수는 마리아라는 처녀의 몸에서 이사야 선지자의 예언을 성취했다. 사도신경의 고백처럼 성령으로 잉태하사 동정녀 마리아에게 나시고 죽은 자 가운데서 다시 살아나시고 하늘에 오르사 전능하신 하나님 우편에 앉아 계시다가 산 자와 죽은 자를 심판하러 오신다. 예수는 강림하신다. 하나님 약속의 말씀이시다.

21세기에 살고 있는 우리들은 예수님이 오시는 것을 볼 수 없을 수도 있다. 왜냐면 다시 오실 예수의 그 시와 그때를 성부 하나님만 아시기 때문이다. 그러나 베드로후서 3장 8절 말씀이 하나님의 마음이시다.

"사랑하는 자들아 주께는 하루가 천년 같고 천년이 하루 같다는 이 한 가지를 잊지 말라 주의 약속은 어떤 이들이 더디다고 생각하는 것같이 더딘 것이 아니라 오직 주께서는 너희를 대하여 오래 참으사 아무도 멸망하지 아니하고 다 회개하기에 이르기를 원하시느니라."

하나님께서는 창세 이후부터 인류구원이라는 큰 그림을 그리시고 우리를 한 조각 한 조각 작은 조각들을 모아 모자이크 하신다. 모자이크의 원판은 예수이시다. 반석이신 예수를 바탕으로 그림을 완성해 가시는 것이다. 그 한 조각 한 조약돌 들은 하나님의 사역자 또는 성도들이다. 예수를 바탕으로 하지 않는 조각들은 떨어져 나갈 수밖에 없다. 하나님의 큰 그림 속에 대한민국이라는 나라를 한 조각 한 퍼즐로 사용하신다니 그 생각만 하면 마음이 설레며 기쁘다.

38선 녹슨 기찻길이 다시 달리는 그날 동방의 빛 코리아의 철마는 전 세계로 뻗어 힘차게 달릴 것이다. 동방의 빛 코리아여! 너를 만드신 이가 말씀하신다.

"두려워 말라"

대한민국을 허락하셨고 여호와 역사 앞에 서게 하셨다. 자손을 동방에서 부터 오게 하고 서방에서부터 모을 것이며 동서남북에서 성령의 늦은 비가 내리는 대한민국 땅이 될 것이며 성령의 충전소가 될 것이다.

나는 다른 이름이 아닌 여호와 하나님, 아브라함의 하나님, 이삭의 하나님, 야곱의 하나님, 이스라엘의 하나님 온 인류의 영혼의 아버지께서 대한민국을 지켜주시리라 믿는다. 하늘을 보좌로 삼으시고 땅을 주의 발등상으로 삼으시며 이사야 선지자의 예언을 성취하신 예수가 하나님의 우편에 앉으시어 죄 많은 백성들을 위해 기도하시며 보혜사 성령님을 보내사 암탉이 병아리를 품듯 우리를 고아로 만들지 않으시고 이 세상 끝날까지 책임을 지시는 하나님 아버지께서 반드시 통일된 조국 대한민국을 축복하실 것을 확실히 믿는다.

예수의 희생이 인류를 구원하듯 대한민국이 있기까지 피 흘려 지킨 선조들의 핏값이 결코 헛되지 않고 동방의 빛 통일된 조국이 되어 전 세계로 철마는 달릴 것이다.

마태복음 21장 4절 이하에 예수께서 말씀하셨다.

"사이비 종말론자들을 조심하여라. 많은 지도자들이 정체를 숨기고 나타나서 '내가 그리스도다. 메시아다'라고 주장할 것이다. 전쟁 소식을 듣거나 전쟁이 일어나리라는 소문을 듣거든 당황하지 말고 침착하여라. 그것은 역사에 늘 반복되는 일일 뿐이다."

믿음이란 보이지 않는 세계를 보면서 현실의 삶 속에서 살아가는 것이다. 그 길은 예수가 걸어갔던 길 오직 하나님 말씀을 온전히 이루는 것이다. 하나님 말씀을 실행하지 않는 자들은 모두가 불법을 행하는 자들이다. 험한 바다 같은 이 세상을 항해하면서 우리에게 주신 나침반이 성경이다. 하나님의 말씀을 듣고 지키는 자만이 천상의 도시 하나님이 계시는 곳에 갈 수 있다.

우상과 이단과 사이비 종파에 속아 하나님의 최후 심판대 앞에서 아무리 변명과 하소연을 하여도 하나님께서는 "나는 너를 모른다"라고 하신다. 달과 해와 우주 공간에 있는 창조주의 작품은 하나님의 창조에 대하여 영광과 찬양을 드린다. 피조인 인간이 풀 한 포기 모든 먹거리의 열매를 창조할 수 있는가? 추수 때가 되면 농부들이 심은 대로 알알이 익은 열매를 거둔다.

이름 모를 들꽃도 얼마나 아름답게 창조하셨는지 겨자씨 같은 깨도 한 알 한 알을 감싸며 영글어 있는지 대자연 창조의 세계를 유심히 보고 있으면 무신론자도 창조주가 없다고 말하지 못할 것이다.

나는 보이지 않는 손길로 비를 내리시고 인간의 먹거리를 공급하시는 그 손길을 날마다 본다. 나에게 고난이 닥친다고 해도 나는 창조주의 사랑을 배신하지 않을 것이다. 나에게 명예와 부를 안겨주지 아니하실지라도 이 세상에 태어나 창조주를 알고 산다는 그 자체가 나는 너무 행복하며 행운이다. 초막이나 궁궐이나 나의 주인인 예수를 모신 곳이 천국이기 때문이다.

나는 하나님께 무엇을 잘하려고 하지 않는다. 매일매일 창조의 세계 대자연 속에서 그분의 얼굴을 뵙기 때문이다. 창조주께 대한 나의 보답은 제 일계명 "너는 나 외에는 다른 신들을 네게 두지 말라" 제 이계명 "너를 위하여 우상을 만들지 말라" 제 삼계명 "너는 네 하나님 여호와의 이름을 망령되게 부르지 말라" 나는 이 세 계명에 목숨을 걸고 여기까지 왔다.

하나님의 사랑으로 우리들은 탄생되었다. 과연 하나님께서는 우리에게 무엇을 원하실까? 순결한 영혼이다. 하나님을 섬기지 않는 영혼들을 하나님은 간음한 여인으로 간주했다. 우리에게 필요한 세마포 옷이 무엇인가? 순결한 신앙 청결한 마음이다.

하나님은 사랑의 본체이시다. 하나님은 사랑의 관계를 위해서 우리를 창조하셨다. 우리에게 금 같은 믿음을 원하신다. 금은 절대로 변하지 않기 때문이다. 사랑이 변질된다면 그것은 진실된 사랑이 아닌 거짓이다.

창세 이후로부터 이 지구가 사라질 때까지 하나님의 사랑은 변하지 않는다. 알파와 오메가이시며 시작과 끝이시다. 우리가 하나님을 향하는 신앙도 마찬가지이다. 예수 안에서 만이 순결한 영혼으로 창조될 수 있다. 죄의 본질은 하나님 중심에서 내가 중심이 될 때 생긴다. 오직 예수의 보혈의 피만이 우리의 죄를 도말 할 수 있다.

이사야 1장 18절 이하 말씀 여호와께서 말씀하신다.
"오라 우리가 서로 변론하자 너희 죄가 주홍 같을지라도 눈과 같이 희어질 것이요 진홍같이 붉을지라도 양털같이 되리라 너희가 즐겨 순종하면 땅의 아름다운 소산을 먹을 것이요 너희가 거절하여 배반하면 칼에 삼키우리라 여호와의 입의 말씀이니라"

하나님의 사랑의 대상은 인간이다. 우리는 창조주로부터 생명을 선물로 받고 이 세상에 생물학적 부모를 통해 태어났다. 악한 부모일지라도 자식들에 대한 사랑은 더욱더 지극하다. 하물며 하나님께서 하나님의 형상으로 만든 인간에게 오죽하시겠는가? 부모가 자식을 포기 못 하듯 하나님께서는 인간을 포기하지 않으신다. 하나님의 사랑은 인간을 향하여 지극 정성이시다. 선과 악의 자유 선택권도 주시고 율법도 주시고 수많은 하나님의 사람들을 통해 Love history를 엮어 오셨다. 당신 자신이 죽어서까지 우리를 사랑하셨다.

창세 이후로 하나님께서 인간을 향한 기다림은 우리 머리로는 계산이 안 되는 세월이다. 하나님께서는 인격적인 분이시기에 우리 스스로 하기를 원하신다. 우리 스스로 하나님께 사랑의 관계를 만들어나가며 하나님께 순종해야만 한다. 상식을 벗어나는 것으로 보여진다할지라도 하나님이 하라고 명령하시면 순종할 때 하나님은 순종하는 자를 통하여 하나님의 목적을 이루신다.

부모가 된 사람들은 자식을 통해 참된 사랑을 조금은 경험했을 것이다. 부모의 사랑에 보답하는 자식이 몇 있는가? 효자는 극히 드물다. 한 부모는 열 자식을 거느릴 수 있어도 열 자식은 한 부모 모시기를 힘들어한다.

하나님의 사랑은 우리에게 생명을 주셨고 아름다운 지구도 주셨다. 인간이 부족함 없이 살 수 있는 곳이 지구이다. 각자에게 삶이란 시간도 주셨다. 우리의 가슴속에 사랑이 있으면 어떠한 역경도 이길 수 있는 에너지가 생긴다. 남들이 볼 때는 못생기고 못난 자식 일지라도 부모의 눈에는 자식만큼 이쁜 것이 없다.

하나님의 인간을 향한 그 사랑이 어떻겠는가? 복음의 비밀은 여기에 있는 것이다. 험한 이 세상에서 하나님의 사랑을 깨닫고 이 세상을 이겨내라고 하시는 것이다. 하나님은 사랑이시기 때문이다. 하나님과 우리 사이에는 어떤 것도 문제가 되지 않는다고 했다. 고생도, 죽으라 사랑하던 사람과의 이별도, 사별도, 배고픔도, 가난도, 자식을 먼저 보내고 가슴에 묻는 일도, 미움도, 전쟁도 두렵지 않다. 예수께서 세상 끝날 때까지 우리를 지켜 주신다고 약속을 했기 때문이다.

예수를 믿는다고 가난한 사람이 금방 부자가 되고 병든 사람이 단시간에 건강해지고 이 세상에 주님을 등에 업고 출세하는 것이 아니다. 예수를 믿는 것이 요술 방망이를 손에 쥐는 것은 아니다. 가난한 자는 부지런히 일해서 가난을 이겨내야 하고 병들기 전에 건강을 챙겨야 한다.

가난은 게으름에서 온다. 손이 게으름은 가난을 부른다. 다만 주님께서는 약하디약한 우리에게 모든 것을 이길 수 있는 하늘의 에너지를 주신다. 하늘의 에너지에 우리는 포커스를 맞추어야 한다. 우리는 하나님의 그 사랑 때문에 이 세상을 한 번쯤은 살 만하다. 언젠가는 하나님의 대하 드라마는 끝이 난다. 하나님은 농부이시고 이 세상은 밭이요 인자는 좋은 씨요, 악마는 나쁜 씨라고 했다. 언젠가는 추수를 맞이한다. 참 포도나무이신 예수께 가지로써 열매를 맺는 자들은 영원한 세계 속으로 옮겨지는 것이다. 복음의 비밀은 돈도 명예도 권력도 필요치 않은 오직 예수의 보혈의 피만 믿고 성 삼위일체 신만 믿으면 된다.

　인간이 대자연의 혜택 속에 살면서 창조주께 세금을 지불한 사람들이 있는가? 감사함을 말로는 외치지만 진정으로 느끼는 사람은 많지 않을 수도 있다.

　인터넷에 재미난 글이 있어 옮겨본다.
　안구 하나 구입하려면 1억, 눈 두 개를 갈아 끼우려면 2억, 신장 바꾸는데 3천만 원, 간이식 하는데 7천만 원 등 사람은 자기 몸에 약 51억이 넘는 재산을 지니고 다닌다는 것이다. 눈, 코, 입을 가지고 두 다리로 걸어 다니면서 공기를 공짜로 마시고 있다면 하루 사는 것을 화폐 가치로 환산을 하면 860만 원의 은총을 받고 사는 것이란다. 그런데 우리는 늘 불행하다고 생각하는 것은 감사하지 않기 때문이다. 감사하지 않으면 기쁨이 올 수가 없다. 값없이 주시는 구원의 길을 가지 않는다면 그것은 전적인 우리의 책임이다.

　우리도 자식을 키워보면 순종을 하는 자식이 있는 반면에 불순종의 자식이 있다. 부모 입장에서는 안타까워도 어쩔 수가 없다. 어떤 부모가 자식이 잘못되기를 바라겠는가. 한 부모도 자식이 잘못되기를 바라는 부모는 없다.
　하나님의 역사의 시간이 얼마가 남아있는지 아무도 모른다. 알 필요도 없다. 우리는 내일 일을 모른다. 인간에게는 지금 시간만 주어지기 때문이다. 하나님의 사랑은 예수 성자를 인간 세상에 보내셔서 진액을 뽑아주셨다. 그 진액은 하나님의 사랑의 증표인 것이다. 인간은 하나님 사랑의 배교에 대한 진노의 잔을 반드시 마시게 될 것이다.
　말로만 하는 사랑은 귀신들도 한다. 말은 내뱉기가 쉽기 때문이다. 하나님의 자녀들은 반드시 사랑의 실천이 있어야 한다. 배고픈 자에게 밥을 지어 먹여야 하며 병든 자에게 기도와 위로와 사랑의 손길을 주어야 한다. 말로만 하는 사랑은 아무 소용이 없다. 사랑을 실천하는 것만이 숭고하고 아름답다.

　인류는 창조주 앞에 겸손과 온유의 날개를 달고 독수리와 같이 믿음의 창공을 날아 세속에 물들지 말아야 한다. 믿음의 길만이 실상이다. 인간은 신체에 있는 눈, 코, 귀, 혀 피부로 느끼는 오감에 의지하여 창조주 하나님을 분석하려고 하면 큰 오산이다. 성령으로 거듭나지 않으면 믿음의 세계로 들어갈 수도, 창조주를 섬기지도 못한다.

20 제대로 된 선택이 아름다운 인생이 된다

처녀가 성령으로 잉태된 사실을 인간이 증명할 수 없다. 하나님께서는 증명을 원하시지도 않으며 하시지도 않는다.

라일락은 라일락 향기가 있고 장미는 장미의 향기가 있으며 성령으로 거듭난 크리스천은 예수의 향기가 난다.

나의 사랑, 나의 어여쁜 자야, 일어나서 함께 가자. 겨울도 지나고 비도 그쳤고 지면에는 꽃이 피고 새의 노래할 때가 이르렀는데 반구의 소리가 우리 땅에 들리는구나.

무화과나무에는 푸른 열매가 익었고 포도나무는 꽃이 피어 향기를 토하는구나. 나의 사랑, 나의 어여쁜 자야, 일어나서 함께 가자. 우리는 하나님의 사랑에 응답해야 한다(아가 1장).

그 사랑에 답하지 않고 우상과 이단과 돈의 세력에 빠져 있는 한 인류 스스로 파멸의 길로 적그리스도를 탄생시켜 그 우상이 인류를 삼킬 것이다.

인간 육체의 원료는 흙이지만 예수의 육체는 성령 그 자체이시다. 앞 손에 못 자국 그대로 삼일만에 부활하셔서 제자들에게 보여 주셨다. 예수는 하늘로 가신 그대로 "다시 오마" 약속하셨다. 예수는 지금도 하나님의 우편에 계셔서 지구를 통치하시며 지구의 주인으로서 한 사람도 멸망치 않게 하기위해 기도하고 계신다. 예수 이름 외에는 구원의 길이 없음을 명심하여 우상과 이단과 사이비 종파에 속지 말아야 한다.

솔로몬은 이스라엘 왕국의 제3대 왕이며 가장 위대한 왕으로 알려져 있다. 열왕기상 3장 16절에서 28절을 보면 유명한 솔로몬의 재판에 대한 이야기가 나온다. 이야기 내용은 이러하다.

창기 두 여자가 아기를 낳았는데 한 창기가 아기를 낳은 3일 후 또 한 창기가 아기를 낳았다. 그런데 한 여자가 잠이 들어 아들 위에 누우므로 깔아뭉개어 질식하여 죽게 되었다. 죽은 아기의 생모는 친구 아기와 바꿔치기한다.

"한 여자는 말하되 '내 주여 나와 이 여자가 한집에서 사는데 내가 그와 함께 집에 있으며 해산하였더니 내가 해산한지 사흘 만에 이 여자도 해산하고 우리가 함께 있었고 우리 둘 외에는 집에 다른 사람이 없었나이다. 그런데 밤에 저 여자가 그의 아들 위에 누우므로 그의 아들이 죽으니 그가 밤중에 일어나서 이 여종 내가 잠든 사이에 내 아들을 내 곁에서 가져다가 자기의 품에 누이고 자기의 죽은 아들을 내 품에 뉘었나이다. 아침에 내가 내 아들을 젖 먹이려고 일어나 본 즉 죽었기로 내가 아침에 자세히 보니 내가 낳은 아들이 아니더이다' 하매,

다른 여자는 이르되 "아니다. 산 것은 내 아들이요 죽은 것은 네 아들이라" 하고 이 여자는 이르되 "아니라 죽은 것이 네 아들이요 산 것이 내 아들이라" 하며 왕 앞에서 그와 같이 쟁론하는지라"(열왕기상 3장 17-22절)

두 여자 중 한 사람은 분명히 거짓말을 하고 있다는 것이다. 서로 산 아들이 자기 아들이라고 주장하며 죽은 아들은 서로가 내 아들이 아니라고 하는 것이다. 서로 산아들이 자기의 아들이라 하니 솔로몬왕은 진짜와 가짜를 가려내야 하는 고민에 빠진다. 왕은 "칼을 가져와라. 산 아기를 둘로 나누어 반은 이 여자에게 주고 반은 저 여자에게 주라"고 명령한다. 명령이 떨어지자 그 산 아들의 어머니 되는 여자가 그 아들을 위하여 마음이 불붙는 것 같아서 왕께 말한다.

"내 주여 산 아이를 그에게 주시고 아무쪼록 죽이지 마옵소서' 하되 다른 여자는 말하기를 '내 것도 되게 말고 네 것도 되게 말고 나누게 하라 하는지라' 왕이 대답하여 이르되 '산 아이를 저 여자에게 주고 결코 죽이지 말라. 저가 그의 어머니이니라' 하매 온 이스라엘이 왕이 심리하여 판결함을 듣고 왕을 두려워하였으니 이는 하나님의 지혜가 그의 속에 있어 판결함을 봄이더라"(열왕기상 4장 28절)

솔로몬 왕에게 성령님이 함께 하셨다. 진짜와 가짜 진실과 거짓을 정확하게 판단한 솔로몬 왕은 대단히 지혜로운 왕이었다. 솔로몬 왕에게 성령님의 지혜가 있어 판결하였기에 사람들이 두려워하였다.

창기는 소중한 것을 내팽개치며 살아가는 사람이다. 돈 몇 푼 때문에 중요한 것을 내팽개치고 마음은 없이 돈을 위해서는 못 할 짓이 없다는 것이다. 돈 때문에 하나님이 기뻐하지 않는 일을 한다면 창기이며 악한 것이다.

"무릇 지킬만한 것보다 더욱 네 마음을 지키라 생명의 근원이 이에서 남이니라"(잠언 4장 23절)고 말씀하셨다.

솔로몬왕은 문학에도 뛰어났으며 예루살렘 성전을 지었고 일천번제를 하나님께 드려 하나님의 마음을 흡족케 하여 하나님은 솔로몬에게 "내가 네게 무엇을 줄꼬 너는 구하라" 말씀하셨을 때 부와 영광을 구하지 않고 지혜를 구한 훌륭한 왕이었다.

우리에게는 평화통일을 앞두고 솔로몬 같은 지도자가 출연해야 한다. 왜냐면 우리가 싸울 것은 육과 혈기가 아니기 때문이다. 혼란의 시대를 슬기롭게 헤쳐나가기 위해서는 지혜를 모아야 한다. 지혜를 모으면 절망 속에 희망을 길어 내고 혼란 속에서 질서를 찾아낸다. 피 흘림 없이 한 사람의 희생 없이 온 국민의 기도로 부르짖어야 한다. 진실로 어머니의 진실되고 참된 마음이 동포들에게 불붙어야 한다. 우리가 입으로만 "주여, 주여" 할 것이 아니라 주님의 뜻대로 행하는 자만이 천국에 들어간다고 하셨다.

그러면 주님의 뜻대로 행하는 것이 어떤 것인가? 너희가 눈에 보이는 형제도 사랑하지 않으면서 어떻게 눈에 보이지 않는 나를 사랑하느냐고 하셨다. 북녘땅에 있는 동포 2천만이 우리의 형제이다. 한국 땅 곳곳에 십자가가 보인다. 왕 앞에서 죽음을 무릅쓰고 자기 자식을 포기한 그 어머니의 마음이 우리들의 마음이 되어야 한다. 진실로 북한 동포를 사랑하는 마음이 생긴다면 38선은 무너질 것이다. 통일이 되면 우리 대한민국은 태평양 시대의 주역이 된다.

삼국통일을 완성한 문무왕은 태종무열왕의 장자이며 어머니는 김유신의 여동생 문명왕후이다. 오랜 세월 고구려와 신라, 백제로 나뉘어 살아온 우리 민족은 한 핏줄이면서도 언어와 풍속의 변화가 시작되고 있었다. 그런 시기에 신라가 삼국통일을 하게 되었고 영원히 사라질뻔한 민족을 찾아주고 하나로 묶어준 가장 위대한 왕이다.

경주 간포 바다에는 문무왕의 뼈가 묻혀있는 문무 수중왕릉이 있다. 대왕암에 묻힌 문무왕은 전쟁을 많이 겪은 인물이다. 나당연합군과 함께 660년에 백제를 멸망시키고 668년에 평양

성을 함락해 고구려를 멸망시켰다. 당이 백제와 고구려 멸망 후 신라마저 속국화하려 하자 서기 670년에서 676년 사이에 대당 결전을 했다. 최강국인 당나라와 바다에서 육지에서 7년 동안 싸웠다. 676년 기물포 해전에서 당나라를 꺾었다. 만약 그때 당과의 결전을 피했다면 우리 한민족은 존재하지 않았을 것이다.

백성을 사랑하고 백성을 불쌍히 여겼던 문무왕은 아버지의 뒤를 이어 삼국통일을 이루어 내고야 말았다. 문무왕은 20년 동안 왕의 자리에 있었지만 평화를 지향하며 백성을 사랑하며 미안해하며 불쌍히 여겼던 마음은 유언에 잘 나타나 있다.

"세대는 바뀌고 영웅도 한 무더기의 흙이 되고 만다. 죽어 10일이 지나면 허례허식을 배제하고 헛되이 인력 낭비하며 봉분을 쌓지 말고 화장해서 바다에 뿌리라"고 하였다.

문무왕이 돌아가신지 1,300년이 지났다. 베드로후서 3장 8절에 보면 "사랑하는 자들아, 주께는 하루가 천년 같고 천년이 하루 같다는 이 한 가지를 잊지 말라"라는 말씀이 있다. 사랑이 많은 문무왕을 생각하면 이 말씀이 떠오른다. 이제는 우리가 한반도 통일을 이룸으로써 그 은혜에 보답할 때가 왔다.

하나님은 대한민국을 당신의 자녀로 삼으셨다.

부모 입장에서 자식이 많아도 한둘만 내 마음에 흡족하듯이 하나님도 마찬가지이다. 많은 국가들이 있지만 하나님 마음에 드는, 정이 가는 나라가 우리 대한민국이라고 생각한다.

하나님은 그 시대에 맞는 인물을 이 세상에 보내신다. 하나님께서 작정하고 보내는 사람은 인류를 사랑하며 희생하며 살다가 이 세상을 떠난다. 우리는 그런 사람을 '위인'이라고 한다. 백년 만에 천년 만에 그런 인물은 반드시 나타나게 되어있다. 시간을 오래 둔 몇천 년의 역사를 들여다보면 세상이 앞으로 어떻게 될 것이라는 예측이 가능해진다. 차면 넘치고 기울 듯 이 세상의 운행도 하늘의 뜻대로 되기 때문이다.

신라의 삼국통일로 인하여 한반도 동북아시아 전체가 황금기를 맞이했던 것처럼 우리 힘으로 남북통일을 이룬다면 동북아시아는 평화를 누리게 될 것이다.

한국이 분열되면 전쟁의 위험이 늘 도사리게 될 것이지만 한국이 통일되면 지구상에는 전쟁이 없어지고 평화의 세상이 될 것이다. 전쟁 이야기는 듣는 것만으로도 괴롭다. 저마다 사랑의 사연을 안고 태어난 우리들이 이렇게 좋은 세상에서 살고 있는데 어리석은 일은 반복하지 말아야 한다.

어린 자식들이 무슨 죄가 있어서 어른들 싸움에 희생양이 되어야 하는지 내 자식을 사랑하는 만큼 세상 모든 어린이를 사랑하는 마음을 가져야 한다.

이제는 그때가 그 시대가 왔다. 통일을 이룰 김춘추와 같은 훌륭한 외교관, 김유신과 같은 훌륭한 군인, 문무왕과 같은 사랑이 많은 훌륭한 지도자가 나온다면 '평화통일'을 이루어 낼 수 있다.

나는 우리나라가 정말로 복 받기를 간절히 원한다.

히브리서 6장 14절 말씀이 우리 대한민국에 임하여 이루어지기를 기도한다. 우리 대한민국에 복 주고 복 주며 번성하며 전 세계인들은 평화의 나라, 희망의 나라, 대한민국에 예배를 드리기 위하여, 관광하기 위하여, 행복하기 위하여 반드시 몰려올 것이다. 그러므로 지도자도 시대에 맞게 세워야 한다. 통일의 숙제를 풀어야 하는 지도자는 진실한 사랑을 안고 있어야 한다.

예수님 사상의 핵심은 청지기 삶을 살아야 한다는 메시지이다. 공중에 나는 새도 내일 아궁이에 들어갈 들풀도 입히신다. 지구의 생명체를 관리하시는 창조주께서 사람인 너희를 돌보지 않겠느냐. 너희는 그의 나라와 그의 의를 구하면서 살라고 명령하셨다.

돈이란 사람들이 살아가는데 편리한 교환의 수단에 불과하다. 인간의 삶의 목적이 돈이 될 수가 없고 그렇게 되어서도 안된다. 세상은 돈으로 살아가는 것이 아니고 하나님의 사랑으로 사는 것이다. 사랑과 마음은 없이 돈이 1순위의 목적이 된다면 솔로몬왕 앞에 섰던 창기와 다를 바가 없다.

현실은 돈이 없으면 한 발자국도 움직이지 못하는 세상에서 살고 있다. 그렇다고 해서 돈에 대한 욕심을 놓지 못한다면 괴로움과 자멸의 길로 가는 것이다.

사회 공동체가 잘 먹고 좋은 차에 좋은 집의 소유에 따라 성공의 척도를 가늠하는 것은 조국을 망하게 하는 지름길이다. 성공의 척도는 그 사람의 성품과 인격인 것이다. 성품과 인격은 나의 이익만 생각하는 것이 아니고 이웃을 진심으로 사랑하는가 하지 않는가이다. 내 배만 채우고 내 핏줄만 사랑하고 이웃의 어려운 사정을 모른다면 그것은 실패한 인생이다.

사랑에는 거짓이 없다고 했다. 정직한 양심의 소리를 들어야 한다. 본능에만 충실하여 이웃을 생각하지 않는다면 모두가 거짓된 삶을 사는 것이다. 내 자식만 옹호한다고 내 자식이 잘되는 것이 아니다. 내 자식이 잘되기를 원한다면 남의 자식에게도, 나의 이웃에게도 진실한 마음으로 선한 이웃이 되어야 한다.

하나님은 인간의 업적에 전혀 감동받지 않으신다. 다만 우리들의 사랑, 자비, 아름다움, 선함 그리고 화목하기를 원하신다. 하나님의 사랑을 우리 모두가 품는다면 평화통일은 저절로 올 것이다. 하나님은 우리가 노력하고 열정을 품고 행동할 때 성사시켜주신다. 그리고 깨달음을 주신다. 우리의 사랑이 하늘에 닿을 때 북한의 지도자들 마음에 깨달음을 주실 것이다. 우리가 진정으로 북한 동포를 사랑으로 안을 때 38선의 장벽은 무너질 수밖에 없다.

거짓말을 밥 먹듯이 하며 우상 숭배, 교묘한 생각, 패를 가르며 싸움을 일삼으며 이단과 술 취함, 방탕함의 삶은 하나님 나라를 유업으로 받지 못한다.

이 세상은 천국이나 지옥을 준비하는 지대라고 생각한다. 이 땅에는 아름답고 선한 것도 있고 추하고 악한 것도 있다. 그러므로 우리는 매일 천국의 아름다움과 지옥의 추함에서 선택과 결단을 하면서 살아간다. 하나님은 우리에게 자유의지를 주셨기 때문에 우리의 선택에 대해서는 침묵하실 때가 많다. 나 스스로 결단하며 사는 것이다. 그러므로 제대로 된 선택을 해야 아름다운 인생이 펼쳐진다.

아름다운 정원에 들어가는 길은 오직 예수 그리스도께서 걸어가신 길이다. 아름다운 장미에 향기가 없다면 조화와 다를 바가 없다. 산을 옮길 믿음과 물질의 축복을 받고 자신의 몸을 불살라 인류를 구한다고 한들 그의 마음에 측은지심이 없다면 아무 소용이 없다.

제4부

하나님의 역사하심은
인간의 상상을 초월한다

우리는 이 시대의 주역이다

하나님께서는 이스라엘을 택하여 그 속에서 인류를 구원하실 프로젝트를 만드셨고, 아브라함의 하나님, 이삭의 하나님, 야곱의 하나님의 오리지널 믿음을 창출하시어 메시아를 인류에게 선물로 주셨다.

21세기에 살고 있는 이스라엘의 현주소는 어떠한가? 아직도 통곡의 벽에서 유일신 여호와 하나님만 고집하고 아브라함 자손만이 하나님의 자손이며 유대교, 이슬람교, 메시아닉쥬, 사마리아종교, 드루즈(이슬람과 기독교의 혼합된 사상) 이렇게 많은 종교가 생기게 되었다. 그러나 이것들은 하나님의 인류구원 프로젝트와는 아무 상관이 없다.

이사야 61장을 보면 하나님께서 내게 기름을 부어주시니 주 하나님의 영이 내 위에 임하셨다. 주께서 나를 보내어 가난한 이들에게 좋은 소식을 전하고 마음 상한 자들을 치유하며 포로된 이들에게 자유를, 감옥에 갇힌 이들에게 사면을 선언하게 하셨다.

하나님께서 나를 보내어 주님의 은혜의 해가 임했고 우리의 모든 원수를 섬멸하셨음을 선언하며 슬퍼하는 이들을 위로하게 하셨다.

이사야 예언대로 메시아는 이 땅에 오셔서 성령으로 잉태되어 33년을 이 땅에서 사역을 하시다가 어린양으로서 십자가에 못 박혀 인류의 죄를 도말 하시고 3일 만에 부활하셔서 40일을 제자들과 함께하시다가 승천하시어 "다시 오마" 약속을 하시고 하나님 우편에 계시다가 심판의 주로 만왕의 왕으로서 오신다.

하나님의 구원 프로젝트를 완벽하게 완성하시고 하늘나라로 부활된 몸으로 승천하셨다. 우리에게 앞으로 펼쳐질 미래는 오직 성령의 법밖에는 없다. 오직 예수의 보혈의 피로 거듭나지 않으면 천국에 갈 수가 없다.

대한민국 사람이 다른 나라에 이민을 가면 그 나라 법을 지키며 살아야 한다. 육체는 한국 사람이지만 정신은 그 나라 사람인 것이다. 우리는 하늘나라 시민권자로서 이 땅에 살기 때문에 육체는 이 땅의 법을 지켜야 하지만 영혼(soul)은 하나님의 말씀에 순종하며 살아야 한다. 세상의 법과 하나님의 율법은 다르다.

추운 겨울에 옷이 없어 추위에 떨고 있는 가난한 사람을 보왔다면 옷을 두 개 입고 있는 나는 그 옷을 추위에 떨고 있는 사람에게 벗어 주는 것이 맞다. 그러나 세상의 법에는 그렇게 하지 않는다고 해서 저촉되지 않는다. 하지만 하나님의 율법에는 분명히 저촉될 것이다. 그렇게 율법에 하나둘 걸려서 쌓이다 보면 하나님 심판의 날이 반드시 온다.

이 땅에서 살면서 하나님의 말씀을 지키며 살기가 쉽지 않다는 것인데 인간이 지킬 수 없는 것을 법으로 만드시지는 않았다. 갈등으로 선택의 기로에 서 있을 때는 하나님의 법을 선택해야 한다. 어떻게 해야 할지 갈팡질팡할 때는 하나님 말씀에 서야 한다. 하나님 말씀의 뜻에 따라 무조건 순종해야 한다. 우리들은 하나님의 은혜로 살고 있는 존재들이기 때문이다. 그러나 우리는 감사하기보다는 원망하고 불평을 말할 때가 더 많다. 원망은 죽음을 부를 뿐이다.

아무것도 염려하지 말고 다만 모든 일에 기도와 간구로 구할 것을 감사함으로 하나님께 아뢰기만 하면 된다(빌립보서 4장 6절).

성경 말씀을 모르면 눈을 뜨고 있으나 소경과도 같다. 거짓에 속아서는 안 된다. 마귀가 뿌려놓은 화려한 독버섯에 속아서는 안 된다. 내 뜻대로 하지 말고 하나님 아버지의 뜻을 구해야 한다. 그렇게 하나님 편에서 선택을 하면서 산다면 세상 살기가 어렵지 않다. 복잡하지도 않다. 나는 가끔 혼자서 생각했다. 하나님의 법과 세상 법이 충돌하면 어떤 것이 이길까? 사랑과 운명이 충돌하면 어떤 것이 이길까?

나의 결론은 세상 법과 하나님의 법이 충돌할 때에는 하나님 마음이라고 결론을 내렸다. 그리고 사랑과 운명이 갈등하고 충돌할 때는 사랑이 당연히 이긴다는 결론을 얻었다. 인간의 사랑도 운명을 이기는데 우리는 하나님의 은총을 받고 있으니 아무 걱정도 없다.

하나님은 하나님의 계획을 포기하지 않으신다. 하나님께 도전하지 말고 순종하자. 육의 생각은 사망이요, 영의 생각은 생명과 평안이다. 세상은 언제나 천국과 지옥이 공존한다.

선과 악, 선인과 악인, 진실과 거짓, 구원의 길과 멸망의 길 이런 여러 길에서 우리는 죽을 때까지 우리 스스로 선택하면서 살아야 한다. 자유의지를 우리에게 주셨기 때문이다. 그 선택의 모든 결과는 자신의 책임이다.

부족할 것 없고 죽음도 없는 행복한 터전 에덴동산을 주실 때에도 하나님은 선택을 주셨다. 동산 중앙에 있는 과실을 따 먹으면 정녕 죽으리라 하셨다. 사탄은 "그 과실을 먹으면 네가 하나님처럼 되고 결코 죽지 않는다"고 말했다. 하나님께서는

"정녕 죽으리라" 하셨고 사탄은 "하나님과 같이 되며 결코 죽지 않는다"고 말하였다.

아담과 하와는 사탄의 음성을 믿었으므로 사탄의 음성을 선택했다. 피조물인 아담과 하와는 하나님과 같이 될 수 있다는 사탄의 달콤한 말의 유혹에 넘어간 것이다. 에덴동산을 하나님께서 만들어 주신 은혜를 잊었기 때문이다.

피조물인 우리는 문명이 발전하고 과학이 발달 됨에 따라 하나님의 은혜를 잊기가 더욱 쉬워졌다. 하나님과 같이 될 수 있다고 착각하기 때문이다. 하나님의 음성을 들으려고 애를 써야 하는데 달콤하게 다가오는 사탄의 음성을 들으니 혼란이 온다.

마태복음 20장에 나오는 포도원 품꾼의 이야기는 하나님의 은혜를 누리고 사는 우리들의 이야기이다. 포도원은 하나님의 나라를 의미하는 것이고 품꾼은 천국의 일꾼을 의미한다.

포도원 주인은 아침 6시부터 나와서 일을 한 일꾼과 오전 9시, 낮 12시, 오후 3시에 나와서 일한 일꾼과 끝날 무렵 나와서 일한 일꾼에게 임금을 똑같이 주었다. 일찍 나와서 일한 일꾼이 불평하자 "친구여 내가 네게 잘못한 것이 없노라. 네가 나와 한 데나리온의 약속을 하지 않았느냐?"라고 말한다.

포도원 주인의 행위는 우리들의 생각을 뒤집어 놓는다. 포도원 주인과 같이 하나님께서는 우리들에게 공평하게 하신다. 악인들에게도 선인들 에게도 햇볕과 공기를 주시는 것과 같다. 하나님은 잘났건 못났건 악인이건 선인이건 공평하시다.

인간으로 태어나는 순간 하늘에서 주는 권리를 안고 태어난다. 모두 공평하게 천부인권(天賦人權)을 가지고 태어나기 때문이다. 일찍 나와서 일한 일꾼이 하는 불평은 우리들의 모습이다. 이 이야기를 통해 우리는 깨달아야 한다. 청지기인 우리는 포도원 주인 인양 착각하면서 세상을 살아가고 있다. 우리는 남을 짓밟고라도 잘살면 된다고 잘못된 생각을 할 때도 있다. 그러나 그것은 아니다.

1927년 미국 대법원에서 '3대가 저능으로 판명되었다면 출산을 금지할 이유는 충분하다'라는 판결을 내린 적이 있다. 1935년에는 세 번 이상 범죄를 저지른 사람은 아기를 가질 수 없도록 법을 만들기도 했다. 범죄를 저지르는 것도 장애도 유전이라고 생각했기 때문이다. 세상 법이 그렇게 똑똑했는데 미국은 모두가 평안한 도시는 아니다. 이러한 인위적인 행위가 죄가 쌓이고 싸여 세상이 악해지고 시끄러워진다.

아담과 하와는 "그 과실을 따 먹으면 정녕 죽으리라" 했던 하나님의 음성을 한 귀로 듣고 한 귀로 흘려 버렸기에 땀 흘려 수

고하지 않으면 먹고살 수 없는 세상에서 살게 되었다.

육의 생각은 사망이요 영의 생각은 생명과 평안이라고 우리에게 말씀하시는 예수의 제자로 실천하며 사는 삶은 결코 쉽지 않다. 고난의 길이요 생명을 버리고 한 알의 밀알이 썩어야 하는 삶이다. 이 세상은 하나님 나라를 향해 가는 훈련장소이다. 광야의 생활이다. 그러나 고달픈 광야의 생활이 전부가 아니다. 우리는 예수께서 준비하신 눈물, 슬픔, 고통, 질병, 가난, 죽음도 없는 처소에 가는 과정의 길목이다.

우리나라가 가난했던 시절에는 밥그릇 챙기기에 급급했지만 지금은 굶어 죽어가는 사람은 한 사람도 없다고 해도 과언이 아니다. 그런데 왜 살기가 옛날 보릿고개 시절만큼 힘이 드는가? 교육의 시스템에 문제가 있으며 물질만능주의가 불러온 부작용이다. 모든 기준을 돈에 맞추니 사명감을 가지고 일하는 사람들의 맥을 빼는 것이다. 선비 사상이 사라지면서 가난이 죄가 되어 버리고 돈이 많으면 양반인 시대가 되어버렸다. 남아선호 사상이 성비 불균형을 만들어 국제결혼을 하므로 '다문화가정'이 만들어졌다. 언어의 어려움, 문화의 갈등, 편견과 차별, 사회적, 경제적 문제 등 이런 사회문제의 악순환의 고리를 끊고 선순환을 하기 위해서는 우리들의 생각과 가치관이 바뀌어야 한다. 성숙한 국민이 되어야 한다.

세계 인구의 급속한 증가로 인한 식량 문제, 자원 부족 문제, 환경오염문제와 우리나라의 고령화 문제, 양육비 부담으로 인한 독신의 증가, 저출산 문제 등 어두운 미래를 어떻게 밝게 만들며 행복한 지구촌을 만들 것인가? 우리 모두 한마음이 되어 노력하며 고민해야 한다. 이런 많은 문제를 뻔히 알면서 이대로 후손들에게 물려줄 수는 없다. 우리들의 노력으로 좋은 세상을 만들어 물려 주어야 한다.

오염되어 가는 지구촌의 마지막 희망은 대한민국이다. '조용한 아침의 나라'이며 '선량한 선비의 나라'인 우리나라는 '홍익인간'의 사상을 다시 찾아 '세계평화'를 만드는 지구촌의 중재인은 Korea가 되어야 한다.

아름다운 나라에 사고방식이 잘못되어 있다. 직업에 귀천을 따지며 가난이 마치 저주받은 사람인 듯 바라보는 잘못된 마음의 눈을 교정해야 한다. 직업을 통해서 다른 사람들에게 봉사한다는 것을 잊지 말아야 한다. 직업을 돈을 버는 수단으로만 선택한다면 병원에 들어오는 환자도 돈으로만 보일 것이고 유치원 아이들도 돈으로 보일 것이다. 그런 사람은 정신이 이미 썩었다는 것을 깨달아야 한다.

우리는 직업을 통해서 서비스를 제공할 수 있다. 사시의 눈, 옆으로 걷는 게처럼 고쳐야 할 것이 너무나 많다. 정직하게 성실하게 자기 태어난 모양대로 본인의 달란트대로 분수대로 산다면 성공한 삶이라고 생각한다. 가난한 사람들에게 쌀 한 홉 사주지도 않으면서 없는 사람을 보면 무시하고 입을 삐쭉이며 바라보는 사람들은 정말 반성해야 한다.

로마서 12장 4절 이하 말씀을 보자.
"우리가 한 몸에 많은 지체를 가졌으나 모든 지체가 같은 기능을 가진 것이 아니니 이같이 우리 많은 사람이 그리스도 안에서 한 몸이 되어 서로 지체가 되었느니라 우리에게 주신 은혜대로 받은 은사가 각각 다르니 혹 예언이면 믿음의 분수대로 혹 섬기는 일이면 섬기는 일로 혹 가르치는 자면 가르치는 일로 혹 위로하는 자면 위로하는 일로 구제하는 자는 성실함으로 다스리는 자는 부지런함으로 긍휼을 베푸는 자는 즐거움으로 할 것이니라."

우리는 달란트를 찾아 사회에 봉사하며 환원해야 한다. 그러므로 자기 자신을 잘 알고 사는 삶이 성공한 삶이다. 소크라테스가 '너 자신을 알라'고 말한 것은 '정체성을 알고 살라'는 말이다. 배움이 없어도 가난해도 남이 잘될 것을 축복하고 나보다 어려운 사람을 도와주며 성실하게 산다면 그 사람은 누구보다 성공한 삶을 사는 것이다.

이 세상을 사는 데에는 지식도 필요하고 공부도 필요하다. 하지만 지혜는 더욱더 필요하다.

대한민국이 부강한 나라가 되기까지 1970년대에는 모두가 생산 라인에서 열심히 일했다. 1980년대부터 노력의 과정 없이 한탕주의에 빠져 뜬구름 잡는 젊은이들이 많아지면서 병들기 시작했다. 병들고 가난한 사람들을 위해서 살아야 하는 지도자들은 자기 피붙이 가족만을 위하여 부의 축적을 하고 부정부패를 일삼으며 영혼(soul)을 바탕으로 하지 않고 육체(body)에만 집중하면서 나라가 어렵기 시작했다. 지도자들은 국민을 향해 진실의 눈물을 흘리고 있는지, 자기반성을 해야 할 것이다.

지금이라도 늦지 않았다. 이제부터 시작하는 마음으로 하나님의 사랑으로 심경에 변화가 일어나야 한다. 대한민국은 세계의 나침반이며 등대의 빛의 사명이 있는 나라가 될 수 있다.

선택된 사람이나 민족은 어떻게 해야 하는지 신명기 15장 4절 말씀에 있다.

"네가 네 하나님 여호와의 말씀만 듣고 내가 오늘 네게 내리는 그 명령을 다 지켜 행하면 네 하나님 여호와께서 네게 기업으로 주신 땅에서 네가 반드시 복을 받으리니 너희 중에 가난한 자가 없으리라."

하나님 말씀대로 실천만 하면 모두가 행복하게 잘 살 수 있다. 나만 잘사는 것은 의미가 없다. 너와 내가 더불어 잘 먹고 잘살아야 한다. 7절 말씀에는 "가난한 형제가 너와 함께 거주하거든 그 가난한 형제에게 네 마음을 완악하게 하지 말며 네 손을 움켜쥐지 말고 반드시 네 손을 그에게 펴서 그에게 필요한 대로 쓸 것을 넉넉히 꾸어주라 너는 마음에 악한 생각을 품지 말라"고 가르쳐 주셨다.

10절 말씀에는 "너는 반드시 그에게 줄 것이요 줄 때는 아끼는 마음을 품지 말 것이니라. 이로 말미암아 네 하나님 여호와께서 네가 하는 모든 일과 네 손이 닿는 모든 일에 네게 복을 주시리라"고 말씀하셨다.

하나님께서 우리에게 잘살게 물질의 축복을 주시는 것은 병들고 가난한 자를 도우라고 주시는 것이다. 내가 잘 될 때도 내가 잘못되어 어려울 때도 하나님의 섭리를 생각해야 한다.

통일이 되어 우리의 꿈을 이루는 것은 먼 이야기가 아니다. 우리가 풀어나가야 하는 현실이다. 언제까지 하루살이처럼 살 수는 없다. 우리는 21세기 태평양 시대의 주역들이다.

하나님께서 땅의 기초를 놓을 때 본 자가 없으며 바닷물이 태에서 나옴 같이 넘쳐 흐를 때 문으로 그것을 막을 자가 누구며 사람 없는 땅에 사람 없는 광야에 비를 내리고 연한 풀이 나게 하는 자가 누구며 우주가 질서 가운데 운행되는 것을 누가 설명을 하겠는가? 곡식이 익어 고개 숙인 황금 들판을 누가 만들며 깨 한알 한알에 옷을 입힐 자가 누구이냐? 가을 들판에 알 수 없는 들풀, 들꽃 갈대를 누가 만들었는가? 그분이 창조주 여호와 하나님이시다.

하나님이 우리의 갈 길을 인도해 주신다

22

사람들은 창조주에 대하여 생각들이 다양하다.

창조 전부터 선과 악이 존재하였고 우리는 태어날 때 우리의
의지와 상관없이 하나님의 뜻에 따라 태어났다.

자식을 길러보면 아롱이다롱이이다. 어떤 자식은 모든 것을
부모에게 책임을 전가하는가 하면 어떤 자식은 스스로 삶을 개
척해 나가는 자식도 있다.

자식이 부모를 향해 "책임도 지지 못 할 거면서 나를 왜 낳았
냐?"고 소리를 지른다면 부모는 죄인처럼 할 말이 없을 것이다.

세상은 어느 부모한테 태어나던 별로 상관이 없다고 말해주
고 싶다. 세상 곳곳에 성공할 수 있는 기회의 문은 열려 있다고
말해주고 싶다.

이 세상에 실수로 태어나는 사람은 한 사람도 없다. 우리는
하나님께서 허락하시어 축복 속에서 태어났다. 그러므로 어떤
환경에서 태어났더라도 떳떳하게 세상의 주인공이 되어 살아
야 한다.

어떠한 상황이 왔을 때 어떻게 해석하느냐에 따라서 인생의
각도는 결정된다. 출발점은 같은데 성공의 길과 실패의 길로

갈라진다. 컵에 물이 담겨 있는 것을 보고 어떤 사람은 '물이 절반 밖에 안 남았네'라고 생각할 것이고 어떤 사람은 '물이 절반이나 남아있네'라고 생각할 것이다. 같은 상황에서 서로 다른 해석을 한다. 그러면 전자와 후자 중에 어떻게 해석을 하는 것이 행복한 삶을 살 수 있을까? 그것은 당연히 후자이다. 우리들의 생각에서 삶이 결정되기 때문이다.

이 세상에 자식이라는 사랑의 존재가 없다면 지구는 벌써 사라졌을 것이다. 무엇으로 삶이 이어지겠는가? 하나님께서도 때로는 인간들 때문에 후회도 하시고 당신의 독생자를 어린양으로 삼으시고 인류의 죄를 도말 하시기까지 그 고통을 겪으셨다.

여자의 일생에 있어 생명을 잉태했을 때는 기쁨으로 가득하다. 죽을 것 같은 해산의 고통에서도 새 생명을 볼 수 있다는 기쁨 때문에 고통을 감수한다. 나의 분신인 자식이 태어나면 괴로움을 잊고 밤낮으로 진자리 마른자리 갈아 누이며 그 고생을 한다. 자식이라는 존재가 행복을 주기 때문이다.

톨스토이는 사랑은 아낌없이 주는 것이라고 했다. 하나님 사랑의 증표가 예수이시다.

삶에 있어 소명(Calling)이 없으면 길을 헤매게 된다. 시간과 물질과 모든 것을 낭비할 때가 많다.

예수의 모친 마리아는 "그러므로 주께서 친히 징조를 너희에게 주실 것이라 보라 처녀가 잉태하여 아들을 낳을 것이요 그의 이름을 임마누엘이라 하리라"(이사야 7장 14절)는 이 말씀을 이루는데 자신의 모든 삶을 하나님께 드렸다. 성령의 하나님께서 하시는 일에 순종하였다. 세상의 모든 것들을 뒤로하고 성령의 하나님께서 하시는 일에 기쁜 마음으로 믿음의 여인 중에 가장 복되고 아름다운 여인이 된 것이다.

이 지구상에 있는 모든 나라와 개인의 삶에 있어 소명(calling)을 알아야 고생을 하더라도 그 고생을 이길 수 있는 에너지가 생긴다. 꿈을 꾸며 그 꿈을 머릿속에 그리며 간절히 바라며 깊이 믿고 열의를 다해 행동하면 반드시 그 꿈은 현실로 이루어진다는 것이다.

꿈쟁이 하면 구약성경에 나오는 요셉이 대표적인 인물이다. 요셉은 꿈을 꾸는 자로서 많은 시련을 견뎌냈다. 꿈에는 반드시 소명이 있어야 한다. 하나님께서는 나에게 맞는 옷을 입혀주시지 갓 쓰고 양복을 입히지 않는다.

요한계시록 19장 8절 말씀이다.

"그에게 빛나고 깨끗한 세마포 옷을 입도록 허락하셨으니 이 세마포
옷은 성도들의 옳은 행실이로다."

이 세상의 부와 명예와 누릴 수 있는 모든 것을 가졌어도 예
수께서 주시는 세마포 옷이 없다면 아무 소용이 없다. 세계사
나 인류 역사의 주제는 선과 악의 싸움터이다. 거대한 제국과
그 나라를 통치한 자들의 교만을 산산이 부수는 이야기이다.
땅의 기둥과 세계는 여호와의 것이다. 여호와를 대적하는 자는
산산이 부서지며 힘으로는 이길 자가 없다. '교만'은 패망의 선
봉이요 '겸손'은 존귀의 앞잡이다. 이 지구의 종착역은 적 그리
스도의 통치만 남았다. 각 나라는 살길을 찾아야 한다.

지도자란 무엇인가? 각 분야에서 정직하게 정확하게 편견과
착각 없이 사람을 이끌어 주어야 한다.
목사는 성도들에게 하나님의 말씀을 제대로 가르쳐야 하며
특히 사명감이 있어야 한다. 정치 지도자들은 미래의 일을 바
라볼 줄 알아야 하며 미리 앞서서 한 나라를 다스려야 한다.
권력에 눈이 멀어 자신의 욕망으로 정치를 하겠다는 사람은
깊이 생각을 해봐야 한다. 본인만 망치는 인생이 아니라 국민
들을 죽음의 길로 인도하는 것이며 한 사람의 잘못으로 인하여

고통은 국민의 몫이 되기 때문이다.

　세계사를 이끌어온 유럽과 서양의 문화가 석양에 기우는 태양이 된 이유는 영혼(soul)에서 육체(body)로 전락 되었기 때문이다. 사람은 영혼과 육체로 구성되어있기 때문에 육체가 영혼을 이기지 못한다. 이스라엘 민족이 세계를 지배할 수 있는 힘이 토라, 탈무드가 그 민족의 정신적 지주이기 때문이다.

　우리나라가 눈에 보이는 것은 급성장했지만 곳곳이 썩어가는 것은 역사관과 잘못된 교육과 정직하지 않았기 때문이라고 지적한다.

　21세기 태평양 시대의 주역이 되기 위해 거짓의 옷을 벗고 정직의 옷으로 갈아입어야 한다.

　스승을 존경하지 않고 학생이 거꾸로 스승을 판단하고 평가하는 세상이 되었으니 무질서해진다. 그렇지만 스승을 존경하지 않는 학생들만을 탓할 수도 없다. 예전에는 스승의 가르침 없이는 아무것도 배울 수가 없었지만 지금은 스마트폰이나 인터넷에 영어단어를 입력하면 발음까지 녹음되어 나오니 절대적인 권위에서 낮아지는 현실이다.

　교육방식의 틀을 바꿔야 한다. 과감한 교육정책이 바뀌어야 한다. 학교 수업이 다시 살아나야 한다. 이제라도 바로잡아 교육 문화가 바뀌어야 한다. 이제는 조국의 현실을 한 번 되짚어야 한다.

급성장의 부작용이 속속 드러나고 있는 현실은 모두가 살기 힘든 세상이 되었다. 문제가 있으면 원인이 있고 원인이 있으면 해결책도 있는 것이다. 우주 속에서도 법칙이 있고 지구의 생태계에도 법칙이 있고 삶에도 법칙이 있다. 우리는 우주 속 고아가 아니다. 창조주의 세계 속에서 생명을 선물로 받아 영원한 세계 속에 동참하는 것이다.

물을 떠난 물고기는 살 수 있을지 몰라도 창조주를 떠난 피조물인 인간은 하루도 살 수가 없다. 이 세상이 끝날 때까지 절대로 우리를 버리지 않으시고 눈동자같이 지키시는 여호와 하나님 아버지가 계신다.

우리는 주님이 주시는 힘으로 사명을 다하여 세계평화를 위해 매진해야 한다. 예수님이 오셔서 두 가지 계명으로 요약하신 것이 "하나님을 사랑하고, 이웃을 내 몸과 같이 사랑하라"는 명령이다. 널리 인간을 이롭게 한다는 홍익인간의 사상처럼 우리는 21세기의 태평양 시대의 주역을 담당해야 하는 사명을 받은 나라답게 살아야 한다. '여호와이레'처럼 세계평화를 위해 우리 대한민국이 준비되어 있어야 한다. 칠흑같이 어두운 밤도, 앞이 보이지 않는 안개도, 빛 앞에서는 다 사라지고 만다.

대한민국은 동방의 빛 코리아가 되기를 믿고 간구하고 있다.

"믿음이 없이는 하나님을 기쁘시게 못한다"고 했다. 믿음이란 천상의 도시 예루살렘 하나님의 성전이 있는 그곳에서 흑인, 백인, 황색 인종이 필요 없는 곳, 이 세상에 닉네임도 필요 않는 곳, 오직 예수의 보혈의 피와 세마포 옷을 입은 자들이 모이는 곳, 여호와 하나님을 아바 아버지라고 부르는 곳, 선과 악이 있는 에덴동산이 아니라 오직 예수가 아담인 곳, 눈물도 고통도 죽음도 없는 그곳을 바라보며 이 지구는 중간지점으로서 잠시 머물고 가는 여행의 길, 순례자의 길이다.

예수는 이 세상에서 머리 둘 곳도 없이 성부 하나님의 사역을 다 이루어 놓고 가신 분이다. 우리는 예수님이 가신 십자가의 길을 그대로 따라가는 믿음의 자녀들이다. 종교 행위는 결코 구원의 길이 아니며 말 그대로 종교인이다. 오직 예수만이 구원이다.

"주 예수를 믿으라 그리하면 너와 네 집이 구원을 얻으리로다"(사도행전 16장 31절)

이 말씀을 어린 시절에 많이 들었다. 그때는 무슨 뜻인지 알 수도 없었고 무슨 말인지 이해하지 못했다.

'집에는 어머니, 아버지가 있는데 왜 예수가 우리 집을 구원한다는 것일까?'

의아했지만 그 말씀은 정답 중 정답이다.

독일의 마틴 루터는 광부의 아들로 태어나 미래가 보장되어 있는 법관의 길을 포기하고 예수 그리스도의 가르침대로 살기를 각오하고 511년 전 7월 17일에 수도원에 들어가 수도사가 되었다. 사랑하는 아버지와의 약속도 저버리고 예수님의 삶을 선택한 것이다. 마틴 루터는 육의 생각을 꺾고 영의 아버지 말씀에 순종했다. 수도원까지 멀고도 먼 길을 찾아온 아버지를 만나 주지도 않은 마틴 루터는 부패하고 썩은 종교집단에 빛과 소금의 역할을 했다.

마틴 루터는 길을 가다가 천둥 벼락이 쳤을 때 벼락에 맞아 불타는 나무를 보며 하나님과 약속했다.
"살려만 주시면 주님의 길을 가겠습니다."
마틴 루터는 그 약속을 지켰다. 우리는 약속을 해놓고 돌아서서 잊어버리는 경우가 많다. 입만 살아서 말만 앞세우는 것이다. 함부로 말만 번지르르하게 한다면 인생은 실패할 수밖에 없다. 말만 하는 것은 우리 삶에 변화를 일으킬 수가 없다.
사람들은 정신적인 고통 육체적인 고통을 해결하려고 발버둥 치며 살아간다. 어떤 종교인도 어떤 위인도 고통의 해결책을 내놓지 못했다. 그러나 예수님은 해결해놓으시고 부활 승천하셨다.

　발명가들 덕분에 우리는 최첨단의 문명 혜택을 누리고 살고 있으며 지금까지 수많은 위인의 희생된 삶 덕분에 행복을 누리며 살고 있다. 생명의 근원을 모르고 사는 것은 우주 속의 미아이다. 어떠한 사연으로 태어났던지 우리는 고아가 아니다. 세상을 창조하신 아버지만 찾으면 된다. 힘이 들고 앞이 보이지 않을 때 하늘을 보며 아버지를 불러보라. 하늘 아버지에게 하소연을 해보라. 세미한 음성이 나를 위로하시며 갈 길을 인도해 주실 것이다.

　이 세상에 악이 왜 존재하는지 알 수 없는 미스터리로 쌓여있는 곳이 우주의 점에 불과한 지구라는 행성이다. 그러나 분명한 사실은 창조주께서 세상이 끝날까지 우리를 책임져 주신다는 것이다. 예수님의 삶을 생각하면 어떠한 고통도 우리에게는 감당할 수있는 힘의 원천이 된다. 예수님의 가르침 그대로 살기만 각오한다면 우리는 먹고사는 일에 걱정할 필요가 없다. 하나님 명령에 순종하고 예수님의 가르침대로 행동하며 주님께 한 약속을 잘 지키기만 한다면 말이다.

23

예수께서는 '생사화복'을 주관하신다

이사야 53장에 예수께서 받을 고난에 대하여 예언을 해놓으신 것을 다 이루셨다.

"그가 찔림은 우리의 허물 때문이요, 그가 상함은 우리의 죄악 때문이라. 그가 징계를 받으므로 우리는 평화를 누리고 그가 채찍에 맞으므로 우리는 나음을 받았도다."

동정녀 마리아의 몸에서 태어나 요셉 아버지의 목수 일을 도우셨고 아담과 하와의 불순종과 내죄의 저주를 속량하셨고 이 지구상에 있는 모든 고통을 거두어 가셨다. 주님이 가신 길 십자가의 길을 깊이 묵상하면 우리 삶의 고통은 문제가 되지 않는다. 우리들이 받는 고통은 조족지혈이다. 사람들은 고통의 무게를 이기지 못하면 스스로 목숨을 끊기도 하고 병이 들기도 한다.

"두드리라. 그러면 열릴 것이다"(마태복음 7장 7절)라고 가르쳐 주셨지만 하늘 문을 두드려 보지도 않는다. 감나무 밑에서 감 떨어지기를 기다리면서 세월을 허비하고 있다. 아무런 행동 없이 열매만 먹으려 악어들처럼 입만 벌리고 있다. 부뚜막의 소금도 집어넣어야 짜다. 행동이 없으면 아무것도 이룰 수가 없다.

예수님께서 말씀하셨다.
"수고하고 무거운 짐 진 자들아 다 내게로 오라 내가 너희를 쉬게 하리라 나는 마음이 온유하고 겸손하니 나의 멍에를 메고 내게 배우라 그리하면 너희 마음이 쉼을 얻으리니 이는 내 멍에는 쉽고 내 짐은 가벼움이라 하시니"(마태복음 12장 28절)

예수께서 말씀하신 것처럼 나의 무거운 짐과 멍에를 교회에서 해결하지 못하며 나를 낳아 준 부모도, 형제도, 해결하지 못한다. '오직 예수' 예수님만이 해결해 주신다.
예수께 매달리면 해결책이 생긴다. 왜냐면 예수께서는 '생사화복'을 주관하기 때문이다.

예수님의 삶을 따라가는 신앙생활을 좁은 문, 좁은 길로 표현한다. 오직 예수께서 가신 길 위로 예수의 손목을 놓치지 않고 가야 한다. 하나님께서 새로운 법을 만드셨다. 예수만이 대제사장이시오, 예수만이 구원의 이름이오, 예수만이 길이요, 진리요, 생명이요, 삶이다.

오직 성령의 열매는 맺는 자들의 것이다.

사랑과 희락과 화평과 오래 참음과 자비와 양선과 충성과 온유와 절제는 성령의 열매이며 음행과 더러운 것과 호색과 우상숭배와 주술과 원수 맺는 것과 분쟁과 시기와 분냄과 분열함과 이단과 투기와 술 취함과 방탕함은 육만을 사랑하고 아끼는 나쁜 결과물이다.

우리의 육체를 십자가에 못 박으며 예수를 내 마음속에 이입하여 성령 충만한 마음의 성전을 만들어야 한다. 그렇게 함으로 좋은 열매를 맺을 수 있다. 개인이든 공동체이든 국가이든 성령의 열매만 맺어지는 사랑과 희락과 화평과 오래 참음을 실천해야 한다.

우주의 공간에는 창조주 세계의 영역이 있고 피조 세계의 영역이 있다. 창조의 세계는 하나님의 영역이다. 우주의 운행과 생명의 태어남, 부모와의 인연 나라와 인종은 우리가 선택할 수 없는 하나님의 영역이다.

피조인 인간은 순응해야 한다. 하나님께서는 천상의 도시에서 이미 당신의 설계를 끝내시고 지구에 인간이 살기에 부족함이 없는 조화로운 우주를 창조하신 것이다.

인간은 지구라는 행성의 별에서만 살 수 있다. 다른 우주 공간에서는 살 수가 없다. 달나라에 사람이 살 수 있게 하기 위해 노력을 한다고 할지라도 불가능이다. 하늘을 향해 바벨탑을 쌓아봐야 하늘 아래 돌탑 밖에는 되지 않는다.

고통의 근원은 선의 본체이신 창조주께서 주시는 것이 아니다. 악의 본체인 사탄에게서 오는 것이다. 사탄의 존재는 루시퍼이다. 하나님의 자리에 도전장을 냈다. 하나님께서는 그 도전을 묵인하지 않았다.

하나님은 선의 본체이시며 회전하는 그림자도 없으시다. 창조주는 예수의 참 포도나무에 피조 세계는 가지로써 포도 열매를 맺게 만드셨다. 예수께 붙지 않는 존재들은 스스로 자멸의 길로 가는 것이다. 루시퍼라는 존재도 피조이기 때문에 스스로 파멸의 길로 간 것이다.

하나님의 역사는 인간이 상상할 수 없는 시간과 공간이다. 그러나 시작이 있으면 반드시 끝이 있다. 창조주 하나님께서 지구를 운행하시는 것도 끝나는 시간이 있다. 하나님의 세계는 시작도 없고 끝도 없는 영원한 세계로 인도하시는 것이 하나님의 목적이다. 그 세계로 가기 위해서 우리가 해야 할 일은 우리 영혼의 아버지이신 하나님의 존재에 순응하며 하나님의 말씀에 삶을 적용해야 한다.

삶은 연습도 없고 한번 주어지는 시간이다. 그래서 실패도 하고, 실수도 하며 많은 시행착오를 일으킨다. 스포츠는 선수들의 산물이다. 또한 훈련의 결과물이다. 인간으로서 완벽한 그 순간에 우리는 열광한다.

신앙생활도 마찬가지이다.

"네가 하나님은 한 분이신 줄을 믿느냐 잘하는 도다 귀신들도 믿고 떠느니라 아아 허탄한 사람아 행함이 없는 믿음이 헛것인 줄을 알고자 하느냐 우리 조상 아브라함이 그 아들 이삭을 제단에 바칠 때에 행함으로 의롭다 하심을 받은 것이 아니냐 네가 보거니와 믿음이 그의 행함과 함께 일하고 행함으로 믿음이 온전하게 되었느니라 이로 보건대 사람이 행함으로 의롭다 하심을 받고 믿음으로만은 아니니라 영혼 없는 몸이 죽은 것 같이 행함이 없는 믿음은 죽은 것이니라"(야고보서 2장 19-26절)

인생은 마라톤 경기이다.

생물학적 부모에게 태어나 나에게 불리한 조건의 환경이라고 할지라도 불평불만 할 수 없는 것에 대해서는 고린도후서 5장 17절 말씀에 기록되어 있다.

"그런즉 누구든지 그리스도 안에 있으면 새로운 피조물이라 이전 것은 지나갔으니 보라 새것이 되었도다."

우리는 이 세상에 태어나서 탯줄을 끊는 순간부터 독립된 인격체이며 생명체이다. 예수님께서 새로운 피조물로 인정해 주시는데 무엇이 두렵겠는가. 인생을 두 번 살라고 하면 살 수가 없지만 한 번쯤은 살아갈 만하다. 예수께서 다 이루어 놓고 가셨기에 그분만 붙들고 천국을 향하여 가고 있다.

죽음이라는 요단강을 건너야 영원한 세계의 시작이기 때문이다. 이 복음의 비밀을 알고 나면 세상의 어떠한 고통도 문제가 되지 않는다. 나의 마지막 삶의 목표는 이 복음의 비밀을 통해 '동방의 빛 코리아 통일된 조국 대한민국'을 만드는데 초점을 맞추는 것이다.

누구나 이 세상에 태어날 때 생물학적으로 사연이 있듯이 하늘나라 백성들도 복음의 비밀은 있다. 하나님께서 우리를 부르실 때 각자 맞춤형으로 부르신다. 똑같은 방법으로 부르시지 않는다. 그 사람의 기질과 그 사람의 환경과 모든 것을 고려하신다. 성령으로 거듭남 없이는 하늘나라의 언어와 그 세계를 알 수가 없다.

모세는 모리아 산에서 불타는 떨기나무에 나타난 주의 사자의 음성을 듣고 이집트에서 억압받고 있는 히브리 노예들을 출애굽시켰고 마틴 루터는 법관의 길을 가려고 했는데 친구와 같이 볼일을 보고 돌아오던 길에 갑자기 소나기가 쏟아지면서 벼락이 쳤는데 그 벼락을 맞은 나무가 무서운 불길을 일으키며 타는 광경을 보고 죽을 것 같은 마음이 들 때 하늘을 향해 마음속으로 '살려만 주시면 주의 길을 가겠습니다' 하고 납작 엎드려 주님께 서원했다.

동생이 많은 집안의 장남이었던 루터에게 희망을 걸었던 생부인 한스 루터는 수도사의 길을 포기시키고 법관이 되도록 아들을 설득하기 위해 멀고도 먼 길 수도원까지 찾아갔지만 마틴 루터는 아버지 얼굴을 보면 마음이 약해질 것 같아 아버지를 만나주지 않았다. 아버지가 돌아간 후 자기 방으로 들어가 혼자서 소리를 죽여 울고 또 울면서 하나님과의 약속을 지킴으로 마틴 루터는 주의 종이 됨으로 많은 인류의 영혼을 살렸다.

교회는 복음의 비밀을 간직한 곳이다. 생물학적 유전형질이 아닌 예수의 영으로 머리부터 발끝까지 구성된 자들이 모이는 공동체이다. 오직 유일신 하나님과 예수 그리스도의 흔적을 가진 자로서 하나님께 받은바 은혜로 오른손이 하는 것을 왼손이 모르게 하는 이 세상에서 가장 고상한 공동체이다.

세상은 눈에는 눈, 이에는 이로 갚아야 하는 줄 알고 살지만 예수님의 자녀들은 그렇지 않다. 오른뺨을 때리면 왼뺨도 돌려 대고 원수가 오리를 가자고 하면 십리를 간다. 속옷을 달라고 하면 겉옷까지 벗어 준다. 바닷물이 3%의 소금 때문에 썩지 않듯이 예수님이 주인이신 교회의 아름다운 공동체 때문에 썩지 않는다고 나는 감히 말한다.

　사도 요한은 예수그리스도의 열두제자 가운데 한사람이다.
　요한은 교회는 사랑이 기초라고 했다. 요한계시록을 유일하게 살아생전에 기록한 자로서 마지막 지구의 모습과 천상의 도시를 본 자이다. 예수께서 왜 말구유에서 태어났고 오직 예수만이 하나님의 심판을 맡아 그 일을 행할 수 있다고 했다. 그 증거가 요한계시록 5장 말씀이다. 짐승의 피로 대제사장이 하나님께 드리는 제사가 아닌 하나님 자신의 피를 성자 하나님 어린양을 희생의 제물로 삼으셨다.
　5장 3절 말씀을 보면 "하늘에도 땅에도 땅 밑에도 하나님의 구원을 완성할 자가 없다"고 기록되어 있다. 유다 지파에 나신 사자 다윗나무의 뿌리이신 어린 양 예수만이 영원히 죽을 수밖에 없는 죄인들을 예수의 핏값으로 죗값을 치르고 하나님께 드린다. 이 복음의 비밀을 가진 자만이 생명의 시냇가에 심겨진 나무가 될 수 있다.

시대가 변해도 복음은 변하지 않는다. 복음은 하나님께서 인간을 향하신 러브스토리이기 때문이다. 사랑은 굳이 설명하지 않아도 상대방의 눈빛만 보아도 알 수가 있다. 양들은 반드시 목자의 음성을 듣고 따라온다. 참 목자가 되신 예수만이 우리의 삶을 끝까지 책임지신다. 나는 창조주 하나님의 러브스토리인 성경의 편지가 좋다. 나는 세상의 지식은 잘 모른다. 사회도 잘 모른다. 하지만 나는 사랑의 편지인 하나님의 말씀이 나의 보석이며 진주알이다.

　우리들의 본질은 부모로부터 온 것이 아니고 하나님으로부터 오기 때문이다. 생물학적 어머니 뱃속에 잉태되기 전 하나님이 우리들을 세상에 보내시기 위해 영을 먼저 보낸다는 사실을 알았기 때문이다.

　시편 50편 23절 말씀이다.

　"감사로 제사를 드리는 자가 나를 영화롭게 하나니 그의 행위를 옳게 하는 자에게 내가 하나님의 구원을 보이리라"

　사실은 '어떻게 하면 하나님으로부터 복을 받을 수 있을까?' 하면서 신앙생활도 했었다. 하지만 이제는 창조주 하나님께서 인간을 향하신 사랑에만 관심이 있다. 나의 창조주 하나님의 사랑을 어떻게 하면 세상의 언어로 표현할 수 있을까 고민도 했다. 그런데 하나님께서 뜻하지도 않게 나에게 글을 쓸 수 있도록 인도해 주셨다. 나는 꿈에도 작가의 삶을 살 것으로 생각한 적이 없다. 하나님께 감사로 제사를 드린 결과 '동방의 빛 코리아' '통일된 조국 대한민국'을 만드는데 힘써 우리나라 후손들에게 물려 주기 위해 하나님의 메신저(messenger)로서 나의 남은 삶을 올인 할 수 있도록 하심에 감사드린다.

조국이 없는 나는 있을 수 없고 행복도 없다. 피를 나눈 형제를 사랑하지 않으면서 보이지 않는 하나님을 사랑할 수가 없다. 북한 동포의 고통이 나의 고통이며 그들이 사는 그곳에서 우리나라 복음이 시작되었다. 그들의 고통을 분담해야 하는 형제인 것이다.

통일은 사상도 이념도 돈으로도 해결할 수가 없다. 우리 남한 모든 국민들 한 사람 한 사람 가슴속에 북한 동포 한 사람 한 사람을 오직 사랑으로 품고 안아야 한다. 마음만 있으면 언젠가는 이루어진다. 지금부터라도 북한 주민들에게 관심을 가지고 사랑의 마음을 품어야 한다.

하나님은 당신의 이름을 위하여 사랑을 완성하시는 분이다. 이 땅에서는 생물학적 부모의 사랑이 하나님 사랑과 가장 비슷할 수 있다. 참으로 창조주께서 사람을 창조해 주심에 감사하다. 나는 인간의 삶 가운데 사랑이 없으면 살아야 할 이유가 없다고 생각하는 존재이고 또한 사랑의 예찬론자이다.

"하나님의 사랑이 우리에게 이렇게 나타난 바 되었으니 하나님이 자기의 독생자를 세상에 보내심은 그로 말미암아 우리를 살리려 하심이라. 사랑은 여기 있으니 우리가 하나님을 사랑한 것이 아니요 하나님이 우리를 사랑하사 우리 죄를 속하기 위하여 화목 제물로 그 아들을 보내셨음이라. 사랑하는 자들아 하나님이 이같이 우리를 사랑 하셨은 즉 우리도 서로 사랑하는 것이 마땅하도다"(요한일서 4장 9절)

육안으로 볼 수 있는 세계가 전부가 아니고 보이지 않는 세계 믿음의 눈으로만 볼 수 있는 천상의 세계가 있다. 천상의 세계로 가는 길은 오직 예수만이 만왕의 왕이시며 모든 문제를 해결할 수 있는 열쇠를 가지고 계신다. 이 세상을 살아가면서 불가항력적인 일들이 얼마나 많이 일어나는가. 우리는 이런 문제에 부딪힐 때마다 천재지변이니 인재 지변이라고 한다. 우리나라는 인재로 인하여 귀한 생명을 많이 잃었다. 인재의 모든 근원은 진실한 마음이 없는 욕심에서 불씨가 시작된다.

야고보서 1장 15절 말씀에 "욕심이 잉태한 즉 죄를 낳고 죄가 장성한즉 사망을 낳는다"고 했다. 인간이 추구해야 하는 사회 공동체의 모습은 '복지국가'이다. 복지국가의 원조는 창조주 하나님이시다.

"객이나 고아나 과부의 송사를 억울하게 하는 자는 저주를 받을 것이라 할 것이요 모든 백성은 아멘 할지니라"(신명기 27장 19절)

창조주 하나님께서는 어떤 사연으로 태어났든지 생명의 근원이신 당신의 자녀들은 귀하기 때문이다. "너를 낳아준 부모는 너를 버릴지라도 창조주 하나님께서는 너를 버리지 않는다"고 하셨다.

선진국의 가장 중요한 것은 교육이라고 생각한다. 물론 경제 성장도 동반되어야 하는 것은 당연하다. 대한민국의 6.25 전쟁 고아들을 누가 받아 주었는가? 선진국들이었다. 유럽국가나 서양국가들이 세계사의 중심을 이룬 것은 기독교 사상이 있었기 때문이다. 모든 복음의 시작은 유럽이었다. 그들은 하나님의 말씀을 실천한 국가들이었다. 각 나라들은 창조주께서 사명을 주셨다. 제국주의란 있을 수 없으며 반드시 사라지게 되어있다. 올바른 정치의 형태는 자유민주주의이다. 또한 가장 이상적인 사회 공동체의 운영은 복지를 바탕으로 이루어져야 한다.

24

아름다운 미래를 꿈꾸며…

대한민국은 무엇으로 동방의 빛이 되며 통일된 조국을 이루어 그동안 우리가 받은 은혜를 전 세계를 향하여 갚을 것인지 하나님께서는 우리에게 숙제를 주셨다. 창조주 하나님께서는 사람을 창조하셨기에 피조인 인간이 마땅히 가야 하는 길을 만들어 주셨다. 바로 예수라는 분이시다. 예수님은 우리의 길이요 진리요 생명이시다.

대한민국은 전 세계를 향하여 생명의 말씀인 성경을 바탕으로 지구의 종말 끝자락에서 복음을 수출하는 사명을 완수해야 한다. 육체(Body)에서 영혼(Soul)이 있는 국가로 다시 태어나야 한다.

대한민국은 다시 한번 업그레이드해야 하는 기로에 서 있다. 국민 한 사람 한 사람의 생각을 육신의 생각에서 영의 생각으로 바꾸지 않으면 동방의 빛 코리아로 거듭날 수가 없다. 이제는 대한민국 역사도 정리가 필요하다. 용서할 것은 용서하고 모든 결과는 남의 탓이 아니고 내 탓인 것이다.

삶이란 여행이지 영원히 이 땅에서 사는 것이 아니다. 반드시 우리는 돌아가야 할 곳이 있다.

창세기부터 요한계시록 66권 성경책은 하나님의 말씀으로써 일점일획이라도 땅에 떨어지지 않고 100% 완벽하게 이루어진다. 그 증거는 예수가 이 땅에 오신 사실이다. 우리는 하나님의 긴 세월 속 역사로 모든 것을 알 수는 없다. 창조주 하나님께서는 영원부터 영원이라는 인간의 숫자로 계산이 안 되는 공간 속에 계시기 때문이다. 삶의 시간이 21세기에는 100세의 시대이니 1세기를 사는 셈이다. 반세기를 살던 인생에서 1세기를 사는 인생으로 생명이 연장되었다.

역사는 과거, 현재, 미래를 엮어 준다. 과거가 오늘이며 오늘이 미래의 산물이다. 그래서 어느 민족이건 개인이건 역사를 알아야 한다.

대한민국은 6.25 전쟁으로 폐허가 된 나라였다. 그 폐허 속에서 경제 대국의 반열에 선 국가로 거듭났다. 하지만 21세기 역사 앞의 대한민국은 어떤 모습을 하고 있는가? 여성 상위 시대라 하여 남자의 권위는 땅에 떨어지고 모든 것의 서열과 질서는 무너져 혼란 가운데 있다. 북한은 북한대로 남한은 남한대로 문제가 한두 가지가 아니다.

"당신은 대한민국에 태어난 자체가 행복하고 감사합니까?"
라는 질문에 "네"하고 대답할 사람이 몇 명이나 될까? 대한민국
은 가난한 현실 속에서 성장했다.

나의 기억으로는 그 당시에 밥을 얻어먹고 사는 사람도 있었
고 지금의 노숙자처럼 길거리에 사는 사람도 있었다. 하지만
서로가 없는 가운데서도 동족애를 느낄 수 있었고 희망이 있었
다. 지금 남한의 모습을 객관적으로 분석할 필요가 있다.

남한의 어린 새싹들의 교육은 어린이집이나 유치원에서 시
작이 된다. 나의 학창시절에는 낙엽을 책갈피에 말리며 음악감
상실과 책 한 권씩 들고 덕수궁 돌담길을 걷기도 하고 볼만한
명작의 영화도 많았다. 그때 그 시절에는 유일한 희망이 독서
였다. 지금은 대학에 가기 위해 태어난 존재가 되었다고 해도
과언이 아닌 시대에 살고 있다. 잠도 못 자고 시간과 돈을 투자
하여 대학에 들어가고 대학을 졸업한다고 해도 우리 사회가 그
들을 수용한다는 보장도 없다. 독일은 19% 만이 대학에 진학
한다. 그래도 우리보다 그 나라는 잘 산다.

인간들이 살아가는 목적은 행복하기 위함이다. 창조주 하나님께서 태초에 천지를 창조하실 때 땅은 아무것도 없는 늪, 끝없이 깊은 공허, 칠흑 같은 어둠이었다. 창조주 하나님께서 질서 가운데 빛을 창조하셨다. 대한민국의 정체성은 '홍익인간'과 '동방예의지국'이다. 대한민국을 이끌어 갈 이 두 날개가 교육의 지표가 되어야 한다. 스승과 제자, 지도자와 백성, 부모에 대한 자식의 도리…. 모두가 본분이 있는 것이다.

질서가 파괴된 사회는 패망으로 갈 수밖에 없다. 부모들은 자식이라면 벌벌 떨면서 키우고 있다. 아직까지 온전한 대한민국이 아니다.

통일을 이루지 못한 것이 조국의 현실이다. 허리가 휘도록 자식을 키워 놓은 것이 전부가 아니다. 우리가 길러놓은 내 아이들이 대한민국의 미래이다.

낚시하는 방법은 가르치지 않고 물고기를 잡아서 먹이기만 하니 이 험한 세상을 어떻게 헤쳐나가며 적화통일의 허황된 꿈을 버리지 않고 있는 북한 동포들을 어떻게 구원할 것인가? 대한민국 한 사람 한 사람이 강하고 담대해야 하는 이 시대에 우리의 모습을 다시 한번 돌아보아야 한다.

이 세상은 눈물에 젖은 빵을 먹어 보지 않고는 진정한 내공과 힘이 나오지 않는다. 어느 나라이건 가장 위대한 것은 노동에 의해 이루어졌다. 노동은 위대함과 부의 근원이다.

　우리나라 경제의 기초는 선조들의 피와 땀과 노동이었다. 가난한 조국을 일으키기 위해 중동에서의 산업 일꾼들 월남 전쟁에 참여한 젊은 병사들, 열악한 환경에서도 공장에서 열심히 일했던 근로자들, 독일의 간호사와 광부들, 조국의 독립과 복음의 씨앗을 뿌린 순교자들, 서양인들이 낯선 동양에 와서 오직 주님만 바라보며 이 땅에서 생을 마감한 선교사님들 덕분이다. 그리고 6.25 전쟁으로 인하여 먼 타국 땅에서 자란 전쟁고아들까지…. 한 많은 민족들의 얼이 모여서 선진국의 대열에 들어선 것이다.

　민주주의의 기본 바탕이 무엇인가?

　국민이 권력을 가지고 권리를 행사하며 노력한 만큼의 대가가 있어야 한다. 공의와 정의가 있어야 참다운 민주주의를 만들 수 있다. 세월호 사건만 보더라도 선장의 공의와 정의의 마음이 없었기 때문에 더 많은 희생자가 생겼다.

우리에게는 '통일'을 풀어야 하는 숙제가 있다. 이 숙제를 풀어 놓고 가지 않는 한 후손들은 행복한 삶을 살 수가 없다. 선조들은 일본제국에서 대한민국을 찾아 주셨다. 또한 부강한 나라로 만들어 주셨다.

지금 우리는 불가능해 보이고 높은 벽에 가로막혀 있는 통일을 이루어야 하는 사명이 있다. 이스라엘은 모세라는 지도자가 없었더라면 이집트 바로의 손에서 탈출할 수 없었다. 홍해 앞에서 모세는 위대하신 하나님을 바라보고 믿음으로 홍해가 갈라져 이집트에서 탈출해 백성들을 살릴 수 있었다.

모세는 이집트 왕실의 특권을 포기하고 하나님의 백성과 고된 삶을 선택했다. 모세의 믿음의 행위는 바다를 갈라 육지를 만들어 건넜으나 이집트 사람들은 물에 빠져 죽었다.

성경에 나오는 기적들은 신화가 아닌 실제상황이었다. 21세기에 살고 있는 우리에게도 그런 기적은 일어난다. 다만 모세와 같은 믿음의 사람이 없을 뿐이다. 힘에 버거우면 포기하기 때문에 뜻을 이루지 못한다.

이집트에서 400여 년을 종살이했던 히브리 민족을 구원하신 하나님께서 대한민국에도 반드시 38선을 무너뜨려 북한 동포들을 구원해 주실 그날을 고대하고 있다. '우리의 소원은 통일 꿈에도 소원은 통일'이 실제적으로 이루어질 때가 다가왔다.

우리는 통일된 조국을 위해 무엇을 어떻게 준비해야 하나 고민해야 한다. 준비된 민족, 준비된 개인에게는 반드시 기회가 주어진다. 아무런 힘이 없을 것 같은 낙숫물 한 방울 한 방울이 바위를 뚫는다.

뜻이 있는 곳에 길이 있다. 무력(武力)으로 전쟁을 일으키는 족속들은 어리석은 인간이 아니라 악마의 속성이다.

적화통일을 꿈꾸고 있는 자를 이기는 해답은 요한계시록 19장 15절 말씀에 있다.

"그의 입에서 예리한 검이 나오니 그것으로 만국을 치겠고 친히 그들을 철장으로 다스리며 또 친히 하나님 곧 전능하신 이의 맹렬한 진노의 포도주 틀을 밟겠고 그 옷과 그 다리에 이름을 쓴 것이 있으니 만왕의 왕이요 만주의 주라 하였더라"

십자가에서 다 이루어 놓으시고 악의 권세를 이기신 우리 대장 예수의 깃발을 들고 동방의 길 백두산이 중심이 되어 전 세계에 진리의 등대가 되는 것이다. 창조주 하나님께서도 한 분이시오, 해도 달도 하나이며 생명체가 살 수 있는 유일한 행성 지구도 하나이다. 그 가운데 만왕의 왕 통치자인 예수도 한 분이시다.

역사는 과거가 있고 현재가 있고 미래가 있다. 지구에 다가올 미래는 사도 요한에 의하여 쓰인 책 요한계시록에 다 기록되어 있다.

"이 예언의 말씀을 읽는 자와 듣는 자와 그 가운데에 기록한 것을 지키는 자는 복이 있나니 때가 가까움이라"(요한계시록 1장 3절)

예수님은 부활 승천하실 때 다시 이 땅에 오시겠다고 약속하시고 하늘로 올라가셨다. 지금은 21세기, 말세 마지막에 우리는 살고 있다. 지금은 서적이나 인터넷에서 누구나 쉽게 말세론에 대해 볼 수 있고 읽을 수 있다. 예수님께서는 언제 오실지 오직 하나님만이 그 시와 때를 아신다고 했다.

육신은 밥 세 끼와 운동을 해야 유지가 되듯 영혼은 하나님의 말씀을 묵상하며 영혼은 늘 깨어 있어야 한다.

"우리의 씨름은 혈과 육을 상대하는 것이 아니요 통치자들과 권세들과 이 어둠의 세상 주관자들과 하늘에 있는 악의 영들을 상대함이라" (에베소서 6장 12절)

"그런즉 서서 진리로 너희 허리띠를 띠고 의의 호심경을 붙이고"(에베
소서 6장 14절)

평안의 복음의 예비한 것으로 신을 신고 모든 것 위에 믿음의 방패를 가지고 이로써 능히 악한 자의 모든 화전을 소멸하고 구원의 투구와 성령의 검 곧 하나님의 말씀을 가지고 에덴 동산에서 하와를 거짓말로 유혹한 사탄은 세상 끝자락에서는 예수님의 몸인 성전과 포도 열매인 성도들을 핍박하며 예수님을 대적할 예언된 통치자 적 그리스도의 출현이다.

"또 내가 보매 개구리 같은 세 더러운 영이 용의 입과 짐승의 입과 거짓 선지자의 입에서 나오니 그들은 귀신의 영이라 이적을 행하여 온 천하 왕들에게 가서 하나님 곧 전능하신 이의 큰 날에 있을 전쟁을 위하여 그들을 모으더라 보라 내가 도둑같이 오리니 누구든지 깨어 자기 옷을 지켜 벌거벗고 다니지 아니하며 자기의 부끄러움을 보이지 아니하는 자는 복이 있도다"(요한계시록 16장 13-15절)

이 세상에는 종교라는 거대한 집단이 있다.

교회는 유일하게 성령 하나님께서 다스리는 곳으로 우리는 주님의 몸이신 '성전'이라고 부른다. 그곳에서 목사님의 지도

아래 주님의 말씀을 듣고 배우며 예수님의 피로, 한 형제자매가 된 사랑의 공동체로써 예수의 제자가 되기를 원하며 훈련을 받는다.

성도들은 이 세상에서 빛과 소금으로써 가정과 사회 속에서 실천하며 그리스도의 향기를 발한다. 그리고 그 향기에 주님을 알지도 듣지도 못한 영혼을 향하여 주님의 가지로써 그 역할을 다한다. 모두가 복음의 빚진 자로서 그 빚을 다 갚고 주님 앞에 서야 한다.

예수는 십자가 위에서 하나님 앞에 어린양으로서 속죄 제물로 바쳐졌다. 영혼의 산고 끝에 인류에게 생명을 주시려는 하나님의 계획을 완성하신 분이시다. 예수님이 가신 그 길을 우리는 따라가야 하며 예수님의 거짓이 아닌 진실의 말씀을 듣고 지키며 행해야 하며 영원한 세계 영원한 생명을 주신 마지막 아담이신 예수에게 인류는 영적인 하와로서 하나가 되어야 한다.

우리는 창조주 하나님을 믿음으로써 모든 문제를 해결할 수 있다. 보이지 않는 우주와 천상의 도시와 아름다운 지구를 말없이 운행하시는 여호와 하나님께서 시작이시기 때문이다.

하나님의 형상으로 창조된 인간은 부족함 없는 에덴동산에서 불순종으로 인류의 고통이 시작되었다. 우리는 사실을 사실대로 볼 줄 알아야 제대로 된 삶을 살 수 있다.

우리는 천상의 도시에서 무슨 일이 있었는지 모른다. 다만 '루시퍼'라는 천사장이 하나님의 보좌에 도전하여 천상에서 쫓겨나 이 세상의 끝날까지 하나님을 대적하는 자로 거짓의 아비라는 사실밖에는 모른다. 이 지구에서 일어나는 굶주림, 기근, 알 수 없는 질병의 고통 사건, 사고, 귀한 생명들이 죽어 가는지에 대해 대답할 자가 없다. 삶과 죽음, 행복과 불행, 선과 악이 공존하면서 지구는 끝없이 돌고 있다.

분명한 것은 '진화론'이 아니라 '창조론'이며 신은 죽은 것이 아니라 영원히 살아계시며 성경 66권이 일점일획이라도 빠뜨림 없이 그대로 이루어진다는 사실이다. 왜냐면 성경은 하나님의 설계도면이기 때문이다.

집을 지을 때 공사(工事)를 할 때 설계도면대로 하지 않으면 부실공사가 된다. 설계도면에 있는 철근 숫자를 시공자 임의대로 더하거나 뺀다면 부실공사로 인해 귀한 생명과 재산과 행복과 모든 것을 앗아갈 것이다. 마찬가지이다. 하나님께서 성경을 통해 행복한 세상을 설계해 놓으셨지만 인간인 우리가 내가 기준이 되어 마음대로 해석하기 때문이다.

믿음의 눈이 없으면 역사도 인류가 어디로 흘러가는지 개인의 삶도 풀 수가 없다. 학문도 과학도 인류가 추구해야 할 성숙한 문화도 필요하다.

나는 성령으로 잉태되어 마리아의 몸을 빌려 하나님 자신이 육신이 되어 오신 예수님에 대해서 사실을 사실대로 이야기하는 것뿐이다. 이 사실을 신학적으로나 과학적으로 증명을 하라고 하면 나는 못 한다. 하지만 나의 삶이 증명하고 있다.

나의 어린 시절에는 나라도 가난했지만 우리 집도 가난하여 먹을 것이 없었다. 나의 사연은 '동방의 빛코리아'라는 책에 적혀 있다. 나를 누가 교회로 인도한 기억은 없다. 그러나 나는 초등학교 가기 전부터 교회를 열심히 다니고 있었다. 나는 교회가 이유 없이 좋았다.

그 시절에는 사람이 죽으면 상여를 메고 동네 산에 묻었다. 나는 호기심이 많아서 몰래 그 상여를 따라갔다. 아이들은 무섭다고 가지 않았고 혼자 갔다. 사람이 죽는다는 사실을 그때 알았다. 그래서 더욱 교회에 열심히 다녔는지도 모른다. 주님을 믿으면 천국 간다고 하니까 어린 마음에 죽어서 지옥에 가기 싫었던 것 같다.

　나는 어린 시절부터 용돈을 스스로 벌어 썼다. 돈은 부모한테 받는 것이 아니고 스스로 해결하는 것을 어렸을 때부터 터득한 셈이다.

　우리가 이 땅에서 주님의 선한 사업에 힘쓰고 교회를 섬기며 십일조, 헌물, 봉사, 전도는 당연한 것이지 그 모든 행위가 하나님께 복을 받기 위한 수단이 되어서는 안 된다.

　요한계시록 22장 말씀에 "나 예수는 교회들을 위하여 내 사자를 보내어 이것들을 너희에게 증언하게 하였노라 나는 다윗의 뿌리요 자손이니 곧 광명한 새벽 별이라 하시더라"라고 기록되어 있다.

　"오십시오! 성령과 신부가 말씀하십니다. 듣는 이들은 오십시오! 화답하십시오. 목마른 사람 있습니까? 오십시오! 원하는 사람은 누구나 와서 마시십시오. 생명수를 거저 마시십시오!"

　복음은 이런 것이다. 이 지구에 창조된 것에 하나님께서는 대가를 바라지 않으신다. 태양세, 공기세, 산소세를 내는 사람은 이 지구상에 한 사람도 없다. 복음에 돈이나 다른 것이 섞인다는 것은 사이비나 이단 종파들이다. 교회의 운영은 성령님이 하시기 때문에 전적으로 성령님께서 책임을 지신다. 이 땅에서 천년만년 살 것 같아도 인간은 반드시 죽는다.

25

인간은 청지기로서의 사명이 있다

삶은 릴레이이며 하나님의 역사 속에서 나의 사명이 무엇인가를 깨닫고 사는 자만이 반석 위에 집을 짓는다.

세상에 태어난 목적을 알고 살아야 제대로 살 수가 있다. 목적이 있으면 불평불만 할 시간도 없다. 옹달샘이라는 동요의 노래가 있다. 그 노래 가사를 보면 새벽에 토끼가 눈 비비고 일어나 세수하러 왔다가 물만 먹고 간다는 내용이다. 목적을 향해 갈 생각은 하지 않고 환경 탓과 남 탓만 하다가 세월만 가는 토끼 같은 인생을 살고 있지는 않은지 잠시 멈추어 자신의 모습을 뒤돌아보아야 한다.

지금 상태로 대한민국이 흘러간다면 아시아의 등불 대한민국이 아니라 아시아의 호롱불 되기도 힘들다. 우리의 현실은 힘든 일, 허드렛 일들은 동남아 사람들이 하고 있다.

우리나라가 가난했던 시대에 '아메리칸드림'으로 이민을 많이 갔던 때가 있었다. 지금은 '코리안드림'을 꿈꾸며 동남아 남성, 여성들이 많이 오고 있는 실정이다.

황인종이라는 이유로 백인들에게 서러움을 받았던 때도 있었다. 그러나 우리는 지금 동남아 사람들에게 잘하고 있는가? 나는 농촌에서 살기 때문에 현실을 보고 있다. 우리나라 사람들이 동남아 사람들을 대하는 태도는 거의 노예 수준으로 대하는 것 같다. 나는 그들에게 존댓말을 쓰는 사람을 별로 볼 수 없었다. 반말이나 무식한 태도에 민망할 때가 많았다. 그 사람들이 말을 알아듣지 못한다고 해도 상대방의 표정이나 태도를 보면 다 알 수 있다. 앞에서도 언급했지만 인간으로 태어나는 순간 천부인권을 가지고 태어난다. 누구도 그 권리를 빼앗을 자격이 없다.

우리나라 청소년들은 교복을 입고도 버젓이 담배를 피우면서 대화는 욕에서 시작해 욕으로 끝난다. 그러나 아무도 말해주는 사람이 없다. 나는 눈에 보이면 말한다. 하지만 돌아오는 건 '당신이 뭔데 참견이야'하는 태도이다. 그들을 보고 있노라면 조국의 미래가 암담하고 깜깜할 때가 있다.

청소년들만 나쁘다고 할 수가 없다. 부자만 되면 된다는 물질만능주의가 불러온 부작용이 하나씩 나타나기 시작하는 사회문제일 뿐이다. 우리나라에서 중산층이 되는 조건과 행복지수의 조건은 집이 30평 이상이어야 하고 월수입은 500만 원 이상 되어야 하며 차는 2000cc를 타고 다녀야 중산층이란다. 모든 조건이 눈에 보이는 물질로만 평가되어 있다.

프랑스에서는 중산층의 조건이 우리나라와는 조금 다르다. 외국어를 1개 정도 해야 하며 즐기는 스포츠 1개, 다룰 줄 아는 악기 1개, 손님을 초대했을 때 근사하게 내놓을 수 있는 요리 1가지 이상할 줄 알며 공적인 분노가 있고 약자를 도우며 사는 사람이 중산층이라고 한다. 프랑스 사람들의 중산층 조건이 마음에 든다.

우리의 조건과 비교해 보면 우리는 물질과 눈에 보이는 body로만 평가하고 있다. 프랑스나 영국 등 유럽인들은 자신이 사회에 어떤 일원으로 도움을 주면서 사는가를 생각하며 약자를 도울 줄 알고 불법에 저항하며 정의로운 마음을 가지고 산다는 것이다.

우리나라는 잘산다는 기준이 나만 잘 먹고 잘살면 된다는 이기적인 생각이 강하게 깔려있다. 정의로움은 어디로 사라지고 불법을 행하는 사람들을 보고도 못 본 척하는 것이 미덕이 되어버렸다. 잘 먹고 좋은 집에서 육체의 안락함을 즐기는 것만이 인간 삶의 최종목표는 아니다. 짐승들도 좋은 집에서 잘 먹고 잘사는 복 많은 애견들도 많이 있다.

인간은 청지기로서 하나님의 창조의 세계를 잘 관리해야 하는 사명이 있는 존재들이다. 세계인들이나 우리나라나 무엇을 위하여 살며 어디로 흘러가고 있는가. 민족이나 개인이나 망하고 싶으면 창조주 앞에 교만하면 된다. 거짓은 진리를 이기지 못하며 미움은 사랑을 이기지 못한다. 우리가 살길은 창조주 하나님 앞에 겸손해야 한다.

인류는 '욕망'이라는 이름 아래에 화려한 도시와 인간이 가장 좋아하는 말초신경의 끝자락에 와있다. 돈이라는 우상 앞에서 영혼도 육체도 판다. 돈은 물물교환의 불편을 대신하는 종이에 불과하다. 그러나 돈 때문에 인륜도 저 버린다. 돈이 없으면 생명도 위협하는 세상이 되었다. 마지막 때에는 사람들이 자기만 알고 돈을 사랑하고 부모를 무시하고 상스럽게 행동하고 죽기 살기로 경쟁하고 남을 헐뜯고 잔혹해지며 무자비하며 허풍을 떨고 욕망에 빠져서 하나님을 몹시 싫어한다고 했다. 21세기 현대인들의 모습이며 겉은 화려한 가면을 쓰고 있지만 그 속은 회칠한 무덤처럼 그 속은 썩어가는 뼈와 같다.

돈이 없으면 생명도 귀하게 여기지 않는 현실에 살고 있다. 사람을 내 손으로 죽여야만 살인이 아니다. 돈 때문에 돈이 우상이 되어 불우한 이웃을 눈으로 그냥 보고 지나치고 있다면 인류는 결국 스스로 평화의 왕으로 가장한 적그리스도를 출현시킬 것이다. 이것이 인류가 만들어낸 육(body)과 '돈의 우상'이 만들어낸 결과물이다. 육으로 가는 길은 사망의 길이요 보이지 않는 천상의 도시를 '믿음'이라는 길을 걷는 자들은 영원한 생명의 길로 들어가는 것이다.

시몬 베드로가 말했다.
"주님은 살아계신 하나님의 아들이시며 그리스도 곧 메시아입니다."
(요한복음 11장 27절)

예수께서 베드로의 신앙고백 위에 교회를 세우신다고 했지 베드로 자체에 교회를 세우는 것이 아니다.

모든 성도들은 사도신경으로 신앙고백을 한다.

하나님은 한 분이시다.

믿음의 조상은 아브라함이다.

우리들은 생물학적 DNA를 가지고 태어난다. 그러나 하나님께서 가지고 계시는 생명책에는 오직 예수 그리스도의 보배로운 피로 죄사함을 받아, 하나님의 생명을 가진 자만이 생명책에 기록될 수 있다. 이 세상의 어떤 위인도 성자도 마리아도 베드로도 12제자도 믿음의 조상 아브라함의 이름에는 구원이 없다. 오직 '예수'에게만 있다. 이것은 하나님께서 인류의 구원을 위한 법령이며 또한 예수만이 죄를 위해 죽음을 통과하여 부활 승천하셨기 때문이다. 앞으로 산 자와 죽은 자들을 추수하러 오실 분이시기 때문이다.

창조주 하나님께서 인간을 위해 에덴동산에서의 첫 법령은 선과 악을 알게 하는 "선악과나무를 먹지 말라"는 것이었다. 그러나 지금의 하나님 법령은 예수를 믿기만 하면 구원을 얻는 길을 만들어 주셨다.

"나는 선한 목자라. 나는 내 양을 알고 양도 나를 아는 것이 아버지께
서 나를 아시고 내가 아버지를 아는 것 같으니 나는 양을 위하여 목숨
을 버리노라"(요한복음 10장 14. 15절)

삯꾼은 참된 목자가 아니다. 삯꾼은 양들을 하찮게 여긴다. 이리가 오는 것을 보면 양들을 버리고 급히 달아난다. 그러면 양들은 이리에게 잡아 먹히거나 뿔뿔이 흩어지고 만다. 삯꾼이 관심을 기울이는 것은 돈밖에 없다. 삯꾼은 양들을 소중히 여기지 않는다.

예수님은 자유의지로 목숨을 버릴 권한도 다시 얻을 권한도 있으며 이 모든 권한은 하나님 아버지께서 직접 주셨다고 하셨다. 창조주 하나님은 농부이시며 이 지구는 밭이다. 이 땅의 농사는 일 년 농사이다. 가을이 되면 농부들은 추수를 한다. 키질을 하여 알곡과 쭉정이를 가른다. 창조주 하나님께서는 참 포도나무이신 예수의 열매 포도송이가 다 익어서 거둘 때가 되면 반드시 추수를 하신다.

하나님의 추수 때가 역사의 막이 내리는 때이며 우주 속의 먼지에 불과한 아름다운 지구는 사라질 것이다.

인간은 빛이 없으면 하루도 살 수가 없다. 참 빛이 되신 예수께만 소망이 있다. 우리가 엄마의 뱃속이 시작이라면 인간으로 태어나는 자체가 불행일 것이다. 하지만 엄마의 뱃속이 시작이 아니라 생명의 근원이신 창조주가 시작이다. 그래서 절망일 수밖에 없는 인간에게 희망의 빛이 있다. 우리는 하나님의 선하신 목적을 위해 살다가 그분께로 가는 분명한 목적과 의미를 가진 존재들이다. 이 세상에는 때론 화려한 옷으로 때론 초라한 옷이지만 배내 옷과 수의 옷 한 벌이다. 이 세상의 그 무엇도 소유하고 갈 수가 없는 것이 인생이다. 생명이 잉태되기 전 영을 먼저 허락하시는 생명의 근원이신 하나님을 알지 못하고는 그 무엇에서도 인생의 정답을 찾을 수가 없다.

"나는 알파와 오메가요 처음과 마지막이요 시작과 마침이라"(요한계시록 22장 13절)

삶의 본질은 창조주께 있으며 영혼의 눈으로만 볼 수 있는 영원의 세계는 '믿음'이라는 길을 걸어가야 한다. 인간이 상상할 수 없는 우주라는 공간 속 지구는 영원한 생명의 주체이신 창조주 하나님으로 가는 간이역과 같은 것이다.

하나님께서는 이 세상이 끝날 때까지 우리를 암탉이 병아리를 품듯 품으시고 기르시며 훈련과 연단 가운데 예수의 성품으로 만드시기에 어떠한 고난과 역경이 앞에 있어도 이겨내면서 우리는 좁은 길을 가고 있다. 이 세상은 피와 땀을 흘리지 않는 한 아무것도 얻지 못한다.

인간을 4가지 속성으로 구별을 한다면 첫 번째는 현명하면서 똑똑한 사람이고, 두 번째는 부지런하면서 열심인 사람이고, 세 번째 유형은 어리석으면서 멍청한 사람이다. 네 번째는 느리고 게으른 사람이다.

하나님께서 쓰시는 사람은 어느 유형의 사람일까?

첫 번째와 두 번째 속성이 있는 사람을 쓰실 것이다. 현명하면서 똑똑하고 부지런하며 열심히 하는 사람을 쓰실 것이다. 육체적으로나 영적으로 게으르면 아무것도 이룰 수가 없다. 하늘에서 감이 그냥 떨어지는 것이 아니다. 모든 열매는 내 눈물의 수고와 노력이다. 게을러서 하나님이 준비해 놓으신 축복도 받지 못하는 것이 얼마나 많은지 모른다.

고통 없이 얻어지는 것은 아무것도 없다. 창조주 하나님의 목적은 하나님의 형상대로 사람을 창조하여 영원한 생명체를 주시는 것이다. 하나님의 목적과 계약을 깬 것은 우리 자신들이다.

부모는 자식을 포기하지 못한다. 창조주 하나님도 우리를 포기하지 못하며 포기하지 않으셨다. 사탄의 지배 아래에서 피와 땀을 흘려도 잎만 무성한 무화과나무와 같은 저주 아래 있는 우리의 인생을 성부 성자 성령 하나님의 피와 땀으로 다시 영원한 생명체를 찾아주셨다.

예수께서 한 알의 밀알이 되어 많은 열매를 맺게 하신 것이다. 육안으로 한눈에 볼 수 있는 하나님의 역사 이야기 성경에 쓰여 있는 역사의 실체가 인간의 구원에 있다.

노아의 방주도 모세가 이집트에 있는 하나님의 백성을 탈출시켜 구원하는 것도 하나님의 사람을 훈련 시켜 당신의 뜻을 이 땅에 실현하는 것이다. 예수께서 이 땅에 오신 사실이 지구의 마지막 말세의 진통이 시작된 것이다.

인류는 구원의 마지막 열차를 타고 있다. 지구는 본디 창조주의 것이기 때문에 그분께서 알아서 하실 것이고 우리는 하나님의 말씀을 실천하면 된다.

재림 주님의 시와 때는 오직 하나님께서만 아실 뿐 우리는 그 시간을 알 수가 없다. 하나님께서는 하루가 천년같이 길이 참으시는 것은 한 사람도 잃지 않고 구원에 이르는 것이며 인류에게 역사라는 시간과 공간을 주심은 아무 예고 없이 도둑처럼 오셔서 하나님의 심판을 받지 않게 하기 위함이다.

그날이 오면 천체가 불타 없어지며 원소들이 녹아내려 형체를 알 수가 없게 된다. 그러나 하나님의 말씀을 지키기 위해 목숨도 이 세상의 고생도 기쁜 마음으로 산 자들은 하나님께서 약속하신 새 하늘과 새 땅을 맞이할 것이다. 결사적으로 하나님의 말씀을 붙잡고 낙오자 없이 우리는 모두 천국으로 가야 한다.

삶은 사랑에서 시작해 사랑으로 끝이 난다.

고생도 난관도 증오도 배고픔도 노숙도 위협도 협박도 그 무엇도 하나님과 인간 사이의 사랑을 끊을 수가 없으며 우리는 염려할 것이 없는 것은 예수님께서 우리를 꼭 품어 안고 계시기 때문이다. 우리는 어버이의 은혜를 높고 높은 하늘과 넓고 넓은 바다로 표현을 한다.

부모는 자식을 향하여 살과 뼈를 깎으면서 녹이면서 일생을 산다. 잘난 부모이건 못난 부모이건 희생을 바친다. 우리가 악할 지라도 자식이 떡을 달라는데 돌을 줄 부모는 한 사람도 없다.

하물며 인간을 창조하신 하나님의 은혜는 하늘을 두루마리 삼고 바닷물을 먹물 삼아도 다 표현할 수가 없다. 하늘 보좌의 모든 영광을 버리고 이 땅에 오셔서 피와 땀과 물을 다 쏟으시고 우리를 구원해 주셨다.

은총, 은혜, 감사, 찬양, 할렐루야!

하나님께 영광과 찬양을 올린다.

하나님의 자녀라고 다 엘리트이고 잘난 사람만 있는 것은 아니다. 부족하고 못난 자식도 있고 손가락이 더 아픈 자식도 있다. 우리는 교회공동체 안에서 형제자매라고 부른다. 교회공동체 안에는 거듭난 성령의 사람, 자연인, 종교인들도 같이 공존하며 가고 있다.

우리는 영혼을 판단할 자격이 없는 사람들이다. 오직 판단하시는 분은 여호와 하나님이시다. 원수까지 사랑하며 형제자매의 고통을 분담하면서 사랑의 완성을 향하여 가는 것뿐이다. 나의 가진 모든 재물을 가난한 사람들에게 나누어 주며 순교자처럼 나의 목숨을 버리고 무엇을 믿고 말하고 일을 행해도 사랑의 본체이신 예수가 내 안에 없다면 파산한 사람과 같다.

삶은 부도 명예도 아니고 예수 사랑이 중심이다. 사랑은 변하지 않는다. 변하는 것은 사랑이 아니다. 사랑은 시작과 끝이 같다. 우리는 변하는 사랑도 사랑인 줄 알고 산다. 순수한 사랑에는 사랑 이외의 어떤 계산이나 다른 감정이 섞일 수 없듯이 복음도 마찬가지이다.

복음은 오직 예수 자체이시며 예수가 하나님의 말씀을 완성하려 이 땅에 오신 것처럼 오직 하나님의 입으로 나온 말씀대로 살지 않으면 천상의 도시 예루살렘 하나님의 보좌가 있는 곳에 들어갈 수가 없다.

"모든 육체는 풀이요 그의 모든 아름다움은 들의 꽃과 같으니 풀은 마르고 꽃이 시듦은 여호와의 기운이 그 위에 붊이라 이 백성은 실로 풀이로다 풀은 마르고 꽃은 시드나 우리 하나님의 말씀은 영원히 서리라 하라"(이사야 40장 6절 이하)

하나님의 말씀은 그대로 이 지구에 이루어진다. 지구는 하나님의 이야기 역사 끝자락의 시간표 앞에 서 있다. 세계역사는 고대, 중세, 근세, 근대, 현대사를 거쳐 지금은 21세기 태평양 시대를 맞이하고 우리들은 살고 있다. 역사의 끝자락에 있다는 증거는 하나님의 눈길이 '대한민국'에 머물렀다는 것이다.

26

아름다운 그림을 그리자

나는 숙명적으로 어린 시절부터 교회와 인연이 깊다.

중·고등학교도 채플 시간이 있었다. 중학교 2학년 때 교장 선생님 말씀이 충격으로 다가왔다. 교장 선생님 말씀은 "여러분 삶에 있어 가장 중요한 것은 내가 이 세상에 왜 태어났는지를 알아야 합니다. 우연이란 없습니다. 여러분이 이 세상에서 할 일이 있어서 태어난 것입니다. 그것을 먼저 알아야 합니다"라는 말씀이었고 "인생이 길지가 않고 짧다"라는 말씀이었다.

나는 그때부터 삶에 대한 생각에 빠졌다. 장대비를 맞으며 생각하고 덕수궁 돌담길에서 은행잎을 모아 책에 꽂아 말리며 도서관에서 책을 빌려 읽으며 사색했다. 그러나 답을 찾지 못했다. 그런데 22살 때 주님을 만나고 해답을 찾았다. 그래! 이 것이다! 주님의 기쁜 소식 구원의 길을 사람들에게 알려 주어야겠다고 다짐했다.

그러나 그 길은 쉽지 않았다. 세상을 향해 복음을 전한다는 것이 열정만으로 되지는 않았다. 넘어지고 늪에 빠져 나의 힘으로 빠져나오려고 하면 더 깊은 수렁에 빠지고 지푸라기 하나 없는 언덕을 기어오르기도 하면서 절망이라는 낭떠러지에서 방황할 때도 있었다. '주님을 따르고 산다는 것이 이렇게 험한 고난의 길이라면 애초에 시작하지 말 것…'이라고 후회도 했었다.

26세 때 교회를 개척하고 그 예배당 기도실에서 하나님은 나에게 말씀하셨다.
"너희 나라의 살길은…" 하시면서 나에게 설계도를 주셨다. 그때의 영적인 부담감은 죽고 싶을 정도로 힘겨웠다. 그 음성을 듣고 난 후는 기쁨으로 충만했던 마음까지 사라졌다.
"왜 하필 나입니까? 얼마나 똑똑하고 잘난 사람들이 많은데요."

그때는 하나님께 그렇게 반박하며 말했지만 오랜 세월이 흐른 뒤에 깨달은 사실은 하나님께서는 인간이 손을 댈 수도 없는 흠집 많고 약점 많은 질그릇을 택하셔서 하나님을 증거 하시는 것이다.
가난한 자를 택하사 믿음으로 부요하게 하시고 무식한 자를 택하여 자신의 능력과 경험으로 지혜롭다 여기는 자들을 부끄럽게 만드시어 하나님을 나타내시는 것이다. 주님은 토기장이시며 우리는 진흙이기 때문이다. 자랑할 것도 없는 죄악의 존재를 이렇게 만들어 주셨다는 사실에 하나님께서는 못난이도 사랑하시는구나 생각한다.

그 은혜를 맛보지 않은 사람은 죽었다가 다시 깨어나도 모른다. 이제는 대한민국에 계획하고 계시는 큰 그림도 두렵지 않다. 이제는 기쁜 마음으로 하루하루 믿음의 장애물을 뛰어넘고 있다. 믿음으로 나아가는 자는 반드시 상 주시는 살아 계시는 하나님을 믿는다.

나의 대한민국에 대한 큰 그림은 '동방의 빛코리아 통일된 조국 대한민국'이다. 나는 대한민국의 통일된 조국의 아름다운 그림을 그리고 싶다. 아름다운 조국의 그림을 그리고 싶은 마음은 호미 한 자루로 농사짓는 처녀 농부의 심정이며 홀로 깃발을 들고 가는 투사이다. 대한민국이 세계 속의 진리의 등대가 되어 동서남북으로 흩어진 하나님의 자녀들을 모아 대한민국은 성령님의 충전소가 될 것이기 때문이다.

이 세상에서 가장 기쁜 날은 혼인 잔치이다. 갈릴리 가나에서 결혼잔치에 참석한 예수님은 어머니 마리아의 부탁을 받고 물을 포도주로 바꾸는 첫 기적을 이뤘다. 물이 변하여 포도주가 되는 사실의 기적을 이룬 예수는 우리의 영원한 아담이신 증거이다.

하나님의 온전한 사랑이 있기에 우리는 살 수 있다. 예수님은 나의 죄 때문에 해산의 고통을 이기고 나를 새로운 피조물로 낳아주셨다. 블루베리 나무에 꽃이 피지 않고 딸기가 익지 않아도 사과에 벌레가 먹고 벼농사가 흉작이며 나에게 아무것도 남는 것이 없다 할지라도 나는 하나님 한 분만으로 만족하는 삶을 살고 있으며 나를 지구에 보내주신 창조주 하나님 앞에서 찬양하며 나의 영혼은 끝없이 창조주를 향하여 기쁨이 넘친다. 하나님의 통치와 승리를 믿으며 나의 영혼은 자유로운 푸른 초장을 뛰어다니며 복음의 날개를 달고 창공을 나르고 있다.

인생의 시작은 사람마다 다르다. 어떤 사람은 불리한 조건에서 어떤 사람은 축복 속에서 부족함 없이 시작된다. 하지만 하나님을 아버지로 모시고 사는 하늘 백성은 다르다.

하나님 아버지께서는 생물학적 DNA에서 시작하는 것이 아니라 오직 예수의 영에서 시작하신다는 사실이다. 그래서 어떠한 부모에게 태어나든 불행도 불행이 될 수가 없다. 우리의 영혼의 뿌리는 이 땅이 아니기 때문이다. 하나님의 나라, 하나님의 법, 하나님의 말씀이 우리에게 뿌리가 되기 때문이다.

예수께서 제자들에게 말씀하셨다.

　"누구든지 나와 함께 가려면 내가 가는 길을 따라야 한다. 결정은 내가 한다. 너희가 하는 것이 아니다. 고난을 피해 달아나지 말고 오히려 고난을 끌어안아라. 나를 따라오너라. 그러면 내가 방법을 일러주겠다. 자기 스스로 세우려는 노력에는 아무 희망이 없다. 자기를 희생하는 것이야말로 너희 자신 곧 너희의 참된 자아를 찾는 길이며 나의 길이다. 원하는 것을 다 얻고도 참된 자기 자신을 잃으면 무슨 유익이 있겠느냐? 너희 목숨을 무엇과 바꾸겠느냐?"

　우리는 하늘에 뿌리를 내리고 살지 않으면 이 땅에서는 모든 인생들이 부평초 같은 인생이다. 피조물인 인간의 뿌리는 창조주 하나님이다. 창조주의 섭리로 인해 우리는 태어난다. 다만 생물학적 부모의 몸을 빌려 태어나는 것뿐이다.

　인류는 이 숙제를 풀기 위해 학문과 과학과 우주를 연구한다. 인류의 근원을 찾기 위해서 말이다. 그 해답은 성경 66권밖에는 없다. 인류가 고민하는 모든 해답은 성경에 있다. 지구가 사라져도 영원한 사실이다. 왜냐면 창조주 하나님의 말씀이기 때문이다.

　시편 1편 말씀에 "복 있는 사람은 오직 여호와의 율법을 즐거워하여 그의 율법을 주야로 묵상하며 그는 시냇가에 심은 나무가 철을 따라 열매를 맺으며 그 잎사귀가 마르지 아니함 같으니 그가 하는 모든 일이 다 형통한다"고 하셨다.

대한민국은 6.25 전쟁을 겪고 황무지에서 샤론의 장미 무궁화 꽃을 피운 민족이다. 조국을 되찾기 위해 귀한 생명을 바친 선조들 덕분에 우리는 자유민주주의의 나라인 대한민국에서 살고 있다.

지구라는 별에 살고 있는 생물체 중에 사람의 목숨보다 귀한 것은 없다. 그러나 조국의 현실은 '통일'이라는 숙제가 우리 앞에 있다. 이 숙제를 풀지 않는 한 태평양 시대 주역이 될 수 없다.

문제가 있으면 반드시 해답은 있다. 우주와 땅의 기둥은 여호와 하나님의 것이다. 역사를 인간이 이끌고 가는 것 같지만 아니다. 창조주 하나님께서 이끌고 가시는 것이다.

거짓이 진실을 이기지 못하고 거짓이 정직을 이기지 못하고 역사는 사실을 사실대로 기록되는 것이지 왜곡한다고 되는 것이 아니다. 이제는 대한민국 국민들의 생활 수준은 높아졌다. 그렇지만 물질적으로 높아지면 무엇하겠는가. 영혼(soul) 있는 대한민국으로 거듭나야 한다.

삶의 완성된 그림은 '사랑의 완성'이다. 우리는 하나님의 은혜 없이는 하루도 살 수 없는 피조의 세상에서 살고 있다. 전쟁소식을 듣거나 전쟁이 일어나리라는 소문을 듣거든 당황하지 말고 침착하여라. 그것은 역사에 늘 반복되는 일일 뿐 아직 종말의 징조는 아니다. 나라와 나라가 싸우고 통치자와 통치자가 싸우는 일이 계속될 것이다. 곳곳마다 기근과 지진이 있을 것이다. 그러나 이것은 앞으로 닥칠 일에 비하면 아무것도 아니다.

21세기에 살고 있는 우리들은 매일 TV나 라디오에서 이런 소식을 듣고 있다. 불안하고 보이지 않는 생존의 전쟁을 하고 있다. 세상의 주권자이신 전지전능하신 분 덕분에 우리는 편히 잠을 청할 수 있다. '하나님이 보우하사 우리나라 만세'를 만들어 후손에게 아름다운 강산을 물려주자. 그러기 위해서는 우리모두 한마음으로 하나님 말씀을 실천해야 한다.

2차 세계대전 말기에 미국이 일본 히로시마에 핵폭탄을 떨어뜨림으로 전쟁은 종결이 되고 그 덕분에 대한민국은 나라를 되찾았으나 그 후유증은 모두가 파멸의 길이었다. 전쟁은 인간을 파멸과 멸망으로 가는 길이다. 전쟁은 이긴 자도 진 자도 비참한 것이다. 반드시 사랑의 원자탄밖에는 길이 없다.

'사랑의 원자탄' 하면 대한민국에 손양원 목사님이 계셨다. 손양원 목사님은 아들을 죽인 원수를 양아들로 삼았다. 다른 자녀들이 반대했을 때 "원수를 사랑하라고 하셨지 그냥 용서하라고 하지 않으셨다. 나는 하나님 말씀을 실천하는 것뿐이다"라면서 자식들을 설득했다.

손양원 목사님은 1902년 6월 3일 경상남도 함안에서 출생 1950년 9월 28일 하늘나라로 가셨다. 손양원 목사님은 공산당에게 두 아들을 잃은 슬픔과 고통 속에서도 감사하며 원수를 용서하며 사랑하는 것을 몸소 실천하셨다.

예수그리스도의 사랑과 용서를 그대로 따르며 말씀을 순종했다. 6.25사변이 일어나면서 "공산주의는 망할 것이다"라고 공언했다. 그러다가 후퇴하는 공산주의자들에 의해 무참히 죽음을 당했다. 오직 하나님의 말씀을 삶에 실천하며 세상을 돌아보지 않고 십자가의 길만 가셨던 손양원 목사님은 그렇게 하나님의 품으로 가셨다.

예수께서 이 지구상에 오신 목적은 하나님과 원수 된 인류의 화목 제물이 되셔서 원수의 담을 허물고 다시 에덴동산을 회복시켜주셨다. 하나님의 명령은 등불이요 하나님의 법은 빛이요 하나님의 훈계는 생명 길이라고 하셨다. 우리에게 원수까지 사랑하라고 명령하셨다.

대한민국 역사는 '용서'라는 강을 건너야 한다. 하나님 말씀을 실천하지 않고 말로만 "믿습니다" "할렐루야" "아멘"을 외치며 예수 이름으로 귀신을 몰아내도 긍휼의 마음 사랑이 없으면 삶 속에 기적은 일어나지 않는다.

이 세상에서 예수의 삶을 산다는 것은 생명을 다 던져 사는 것이다. 오른쪽 뺨을 때리면 왼뺨도 돌려대며, 나를 송사하여 속옷을 가지고자 하는 자에게는 겉옷을 주며, 나를 억지로 오리를 가게 하면 그 사람과 십리를 동행해야 한다.

하늘의 모든 영광을 버리고 멸시와 천대 상상할 수 없는 고통을 당한 예수님은 수많은 사람이 우리를 버리고 외면해도 우리를 외면하거나 버리지 않으신다. 멸망으로 갈 수밖에 없는 우리를 위해 십자가에서 죽으신 예수님의 사랑을 생각하면 눈물이 난다. 주님의 십자가의 사랑이 나의 고통과 나의 상처와 나의 눈물을 닦아 주셨고 나는 존재할 수 있었다. 나는 험한 주님의 십자가의 길을 사랑한다.

젊은 날에는 그 길을 바로 가지 못하고 주님의 속을 많이 태웠다. 주님의 말씀을 삶 속에서 실천하지 못할 때가 많았기 때문이다. 나의 삶에 있어 한가지 소원이 있다면 예수의 흔적만 남기고 세상을 떠나고 싶다. 이 한목숨 바쳐 통일을 이룰 수만 있다면 기꺼이 기쁜 마음으로 임할 것이다.

한국의 자유민주주의의 아버지 김동길 박사님께서 21세기 태평양 시대를 맞이하여 '태평양시대위원회'를 설립하신 목적도 통일된 조국 대한민국을 후손들에게 물려주기 위함이다. 통일을 이루지 않고는 태평양 시대의 주역이 될 수가 없기 때문이다.

사람들은 저마다 자신의 경험과 아는 만큼 세상을 바라보고 평가한다. 지구상에 있는 모든 사람들은 얼굴이 각각 다르듯이 저마다 생각과 사상이 다르다. 우리나라는 고조선으로 시작해서 5000여 년 역사를 가진 민족으로 다른 나라로부터 수많은 외침에도 불구하고 민족성을 잃지 않고 민족정신을 지키고 있다.

나의 달란트를 활용하자

2019년은 광복 74년이 되는 해이다. 분단된 지도 74년이 되었다. 국가는 독립이 되었는지는 모르겠지만 자주독립은 이루지 못했다. 우리는 통일 한국을 후손들에게 물려주어야 비로소 자주독립을 이루는 것이다.

김일성의 잘못된 사상이 오늘날 대한민국에 불행의 씨앗이 되어 3대인 김정은이라는 손자가 김일성의 뒤를 잇고 있다. 북한 동포들은 고통 가운데 있고 거짓의 아비에게 속고 있다.

북한의 잘못된 이념과 사상 그리고 하나님께서 가장 싫어하시는 우상을 만들어 놓고 살아가는 그 모습을 우리 눈으로 보고 있다. 모세를 통해서 우리에게 주신 십계명의 죄를 지으면 피할 길이 없다.

하나님께서 모세를 통하여 말씀하셨다. 이 지구상에 있는 어떤 것도 형상으로 만들어 그들에게 절하지 말며 그것들을 섬기지 말라고 명령하셨다. 그들의 재료는 돌이나 나무에 지나지 않는다. 그것에는 마음도 생각도 지식도 아무것도 없다.

만물의 영장인 인간이 섬겨야 할 대상은 오직 창조주 하나님

한 분이시다. 누구든지 "너는 나 외에는 다른 신들을 네게 두지 말라"
고 명령하신 첫째 계명을 끝까지 고집하며 어긴다면 붕괴될 때
솟아날 구멍도 없을 것이다.

중국에 있는 상하이 임시정부는 1918년 미국 대통령 윌슨이
민족자결주의론을 발표하자 신한청년당의 김규식을 대표자로
프랑스 파리로 파견하여 한국 독립의 정당성과 국제 연맹의 동
의를 통한 외교독립을 추진했다. 김규식은 제1차 세계대전의
종전을 논의하는 프랑스의 파리강화 회담 그리고 미국의 국민
회와 동지회를 흡수한 통합 임시정부를 발족하였다.

나는 중국 상하이에 있는 임시정부 현지답사를 하면서 건물
에 들어서는 순간 '우리 선조들께서 후손들에게 나라를 되찾아
주기 위해서 생명과 고생을 감수하면서 이렇게 열악한 환경도
마다하지 않고 대한민국을 지켜주셨구나!' 하는 생각에 순간
가슴이 뭉클했다. 또한 중국 정부에도 고마운 마음이 들었다.
나라를 지키고자 충성을 다하며 생명까지 아낌없이 바친 선조
들 덕분에 대한민국이 이만큼 잘살 수 있다.

윤봉길 의사는 19세 때 국민들의 무지가 나라를 망하게 한다

고 생각하여 선생의 꿈을 꾸지만 광복이 늦어지자 직접 투쟁을 해서 일본을 몰아내야겠다는 생각을 하게 된다. 윤봉길 의사는 독립을 위한 길을 찾기 위해 중국으로 떠난다.

1932년 대한민국 임시정부소속 한인 애국단 의거 단체에서 이봉창은 일본 동경에서 일왕 히로히토에게 수류탄을 던졌다. 그러나 거사가 실패하자 윤봉길 의사가 백범 김구 선생을 찾아가 "상하이 홍커우공원에서 일왕 생일 파티가 있다고 들었습니다. 나에게 처단할 기회를 주십시오"하고 부탁했다.

윤봉길 의사는 한인 애국단에 가입선서문을 쓰고 군인의 자격으로 김구 선생이 마련한 의로운 폭탄을 가지고 중국 상해 한복판으로 갔다. 그곳에서 터뜨린 물통 폭탄은 희망의 승전고이며 해방의 신호탄으로 온 세계를 뒤흔든 폭음이었다.

한국 혼의 성난 외침은 온 인류 온 세계를 깨웠다. 민족과 조국을 향한 횃불 같은 사랑을 품었던 윤봉길 의사는 그렇게 온 인류를 살리는 보람 있는 죽음을 스스로 선택했다. 침략의 원흉들은 추풍낙엽처럼 그 자리에서 쓰러졌다. 윤 의사는 자폭할 시간을 미처 얻지 못해 총살로 생을 마감한다.

그분들의 피와 뼈의 희생정신이 우리 가슴 속에 있어야 한다. 태극기에 피로 새긴 '대한독립'은 목숨을 바치면서까지 지키고자 했던 조국의 자주독립이었다. 독립을 위해 생명을 바친 애국열사들께 보답하는 길은 진정한 자주 독립된 조국을 후손들에게 물려주는 것이다. 진정한 자주독립을 이루며 민족이 살길은 자주평화 통일뿐이다. 민족을 사랑하는 마음이 한 사람 한 사람 마음속에 일어나야 한다.

우리의 소원은 통일, 꿈에서도 통일, 통일!

아, 대한민국 국민뿐이 아니라 세계인의 평화의 통일,

통일이여 빨리 오라!!

마태복음 25장을 보면 주인이 종들에게 맡긴 달란트 이야기가 나온다.

첫 번째 종에게는 다섯 달란트, 두 번째 종에게는 두 달란트 세 번째 종에게는 한 달란트를 주었다. 첫 번째 종은 즉시 가서 일하여 두 배로 늘렸다. 두 번째 종도 똑같이 했다. 그러나 한 달란트 받은 종은 구덩이를 파고 그 속에 주인의 돈을 잘 묻어 두었다. 다섯 달란트 받은 종은 어떻게 두 배로 늘렸는지 설명하며 주인에게 칭찬을 받았다. 두 달란트 받았던 종도 어떻게 두 배로 늘렸는지 설명했다. 주인이 칭찬했다. 한 달란트 받은 종이 말했다. "주인님은 경거망동을 싫어하며 실수를 용납하지 않으시니 저는 당신을 실망시킬까 봐 여기 한 푼 축 내지 않고 고스란히 가져 왔습니다. 그러나 종의 기대와는 다르게 주인은 '악한 종'이라고 꾸짖었다.

이 이야기는 위험한 상황을 피해 안전에만 급급한 사람들에게 경종을 울린다. 하나님은 우리의 타고난 재능 달란트를 타인을 위해서 쓰기를 원하신다. 공익과 정의로움 없이 개인의 안전에만 급급하면 불행한 사회를 만드는 불씨가 된다. 우리는 주인이 기뻐하는 종들이 되어야 한다.

예수께서 이르시되 "내가 곧 길이요 진리요 생명이니 나로 말미암지 않고는 아버지께로 올 자가 없느니라"(요한복음 14장 16절) 라고 말씀하셨다.

예수님의 발자취를 좇아 믿음으로 나아가는 것, 예수님을 만나는 길, 그 길은 영원한 생명의 길이다.

예수님은 언제나 우리와 동행 하신다. 때로는 달래면서 사랑을 공급하시면서 우리와 함께하시건만 우리가 깨닫지를 못한다. 눈으로 보이는 세상만 보기 때문이다. 제멋대로 뻗은 숲속의 가시덩굴처럼 내 기분 내키는 대로 살기 때문에 예수님을 만나지 못한다.

나는 요한계시록 21장 말씀에 나오는 천국에 대한 설명을 믿는다. 여행을 한다는 것은 고생이지만 언젠가는 돌아갈 집이 있기에 가벼운 마음으로 즐거운 마음으로 여행을 즐긴다. 우리의 삶도 고생스러운 여행이다. 그러나 반드시 본향으로 갈 곳이 있기에 견딜 수 있다.

창조주 하나님께서는 우리에게 묻지도 않으시고 동의서에 사인도 받지 않으시고 이 지구에 우리들을 보내셨다. 우리는 하나님의 계획된 시간표대로 살다가 천국으로 돌아가야 한다.

천상에서는 하나님의 은혜로 이 땅에서는 부모님의 은혜로 살 수밖에 없다. 이 땅의 부모님들은 자식을 위해서 한평생을 산다. 뼛골이 빠져도 허리가 90도로 휘어 꼬부랑 할머니가 되어도 자식 생각뿐이다. 우리의 부모님은 최선을 다해 생명을 버리고 자식을 사랑할지라도 유한한 사랑일 수밖에는 없다.

그러나 하나님의 사랑은 시편에 말씀하셨듯이 "네 부모는 너를 버려도 나는 너를 버리지 않으리라" 하셨다. 상한 갈대와 같은 우리의 심령도 꺾지 않으시고 꺼져가는 심지도 끄지 않으시는 하나님의 사랑을 알 수 있다.

십계명을 보면 1계명에서 4계명까지는 창조주 하나님만이 생명의 근원이시며 피조인 인간이 섬겨야 할 대상은 오직 하나님 한 분이며 5계명은 이 땅에 태어나게 하신 부모를 공경하라고 하셨다.

뿌리 없는 나무가 살 수 없듯이 사람은 영혼과 육체의 뿌리가 없이는 살 수가 없다. 영혼의 뿌리는 하나님이신 삼위일체

신이시고 육체의 뿌리는 부모님 아니던가. 창조주 하나님은 시작과 끝이시다.

하나님께서는 이스라엘을 선택하시어 구원의 프로젝트(project)를 완성하셨다. 하나님 구원의 프로젝트 가운데 한 조각 '대한민국'인 우리나라가 들어가 있다. 21세기 태평양 시대를 맞이하여 아시아의 주역으로서 막중한 사명이 있는 나라로 거듭나야 한다.

이스라엘은 제사장의 나라로써 사명이 있는 국가이다. 하지만 그 사명을 저버릴 때는 어떤 결과를 가져다주는지 날마다 뉴스를 통해 눈으로 보고 있다.

대한민국도 마찬가지이다. 대한민국은 사명이 있는 나라이다. 대한민국은 참으로 신비한 나라이다. 유럽과 세계 곳곳에는 화려한 유적들과 건축물들이 있다. 하지만 대한민국은 한 폭의 그림과 같은 나라이다. 철조망이 가로막힌 조국이 아닌 통일된 조국을 상상해 보면 제주도부터 백두산까지 '동해물과 백두산이 마르고 닳도록 하느님이 보우하사 우리나라 만세'이다.

샤론의 장미인 무궁화 삼천리 화려한 강산을 보존하여 후손에게 물려 주어야 하는 막중한 사명이 우리 앞에 있다. 대한민국이 가야 할 방향은 통일, 꿈에도 소원은 통일을 향하여 가야 한다.

안창호 선생님은 1920년 독립운동의 진행을 가로막던 고질적인 이념적 분열을 극복하고 민족주의자와 공산주의자 간의 사상과 노선갈등의 극한 대립을 융화시키고자 자기희생의 대공주의(大公主義) '개체는 전체를 위하여 전체는 개체를 위하여'라는 구호를 내세워 평화의 질서를 지향했다.

스스로 힘을 키울 수 있을 때만이 민족이 자립할 수 있으며 실력양성론을 주장했다. 민족 평등, 정치 평등, 경제 평등, 교육 평등의 사회 민주주의 나라 수립을 지향했다. 거짓이 협잡을 낳고 협잡이 불신을 낳고 불신이 불행을 낳는다. 거짓과 사기 부정이 나라를 망국으로 몰고 가는 것이다.

나랏일은 신성한 일이요, 하나님의 일이다. 하나님께서는 인간에게 '자유의지'를 선물로 주셨다. 누구도 인간에게 인권과 자유를 빼앗을 권리는 없다. 제국주의, 공산주의, 독재주의는 이 지구상에서 사라져야 한다. 인간의 영혼을 황폐케 하며 포도원에서 농사를 망치는 여우와 같은 존재들이다. 공산주의를 피해 북한에 고향을 두고 남한으로 피난 온 동포와 독재주의를 막고 민주주의로 만들기 위해 피로 얼룩진 대한민국이다.

6.25 전쟁의 가슴 아픈 역사와 폐허 속에서 경제성장의 대국이 되었건만 대한민국의 현실은 모두가 살기 힘들다고 한다. 국민들의 얼굴에는 미소가 사라지고 걱정과 근심의 표정들이다.

　조국의 현실이 이렇게 병든 나무가 된 것은 반드시 이유가 있다. 역사도 정치도 교육에도 '정직'이 바탕이 되지 않으면 튼튼한 뿌리를 내릴 수가 없다. '정직'하지 않은 것은 썩은 물과 같다.

　나라의 미래를 끌고 갈 어린 새싹 청소년 젊은이들이 썩어서 흘러내려 오는 물을 먹고 있다면 이 나라의 운명이 어떻게 될 것인지는 말하지 않아도 뻔한 일 아닌가?

　역사는 은폐하고 거짓말로 우긴다고 되는 것이 아니다. 진실하지 않으면 결과가 없고 열매 없는 쭉정이이니 역사는 심판할 수밖에 없다. 정치는 놀음이 아니다.

　노예해방의 사랑을 실천한 16대 미국 대통령 링컨은 진실의 말을 남겼다. '국민의, 국민에 의한, 국민을 위한, 정부가 이 땅에서 사라지지 않아야 한다'는 것이다. 교육의 기본은 '정직과 사랑'이다.

21세기 태평양 시대의 주역으로서 대한민국은 5000여 년 묵은 포도주를 지구에 있는 모든 이들의 기쁨의 잔에 나누어야 한다.

예수님이 갈릴리 호숫가의 산 위에서 여덟 가지의 참 행복과 복 받는 비결을 알려 주셨다.

"심령이 가난한 자는 복이 있나니

천국이 그들의 것임이요

애통하는 자는 복이 있나니

그들이 위로를 받을 것임이요

온유한 자는 복이 있나니

그들이 땅을 기업으로 받을 것임이요

의에 주리고 목마른 자는 복이 있나니

그들이 배부를 것임이요

긍휼히 여기는 자는 복이 있나니

그들이 긍휼히 여김을 받을 것임이요

마음이 청결한 자는 복이 있나니

그들이 하나님을 볼 것 임이요

화평케 하는 자는 복이 있나니

그들이 하나님의 아들이라 일컬음을 받을 것임이요

의를 위하여 박해를 받은 자는 복이 있나니

천국이 그들의 것임이라"(마태복음 5장 3-10절)

심령이 가난하다는 것은 세상 사람들이 몹시 감탄하고 오만함과 자신감과 자부심이 강한 성격과는 반대이다. 공(空)을 깨닫는 것이다. 나의 의로움은 누더기에 불과 하다는 것을 깨닫는 것이다. 우리는 하나님 앞에 한 줌의 흙의 존재임을 깨닫는 것이다. 우리는 구원을 하나님으로부터 돈 없이 값없이 무료로 받았다. 애통하는 자가 복이 있다는 것은 슬퍼하는 자가 행복하다는 것이다.

사람들은 부유한 자와 명랑한 자를 행복한 사람이라고 생각하지만 그리스도께서는 심령이 가난한 자와 애통하는 자를 복이 있는 자라고 말씀하신다. 온유하다는 것은 자만심이 없고 완고함, 사나움, 복수심이 없는 마음이다. 의에 주리고 목마른 자는 하나님의 사랑하심과 그의 형상과 오묘함을 간절히 원하는 것이다.

"의인은 없나니 하나도 없다"(로마서 3장 10절)

그러나 하나님께서는 모든 믿는 자들을 위해 그리스도 안에서 완전한 의를 준비하셨다. 긍휼은 영혼을 불쌍히 여기는 마음이다. 우리의 마음이 어떤 상태에 의해 영향을 받게 되면 분하게 되는데 그 반대의 마음을 갖는 것이다. 개인의 안락을 포기하고 다른 사람들을 행복하게 하려는 감사의 마음인 것이다.

하나님을 볼 수 있는 특권은 마음을 청결하게 유지하는 데 있다. 화평케 함과 의를 위하여 박해를 받는 자는 영적인 사람이 복이 있다는 것이다. 위로받기보다는 위로하며 사랑받기보다는 사랑하며 대접받기보다는 대접함으로 우리는 기쁨을 얻는다.

　나를 버려야 영생을 얻게 된다. 금성철벽(金城鐵壁) 같은 여리고성 38선이 있다. 여호수아의 강하고 담대한 믿음으로 여리고성이 무너졌다. '동방의 빛 코리아 통일된 조국 대한민국'이 되는 그날까지 "죽으면 죽으리이다" 하고 하나님께 울며 부르짖을 것이다.

청지기 공동체를 꿈꾸며…

21세기 태평양 시대를 살고 있는 우리는 이대로 대한민국을 후손들에게 물려 줄 수는 없다. 한 민족, 한 형제, 한 핏줄로써 어찌 원수가 되어 서로 총을 가지고 우주보다 귀한 생명을 핵폭탄으로 파멸로 갈 수는 없다.

대한민국 대표의 깃발이며 상징인 태극기가 주는 의미가 있다. 흰색 바탕에 가운데 태극 모양과 네 모서리의 건곤감리로 구성되었는데, 이는 하늘과 땅, 물과 불이라는 뜻이 있다고 한다. 하늘과 땅은 우주를 품은 것으로 지구에 거하는 모든 생명을 살리는 사명이 대한민국에 있다는 것이다. 마치 시계 속 가운데 추와 같이 대한민국은 세계 역사 속에 추의 역할을 기대한다.

밝음과 순수성, 평화를 사랑하는 DNA를 가진 민족으로서 진, 선, 미를 추구하는 평화의 민족으로서 영원히 존재해야 한다. 3.1 운동을 보라.

그 누가 시킨다고 하나뿐인 생명을 던져가며 백성들이 태극기를 들고 하나로 뭉쳐 함성을 질렀겠는가!
"대한독립 만세!"

　현재 대한민국의 독립운동은 끝나지 않았다.
　독립운동은 백두산에서 제주도, 한라산 그리고 독도를 포함한 도서지방을 통틀어 민족이 하나가 될 때 독립운동은 완성되는 것이다. 우리가 잘 먹고 잘살 수 있는 것은 선조들의 피와 땀, 생명이 깃들어있기 때문이다.

　통일의 문제를 대통령 한 사람이 풀어갈 수 있겠는가?
　국민 한 사람 한 사람이 애국가의 가사를 가슴에 품고 나의 자녀들을 생각해 볼 때 반쪽인 나라를 이대로 두고 눈을 감을 수 있겠는가?
　제2의 독립운동인 통일을 이루어 나의 자녀, 손주들에게 평화의 땅을 물려주어야 한다. 가난한 조국을 물려 줄 수가 없어 열심히 일하여 잘사는 민족으로 만들었다. 이제는 body의 역사를 멈추고 soul의 역사를 만들어 줄 때가 왔다.

"동해물과 백두산이 마르고 닳도록
　하나님이 보우하사 대한민국 만세!"

　이제는 정신을 차리고 개인주의 삶에서 청지기 공동체를 만드는데 있어 이 시대에 살고 있는 우리가 남과 북의 오작교의 역할을 해야 한다. 이제는 대한민국이 역사 속에 희망의 닻으로 기록되어야 한다.

인간이라는 존재는 하나님의 도움 없이는 살 수가 없다.

우리 선조들은 무궁화를 하늘나라의 꽃이라 여겼다.

21세기에 살고 있는 우리에게 주어진 하늘의 미션은 통일을 이루어 후손들에게 아름다운 영토를 물려주는 것이다.

선이 무엇이고 악이 무엇인가?

선은 생명의 근원으로서 생명을 살리는데 있으며 악은 생명을 죽이는데 있다. 핵무기가 생명을 죽이는데 사용되는 것을 막아야 한다.

우리의 통일을 향한 마음들이 모일 때 반드시 평화통일을 이룰 수가 있다. 마음이 생명을 살리는 근원지이기 때문이다.

대한민국의 키워드는 평화이다.

대한민국이라는 영토는 평화의 도구로써 존재해야 한다. 평화를 이루기 위해서는 많은 인내와 희생이 필요하다. 6.25 전쟁으로 인해 폐허가 된 영토를 대한민국 국민들은 갖은 고생을 하며 한강의 기적을 일으켰다.

70년이라는 긴 세월의 숙제를 하루아침에 다 풀 수는 없다. 우리 후손들이 사이좋게 손을 잡고 서로 왕래하며 동반 성장할 수 있도록 도와주어야 한다.

현재에 사는 대한민국 국민들은 통일된 조국을 위해 무엇을 할 것인가?

지금 이 시대는 지식과 물질이 넘쳐흐르는데도 불구하고 왜 살기가 힘들다고 할까?

자족함을 모르고 끝없는 욕망이라는 악마의 유혹에 빠져 부와 성공만이 인생의 전부인양 정신없이 달려가고 있기 때문이다.

진리는 평범한 곳에 있다.

물은 낮은 곳으로 흐르는 법이지 않은가?

진리를 거스른다면 그곳이 지옥이 아니겠는가?

자기만 사랑하며 내 배만 채우는 곳이 지옥이다.

천국은 위로하며 사랑받기보다는 사랑하는 곳이다.

인간은 죽음이라는 강을 건너지 않으면 영원한 생명의 길로 갈 수가 없다.

21세기에 살고 있는 젊은이들의 방황과 삶의 방향을 잡지 못하고 혼돈의 세상에 사는 젊은이들의 길잡이가 되어야 한다.

우수한 국민성을 가진 대한민국은 1960~70년대에는 물질로는 가난했지만 부족한 가운데 이웃을 사랑하며 콩 한 쪽이라도 나누어 먹는 정이 넘치는 민족이었다.

이 세상은 공존하는 곳이다.

빛과 어두움, 악과 선, 부자와 가난한 자, 전쟁과 평화….

인간에게만 있는 자유의지를 우리는 어느 방향으로 선택하며 살아가고 있는가?

정치는 자유민주주의,

경제는 청빈의 사상,

교육은 자신의 캐릭터를 개발할 수 있는 창조의 세계를 열어주어야 한다. 한 국가의 흥망성쇠는 그 나라의 민족성과 국민들의 삶의 자세에 달려있다.

대한민국의 민족성은 나라의 위기가 닥칠 때마다 하나로 뭉치는 기질이 있다.

지금 현재 경제적으로 정치적으로 교육적으로 문제가 많아 보이나 이 모든 것은 통일이라는 주제 앞에 진통으로 가는 길목일 뿐이다.

우리에게는 반드시 하나님으로부터 주어지는 살길이 있다고 나는 확신 한다. 통일된 조국 후에도 풀어나가야 하는 숙제들이 있다.

한 생명이 태어난다고 그 자체가 완성되는 것은 아니다.

진자리, 마른자리 갈아 뉘시며 손발이 다 닳도록 고생하신 어머니의 자식을 키우는 수고가 있어야 하듯 새 생명을 탄생케 하는 일들이 하늘 아래 그 무엇보다 귀한 것이다. 사실 모든 피조 세계는 하나님의 도움 없이는 살 수가 없는 생명체이다.

생명이 없이 성장이 없고 기초 없이 건물이 설 수 없듯 은혜가 장성하기 전에 먼저 마음속에 진정한 은혜가 있어야 한다.(조지 래빙턴)

인간이 역사를 만들어 가는 것같이 보이나 결국에는 하나님의 뜻대로 결론이 난다. 이름도 없이 빛도 없이 오른손이 하는 것을 왼손이 모르게 조국을 사랑하는 숨은 용사들이 대한민국에 존재하는 한 반드시 평화통일은 이루어진다. 그리하여 대한민국이라는 나라는 지친 영혼, 가난한 영혼들의 쉼터이며 soul의 충전소가 될 것이다.

대한민국은, 동방의 빛 코리아 통일된 조국 대한민국을 탄생하기 위하여 진통이 시작되었다. 준비하는 자에게는 반드시 기회라는 것이 찾아오게 되어있다.

호랑이한테 물려가도 정신만 차리면 살 수 있다는 속담이 무슨 뜻인가?

사나운 맹수를 만나도 그 순간 정신을 차리면 살 수 있는 길이 있는 법이다. 정신이 육체를 지배하고 육체는 정신의 그릇일 뿐이다.

역사의 거대한 수레바퀴를 그 누구도 이 세상 어떤 것이라도 막을 수가 없다.

우리가 할 수 있는 것은 겸허한 자세로 받아들여야 하는 것이다.

왜냐면 역사는 인간의 영역이 아닌 역사를 주관하시는 존재가 있기 때문이다.

폭풍의 언덕 위에서도 무지개는 뜬다.

정직한 대한민국 진, 선, 미가 어울려 옥구슬 같은 아름다운 지구에 거하는 생명체를 살리는 대한민국이 되어 희망을 싣고 하늘에 떠있는 무지개를 바라보며 조국을 사랑하는 국민들의 가슴속에 물방울이 모여 빛을 받아 아름다운 무지개가 되듯, 평화로운 푸른 초장이 양들의 안식처이듯, 축복의 땅, 우리의 자녀와 손주들의 아름다운 금수강산 대한민국이 통일되는 그 날에 축제의 물결이 될 것을 생각하면 가슴이 설렌다.

주님, 우리를 도와주소서!

진로/승진/은퇴 장벽을 넘게하는

기본과
원칙의 힘
〈그리고 「C」의 비밀〉

IBK기업은행 말단 행원으로 시작해 지점장,
인사부장, 본부장을 거친 후 현직 교수가 되기까지
역경을 경력으로 만든 실전 Story와 Solution!

노희성 교수 지음

라온누리 청소년 봉사단 이야기

쉘위브이

순도100% 청소년봉사단
라온누리의 나눔과 초청!

김준혁/성지은/김성현/
김청솔/김경노 지음

30가지 주제 / 30일간 기도서!

무릎기도문 시리즈 16

주님께 기도하고 / 기다리면 응답됩니다

1

자녀를 위한
무릎 기도문

2

가족을 위한
무릎 기도문

3

태아를 위한
무릎 기도문

4

아가를 위한
무릎 기도문

5

십대의
무릎 기도문

6

십대자녀를 위한
무릎 기도문

7

재난재해안전
무릎 기도문
〈자녀용〉

8

재난재해안전
무릎 기도문
〈부모용〉

9

남편을 위한
무릎 기도문

10

아내를 위한
무릎 기도문

11

워킹맘의
무릎 기도문

12

손자/손녀를 위한
무릎 기도문

A1

태신자를 위한
무릎 기도문

A2

새신자
무릎 기도문

A3

교회학교 교사
무릎 기도문

A4

선포(명령)
기도문

망망한 바다 한가운데서 배 한 척이 침몰하게 되었습니다.
모두들 구명보트에 옮겨 탔지만 한 사람이 보이지 않았습니다.
절박한 표정으로 안절부절 못하던 성난 무리 앞에 급히 달려 나온 그 선원이
꼭 쥐고 있던 손바닥을 펴 보이며 말했습니다.
"모두들 나침반을 잊고 나왔기에… "
분명, 나침반이 없었다면 그들은 끝없이 바다 위를 표류할 수 밖에 없을 것입니다.

우리는 삶의 바다를 항해하는 모든 이들을 위하여
그 나침반의 역할을 하고 싶습니다.
우리를 구원하신 위대한 주 예수 그리스도를 널리 전하고 싶습니다.

"하나님은 모든 사람이 구원을 받으며
진리를 아는 데에 이르기를 원하시느니라"
(디모데전서 2장 4절)

통일된 대한민국을 꿈꾸며

지은이 | 이화숙
발행인 | 김용호
편 집 | 이윤숙
발행처 | 해피맵북스
     (나침반출판사 가족)

제1판 발행 | 2019년 11월 1일

등 록 | 1980년 3월 18일 / 제 2-32호
본 사 | 07547 서울특별시 강서구 양천로 583
     블루나인 비즈니스센터 B동 1607호
전 화 | 본사 (02) 2279-6321 / 영업부 (031) 932-3205
팩 스 | 본사 (02) 2275-6003 / 영업부 (031) 932-3207
홈 피 | www.nabook.net
이 멜 | nabook@korea.com / nabook@nabook.net
일러스트 제공 | 게티이미지뱅크

ISBN 978-89-318-1584-9
책번호 가-9073

값은 뒷표지에 있습니다.